왜 사는가

소크라테스
예수
붓다

왜 사는가

소크라테스
예수
붓다

Socrate, Jésus, Bouddha,
Trois maîtres de vie

프레데리크 르누아르 지음
이푸로라 옮김

마인드큐브

중요한 것은 사는 것이 아니라 잘 사는 것이다.

— 소크라테스

주는 것이 받는 것보다 더 행복하다.

— 예수

모든 중생이 행복하고 평안하기를.

태어났든 태어날 것이든

모든 중생이 온전히 행복하기를.

— 붓다

존재냐, 소유냐

'존재냐 소유냐'라는 질문은 사유의 역사만큼이나 오래되었지만 오늘날에 그 의미가 더욱 크게 다가온다. 최근 불어닥친 유례없이 심각한 경제 위기는 생산과 소비에 기반해 무한 성장을 추구하는 현대의 발전 모델에 의구심을 품게 한다. 필자는 경제학자가 아니기에 경제 위기로 수많은 사람이 심각한 고통을 겪는 현 상황을 자세히 설명할 수는 없다. 그러나 철학자로서, 이런 심각한 위기가 긍정적인 결과로 이어질 수도 있으리라는 생각이 든다.

프랑스어로 '위기'를 뜻하는 '크리즈crise'는 '결정', '판단'이라는 의미의 그리스어 '크리시스χρίσις'에서 유래했다. 크리시스에는 '결단'이 필요한 중요한 국면이라는 의미도 있다. 우리는 지금 중요한 선택을 해야 하는 결정적 국면에 서 있다. 만약 아무것도 하지 않으면 현 상황은 악화일로로 치달을 것이며 유사한 위기가 되풀이 될 것이다. 이때, 우리의 선택은 정치적이어야 한다. 그리고 비정 상적인 금융 제도의 쇄신과 더 효율적이고 공정한 환경 조성이 무 엇보다 우선되어야 한다. 이런 선택에는 시민 사회의 직접적인 동 참이 필요하다. 시민들은 더 친환경적인 상품과 사회적 책임을 다 하는 기업의 상품을 구매하는 방향으로 소비 습관을 바꿔나갈 수 있다. 오늘날의 위기에서 장기적으로 벗어나려면 금융 환경과 소 비 습관을 바꾸는 결의와 행동이 있어야 한다. 물론 그 정도로는 충분하지 않다. 더 많은 소비를 갈구하는 생활 방식에서 탈피해야 한다.

인류는 산업혁명 이후로, 특히 1960년대 이래로 소비를 발전의 동력으로 삼는 문명에서 살아왔다. 발전은 더 많은 소유를 의미했 고, 발전의 동력인 소비는 경제의 차원을 넘어 이념의 성격마저 띠 었다. 생활 곳곳에 스며 있는 각종 형태의 상품 광고가 이러한 믿 음을 끊임없이 부추겼다. '신형 자동차가 없어도 행복할 수 있을 까?', '최신 DVD 플레이어나 휴대전화를 사고, 방마다 텔레비전과 컴퓨터를 갖춰야 행복하지 않을까?' 하지만 사람들은 이런 소비지 향적 이념에 별다른 의문을 제기하지 않는다. '할 수 있다면 다 누 려야지, 왜 마다하는가?' 오늘날에는 전 세계 인구의 대다수가 물 질의 소유와 축적, 끝없는 소비에서 존재의 궁극적인 의미를 찾는 서구식 생활 방식에 동화되어 있다. 하지만 이 경제 모델에 조금이라도 이상이 생기면 사회 시스템 전체가 휘청거린다. 광란의 속도로 무한한 소비를 더 이상 지속할 수 없게 되었을 때, 그리고 한정된 지구 자원의 분배가 시급한 문제로 대두되거나 소비지상주의가 장단기적으로 가져오는 부정적인 영향이 수면 위로 드러날 때야 비로소 사람들은 의문을 제기한다. 경제의 의미, 돈의 가치, 사회의 균형과 개인의 행복의 진정한 조건이 무엇인지를 돌아보는 것이다.

이런 의미에서 위기는 긍정적인 결과로 이어질 수 있다. 아니, 반드시 그래야 한다고 생각한다. 현재의 위기를 좋은 기회로 삼아 전 지구적으로 일반화된 소비 중심의 문명을 돈과 소비가 아닌, 완전히 다른 척도 위에 다시 세울 수도 있을 것이다. 위기는 경제와 금융뿐 아니라 철학과 정신에도 영향을 준다. '무엇이 인간을 행복하게 하는가?'라는 보편적인 질문을 던지게 되기 때문이다. 과연 진정한 진보와 발전은 무엇인가? 조화로운 사회 질서를 이룩하기 위한 조건은 무엇인가?

오랜 세월 동안 인류는 이런 근본적인 의구심에 대한 답을 종교에서 찾아왔다. 하지만 종교, 특히 일신교는 대다수 현대인에게 과거와 같은 호소력을 발휘하지는 못한다. 종교는 과도하게 경직된 신학과 도덕의 틀에 갇혀, 미덕과 모범의 근간이 되는 역할을 다하지는 못했기 때문이다. 게다가 오늘날에도 숱한 갈등과 각종 폭력이 직간접적으로 종교에서 비롯된다는 점은 부인할 수 없다. 중세의 종교재판이나 오늘날 이란의 이슬람 정부만 봐도 알 수 있듯이 인본주의와 신권 정치는 서로 양립할 수 없다. 신권 정치는 차치하더라도, 오늘날 세계 곳곳에서 더 많은 교리와 규범을 내세우는 종교 집단은 정작 삶의 의미를 찾으려는 사람들의 기대에 제대로 부응하지 못한다.

　필자는 비교적 이른 나이인 청소년기에 진정한 행복, 올바른 삶, 존재의 의미를 알고자 했다. 그리고 그 시절에 접한 플라톤의 대화편은 완전히 새로운 지평을 열어 주었다. 대화편에서 소크라테스는 자기 인식과 진선미에 대한 탐구, 영혼 불멸에 관해 이야기했고, 머리를 어지럽힌 숱한 의문을 거침없는 설명으로 말끔히 씻어 주었다. 소크라테스의 말은 설득력 있게 들렸다. 어릴 때 들었던 틀에 박히고 공허한 교리 문답과는 전혀 달랐다. 그리고 몇 년 후, 만 열여섯 살이 되었을 때 붓다를 비롯한 인도 문화를 접했다. 헤르만 헤세의 『싯다르타』, 롭상 람파의 『제3의 눈』같이 소설 형식으로 된 여러 입문서를 시작으로, 월폴라 라훌라의 짧지만 놀라운 작품 『붓다의 가르침은 무엇인가』를 읽었다. 그렇게 또다시 완전히 새로운 세계에 눈을 떴다. 정확하고, 논리 정연하고, 합리적이며, 온화하기 그지없는 붓다의 가르침은 소크라테스의 가르침만큼이나 감동적이었다. 이미 두 스승의 가르침으로 정신을 살찌운

터라 어쩌면 그대로 만족하고 안주했을지도 모른다. 그런데 얼마 후 세 번째 결정적인 인물을 만났다. 필자가 만 열아홉 살이 되었을 때였다. 처음으로 복음서를 펼쳤다가 우연히 「요한의 복음서」를 접한 것이다. 그 내용은 정말 놀라웠다. 예수의 가르침은 깨달음뿐 아니라 마음에 감동까지 선사했다. 책임 의식을 부여해 진정한 자유로 이끄는 예수의 가르침은 죄의식을 자극해 개인을 좁은 틀에 가두려 하는 여느 기독교인들의 가르침과는 달랐다. 그렇게 해서 놀라우리만큼 대범한 예수의 말과 기독교의 도덕 담론 사이에는 커다란 간극이 있음을 알게 되었다.

그 이후 25년이 넘는 시간 동안 필자는 붓다, 소크라테스, 예수를 인생의 스승으로 여기며 살았다. 그렇게 세 사람의 가르침, 생각, 행적을 자주 접하고 살피면서 이들 사이의 차이점과 공통점이 무엇인지 곰곰이 생각해 보았다. 그런데 세 인물 사이에는 차이점보다 공통점이 많았다. 지리, 시대, 문화는 비록 다르지만 세 인물의 삶과 가르침의 본질은 같은 선상에 있기 때문이다. 그래서 오랜 세월 동안 필자의 삶을 이끌어 준 세 스승의 삶과 가르침을 독자들과 나누면 좋겠다고 생각했다. 세 사람의 가르침은 오늘날의 전 지구적 위기에서 비롯된 깊은 의문과 요구에 답을 제시해 줄 것이라고 확신한다.

답을 구해야 하는 궁극적인 질문은 바로 '소유'라는 이상 위에 쌓아 올린 문명 속에서 우리 인간이 행복을 찾고 타인과 조화롭게 살아갈 수 있는가?'이다. 붓다와 소크라테스, 예수는 단연코 "아니오"라고 말한다. 금전과 물질은 물론 중요하다. 하지만 이런 것들은 삶의 수단일 뿐, 그 자체가 목적은 아니다. 소유에 대한 욕망은 본질적으로 충족되지 않으며, 좌절과 폭력을 부른다. 이처럼 인간은 가지지 못한 것을 타인에게서 억지로 빼앗아서라도 무언가를 끊임없이 소유하고 싶어 하는 존재다. 그러나 의식주와 품위 있게 살 만한 수준의 필수적인 물질적 욕구가 충족되면 더 큰 만족을 얻고 더 완전한 인간이 되기 위해 '소유'의 논리와는 또 다른 차원의 논리를 추구한다. 그것은 바로 '존재'다. 인간은 자기 자신을 알고, 욕망을 억누르고, 주변 세상을 이해하고 존중하는 법을 배워야 한다. 사랑하고, 타인과 더불어 살고, 좌절을 다스리고, 평온을 찾고, 피할 수 없는 삶의 고통을 극복하는 방법을 터득해야 하며, 언젠가 찾아올 죽음을 맞이할 준비도 해야 한다. 생이 주어진 현실이라면, 삶은 지혜로운 이들에게 질문을 던져 스스로 해법을 터득해 나가는 방식이기 때문이다.

소크라테스, 예수, 붓다는 우리에게 사는 법을 가르쳐준다. 이들이 증명한 삶과 가르침은 보편적이면서도 놀라울 만큼 현시점에 잘 부합한다. 세 사람의 가르침은 개인의 존재와 성장에 초점을 맞추며, 개인이 사회 안에서 살아가야 한다는 점을 부인하지 않는다.

그 안에는 자유와 사랑, 자기 인식과 타인에 대한 존중이 녹아 있다. 세 사람의 종교 신념은 서로 다르지만, 가르침은 독단적이거나 교조적이지 않으며, 한 마디 한 마디에 삶의 의미와 이치가 담겨 있다. 이성에 호소하기도 하지만 마음을 울리기도 한다.

이 책은 1부와 2부로 나뉜다. 제1부에서는 세 인물이 평생에 걸쳐 남긴 행적을 번갈아 살펴볼 것이다. 필자는 제자보다는 역사가로서 일정한 거리를 두고 가장 신뢰할 수 있는 지식을 근거로 세 인물의 행적을 기술했다. 전설적이고 이상화된 삶이 아니라, 가능한 한 참고할 수 있는 사료를 바탕으로 독자에게 최대한 실체를 전달하는 것이 중요하다고 보았다. 뒷장에서 살펴보겠지만 그리 단순한 작업은 아니었다. 제2부에서는 세 인물의 가르침 가운데서도 핵심에 해당하는 '영혼의 불멸에 대한 믿음, 진리, 자유, 정의, 사랑에 대한 탐구'라는 다섯 가지 주제를 각각의 장으로 구분해 살펴볼 것이다. 이 밖에도 세 인물의 중요한 가르침이 많겠지만 임의로 다섯 가지 주제를 택했다. 그렇게 해서 세 인물의 사상을 일관되게 전달하고자 하였고, 같은 주제에 관한 개념의 차이를 상세히 다뤘다. 주요 개념에 관한 이들의 견해가 서로 유사하다고 해서 섣불리 공통점만 부각하는 접근은, 종교나 학문적인 신중함에 사로잡혀 공통점을 아예 부인하는 것보다도 바람직하지 못하다. 세 인물은 모두 존재의 불가사의와 궁극적인 존재의 의미를 알고자 했고,

감성과 이성을 통해 인류에 대한 연민과 관심을 아끼지 않았다.

이와 같은 여러 공통점 중에서 특이할 만한 점이 있다. 붓다, 소크라테스, 예수가 직접 남긴 기록이 전혀 없다는 점이다. 하지만 당대에는 젊은이들을 중심으로 사회 전반에서 문자가 통용되었기 때문에 세 사람 모두 글을 읽고 쓸 줄 알았을 것이다(다만 붓다가 살던 기원전 5세기 인도에서는 주로 무역이나 행정 분야에서만 문자를 사용했다). 하지만 세 사람이 구전으로 가르침을 전한 점이 그리 이상하지는 않다. 그들은 삶의 지혜를 가르쳤다. 이런 삶의 지혜는 강력한 예시, 정확한 몸짓, 생동감 있는 단어와 어조를 통해 생생히 전달되었다. 예수는 군중 앞에서 말하기를 좋아했지만, 그의 가르침을 가장 먼저 접한 것은 소수의 제자다. 이 제자들은 삶의 지혜를 알려 주는 스승의 발자취를 따라 속세의 모든 것을 뒤로한 채, 스승의 삶과 말을 세상에 전파한 이들이다. 일부 제자들은 스승의 가르침을 구전으로 전했고, 이후에 다른 제자들은 글로 기록을 남기기도 했다.

필자는 초기 제자들이 남긴 아주 오래된 기록을 바탕으로 세 현인의 삶과 생각을 고스란히 이 책에 옮겨 담고자 했다. 그래서 소크라테스와 예수, 붓다의 목소리를 글로 접할 수 있는 다양한 기록을 최대한 많이 참조해 인용했다. 불교 경전이나 플라톤의 대화, 복음서를 아직 읽어보지 못한 독자라면 이 책을 통해 해당 글귀와 현인들이 남긴 말을 접할 수 있을 것이다. 이들의 말에 귀 기울일 줄만 안다면, 글에 담긴 말의 울림이 어느새 뇌리에서 생생히 울려 퍼질 것이다.

붓다, 소크라테스, 예수는 필자가 소위 '영적 인본주의'라고 부르는 분야의 창시자들이다. 철학자 카를 야스퍼스는 『위대한 철학자들』 상편에서 세 인물(공자까지 포함해 모두 네 명)을 다루며 '인간의 척도를 제시한 사람들'이라고 평가했다.(1) 소비 문명이라는 전 지구적인 문제에 직면한 지금, 이보다 더 절실하고 시의적절한 해법이 있을까? 전 세계는 순전히 상업적이며 물질주의적인 가치, 종교의 광신주의와 독단주의 사이에서 심하게 분열되어 있다. 겉보기에는 상반된 두 경향이 서로 뒤섞여 세상을 혼란에 빠뜨리고, 인간을 '소유' 논리에 종속시켜 함부로 순종을 요구하고 억압한다. 인류를 구원할 수 있는 것은 '존재'에 관한 탐구와 개인과 사회에 대한 책임뿐이다.

과거 2천여 년 동안 아테네의 철학자 소크라테스, 팔레스타인의 유대인 예언자 예수, 그리고 '붓다'라고 불린 인도의 선지자 싯다르타는 각자의 방식으로 우리에게 이런 가르침을 전해 주었다.

감사의 글

이 책을 준비하는 데 많은 도움을 준 제난 카레 타제르에게 깊은 감사를 전합니다. 그런 도움과 노고가 없었다면 이 책이 이렇게 세상에 나오지 못했을 것입니다. 넓은 마음으로 원고를 꼼꼼하고 주의 깊게 검토해 준 렐리 앙바르도 정말 고맙습니다. 끝으로 수잔나 레아와 팀원들, 그리고 20년 전에 첫 책을 출간해 준 편집자 클로드 뒤랑에게 정겨운 마음으로 고마움을 전합니다.

_ 프레데리크 르누아르

차례

일러두기

1. 외국 고유명사는 '외래어 표기법'을 기준으로 삼았다.
2. 팔리어, 산스크리트어 자음은 유사한 타 출판물의 사례에 준해 된소리 대신 거센소리로 표기했다.
3. 본문에서 인용한 성경구절은 〈공동번역성서 개정판〉(2017년, 대한성서공회 발행)을 저본으로 삼았다.
4. 저자가 프랑스어로 설명한 불교 개념과 용어는 익숙한 한자어로 표기하고 필요한 경우 원어를 병기하여 이해를 도왔다.
5. 원주는 본문에 숫자로 표시하고 책의 뒤에 실었다.
6. 프레데리크 르누아르의 *Socrate, Jésus, Bouddha, Trois maîtres de vie*는 2014년에 『소크라테스 예수 붓다』(장석훈 역, 판미동)라는 제목으로 국내에서 출판되었다. 『왜 사는가 - 소크라테스 예수 붓다』는 Susanna Lea Associates와 정식 계약을 맺고 새로 번역한 책이다.

1부

그들은 누구인가

알려진 이야기

Socrate, Jésus, Bouddha, Trois maîtres de vie

그들은 실존 인물인가

붓다, 소크라테스, 예수는 실존했을까? 세 사람이 세상에 남긴 대단한 유산을 생각하면 이런 의문은 이상할뿐 아니라 충격적일지도 모른다. 하지만 이런 의문은 합당하고 타당하다. 세 사람은 수많은 인류의 집단의식에 깊은 흔적을 남겼고, 이 점에 대해서는 아무도 이의를 제기할 수 없다. 하지만 이들이 역사에 존재했음을 절대적 사실로 확신할 수 있을까? 필자는 이들의 행동이나 말의 진실성을 이야기하는 것이 아니다. 이 내용은 뒷장에서 자세히 살펴보려고 한다. 여기서 제기하려는 의문은 그보다 더 근본적인 문제, '이들이 피와 살을 지닌 실존 인물이었다는 확실한 증거가 있는가?'다. 질문만큼이나 뜻밖일 수 있지만 그 답은 "아니오"다.

역사적으로 세 사람이 존재했다는 결정적인 증거는 없다. '깨달은 자'라는 뜻의 '붓다'라는 존호로 불린 인물은 지금으로부터 2500년 전에 북부 인도에서 살았다고 한다. 그리스인 소크라테스는 약 2300년 전에 아테네에서 살았으며, 예수는 2000여 년 전에 팔레스타인에서 살았던 것으로 보인다. 이들의 무덤이나 유골은 남아 있지 않다. 알렉산드로스 대왕이나 율리우스 카이사르 같은 막강한 군주와는 달리, 세 사람의 존재를 증명하거나 실제로 일어난 사건을 입증할 만한 동시대의 화폐나 고고학적 흔적은 없다. 직접 남긴 기록도 없다. 이들의 삶을 기록한 것은 주로 제자들이다. 소크라테스의 경우 사후 몇 년 후, 예수는 수십 년 후, 붓다는 몇 세기 후에야 그 가르침이 기록으로 집대성되었다. 이렇듯 고고학적 단서나 일치하는 역사적 증거가 거의 없는 탓에 역사가들은 세 인물이 확실히 존재했다고 단정하지 못한다. 그러나 소크라테스, 예수, 붓다가 역사에서 실존했을 '개연성이 매우 높다'라는 점에는 모든 역사가가 동의한다. 이들의 존재를 입증할 구체적인 증거, 직접 서명한 법령, 혹은 후세에 직접 물려준 뚜렷한 흔적이 없음에도 가능성이 매우 크다고 보는 것이다. 어떤 이유 때문일까? 세 사람이 역사적으로 존재하지 않는다는 가설을 입증하는 것이 실존했음을 입증하는 것보다 더 어렵기 때문이다. 그래서 역사가들은 귀류법에 따라 세 사람이 분명히 실존했다는 결론을 내렸다. 만약 세 사람이 신화 같은 존재에 불과했다면 가르침을 전하고 기록한 이들이 그들의 성품에 깊이 감동한 이유나 예수의 제자들처럼 자신의 목숨도 아쉬워하지 않은 많은 이의 행동은 어떻게 설명할 수 있겠는가? 정서적 교감을 나눈 실존 인물이 아닌 신화 속 허구의 인물을 위해 목숨을 바치기란 쉽지 않다. 예수의 삶을 이야기하는 복음서에는 예수를 향한 제자들의 깊은 사랑과 존경의 마음이 드러난다. 소크라테스의 수제자였던 플라톤의 글에서도 스승을 향한 각별한 마음이 느껴진다. 플라톤의 기록에는 초월적 대상에 대한 묘사가 아니라 매우 인간적인 감정과 생생한 공감이 담겨 있다. 한편 사후 수백 년이 지난 뒤에 기록된 붓다의 가르침에서는 생생한 감정과 분위기가 드러나지 않는다. 이 대목에서는 역사가들도 똑같은 의구심을 갖는다. 여러 세대에 걸쳐 수많은 사람이 실존하지 않았을지도 모르는 인물의 발자취를 따르며 평생을 헌신하는 것은 과연 어떻게 이해해야 할까? 분명히 베드로, 플라톤, 아난다를 비롯한 여러 제자의 마음을 완전히 사로잡은 대단한 계기나 인물이 있었을 것이다. 가까운 제자들과 후대의 추종자들은 그 계기를 제공한 인물을 '예수', '소크라테스', '붓다'라고 불렀다. 뒷장에서 살펴보겠지만, 제자들이 스승의 삶과 말을 얼마나 충실히 전수했는가는 또 다른 문제다. 적어도 '누군가'의 육성, 말, 행동과 같은 구체적인 무언가가 이들 인생에 획을 그었다는 점만은 의심할 여지가 없다. 이러한 기억은 처음에는 구두로, 나중에는 글로 전해졌고, 이 과정을 거듭하면서 소크라테스, 예수, 붓다의 이름이 오늘날 우리에게까지 알려진 것이다.

세 사람이 실존하였음을 확증해 주는 고고학 자료가 없는 이유는 이들이 한 번도 권력을 손에 쥐지 않았기 때문이다. 아주 먼 옛날에는 군주나 통치자만이 주화에 자신의 초상을 새기거나, 칙령을 돌에 새기거나, 거대한 무덤을 남기는 방법으로 자신의 존재를 후대에 알릴 수 있었다. 유물과 기록으로 전해지는 역사라는 것은 결국 권력자들의 역사다. 하지만 붓다, 소크라테스, 예수는 권력과는 거리가 멀었다. 이들은 검소했고, 생전에는 영향력이 미치는 범위도 비교적 제한적이었으며, 직접 남긴 글이나 기록도 없다. 당대의 관료들이 욕망의 소멸을 설파한 고행자, 선동적인 철학자, 하느님 나라의 도래를 주장한 젊은 유대인의 이름과 발자취를 공식 역사로 기록했을 리 만무하다. 세 사람 모두 사람들에게 현세의 허상에서 벗어나야 한다고 설파했으며, 세속적인 권위나 지위에는 연연하지 않았다. 제자들은 스승을 도덕적, 정신적인 면에서 매우 존경했다. 하지만 금전적으로 가난했고, 정치적 영향력도 미약했기 때문에 대단한 기념비를 세우지는 못했다. 따라서 스승에 관한 기억을 세상에 알릴 방법은 구전과 글뿐이었다. 그렇게 전파된 제자들의 말과 기록은 점점 더 널리 퍼져나갔고 여러 세기가 지나면서 소크라테스, 예수, 붓다는 대단한 명성을 떨치게 되었다. 세 사람의 명성은 오늘날의 영화처럼 대대적인 선전 공세로 만들어진 것이 아니라, 느리지만 효과적인 입소문을 타고 저절로 퍼져 나갔다. 이들의 삶과 말은 인생의 여정을 함께한 제자들에게 강한 인상을 주었고, 그런 감동과 열정에 힘입어 오늘날 우리에게까지 그 가르침이 전해진 것이다. 이런 결과야말로 세 인물이 실존했음을 증명하는 가장 분명한 단서이자 징표다.

그렇다면 어떤 기록과 증언을 통해 세 사람의 삶과 가르침이 후세로 전해졌을까? 지금부터 함께 살펴보자.

문헌과 기록

세 사람에 관해 오늘날 우리가 아는 내용은 대부분 이들의 삶을 직접 목격한 사람에게서 나왔다. 그중 대다수는 제자들이다. 이들은 스승을 존경하고 칭송했지만, 전달자의 역할에도 충실했던 것으로 보인다. 그래서 때로는 스승의 장단점, 심정뿐 아니라 감정의 기복까지 묘사했다. 이 제자들은 스승의 삶을 직접 목격하거나 간접적으로 전해 들은 이들이었다. 후대에 세 현인의 가르침에 관한 연구와 해석은 주로 이런 제자들의 기록을 바탕으로 이뤄졌다. 많지는 않지만 외부의 정황도 기록에 반영되어 있어서 세 사람이 역사에 실존했음을 확인해 준다.

지난 반세기 사이에 역사와 경전 해석 연구는 주목할 만한 발전을 이루었다. 이제 붓다, 소크라테스, 예수의 삶을 객관적 시각으로 재구성할 수 있게 되었다. 좀 더 정확하게는 과학적 기준에 따라 세 사람의 삶에서 전설적 측면이나 신앙의 요소를 배제하는 방법이다. 이런 방식은 종교로 거듭난 영적 가르침의 창시자 붓다와 예수의 삶을 이해하는 데 도움이 된다. 따라서 우리에게 주어진 기록의 신뢰성에 대해서도 충분히 의문을 제기할 수 있다. 스승들의 존재를 우리에게 알려 준 제자들은 과연 스승들의 사상을 충실히 전달했을까? 제자들의 이야기가 서로 일치하고 내용에 일관성이 있다고 해도 얼마만큼 충실한 기록인지는 확인할 길이 없다.

붓다가 살던 시대는 아주 먼 옛날이며 문자도 널리 보급되지 않아서 직접적인 기록과 신뢰할만한 역사적 근거 자료가 가장 적다. 붓다는 기원전 6세기에 인도에서 태어난 것으로 추정된다. 최초의 기록은 붓다 입멸 후 약 250년이 지난 시점에 만들어졌으며, 붓다의 삶이 아닌 가르침이 담겨 있다. 이 기록은 종이가 아니라 비석에 새겨진 아소카 황제의 비문이다. 아소카 황제는 기원전 약 269~232년에 오늘날의 아프가니스탄부터 멀리 벵골 지방에 이르는 인도 아시아대륙의 광범위한 영토를 지배했다. 재위 초기에 그는 폭군이었지만 20대부터 일찍이 불법에 귀의했다. 그 이후 비석,

동굴 벽, 기둥, 화강암에 폭력을 멀리하고 법(法, 다르마Dharma)을 추구하겠다고 선언하는 칙령을 새겼다. 칙령 옆에는 법의 수레바퀴를 상징하는 문양을 그려 넣기도 했다. 황제는 왕국 전역에 이런 비석을 세워서 백성들이 붓다의 가르침에서 비롯된 윤리 규범을 따르게 했다. "(법의) 공덕은 노예와 하인을 공평하게 대하고, 어머니와 아버지의 말씀을 잘 따르고, 친구, 부모, 사제, 수행자에게 관대하며, 동물을 죽이지 않는 것이다."(2)

황제는 칙령에서 후세에 법을 전하겠다는 의지를 분명히 밝혔다. "지난날에는 법을 전하는 이가 없었다. 그래서 왕위에 오른 지 13년이 되었을 때 처음으로 승려를 임명하였다. 이들은 불법을 확립하고 전파하며, 법에 귀의하는 모두가 안녕과 행복을 누리도록 저마다의 자리에서 열심히 정진한다. 그들은 그리스인, 간다라인, 라스트리카인, 피티니카인 그리고 서쪽 변방 민족들 사이에서 일한다. 아울러 병사, 지휘관, 브라만, 빈민, 노인을 비롯해 이 모두가 안녕과 행복을 누리도록 법에 헌신하는 사람들 사이에서도 일한다. 칙령을 돌에 새긴 것은 이 뜻이 오래 지속되고 후손들이 규범을 따르도록 하기 위함이다."(3) 훗날 로마의 콘스탄티누스 황제가 기독교를 공인한 것처럼, 아소카 황제는 불교가 아시아 전역에서 크게 발전하는 데 중요한 역할을 했다.

황제의 칙령을 제외하면 오늘날까지 전해져 내려오는 최초의 불교 경전은 기원전 1세기에 만들어진 것이다. 이 경전은 붓다가 살았던 시대에 쓰인 마가디어와 매우 유사한 인도 북부의 팔리어로 쓰였다. '장로들의 길'이란 뜻의 상좌부(上座部, 테라바다Theravada) 불교에서는 팔리어 기록을 유일한 경전으로 간주했고, 대승 불교 등의 분파에서는 팔리어 경전 외에도 다른 경전을 더 추가했다. 붓다의 입멸 후 약 400년이 지나서 만들어진 팔리어 경전은 긴 세월 동안 구전으로만 전수되던 내용을 글로 기록한 것으로 추정한다. 문자뿐 아니라 시청각과 디지털 매체에 익숙한 현대 인류는 전통 사회에서 기억과 구전이 얼마나 중요했는지를 망각했다. 과거에는 방대한 이야기를 기억해 다음 세대에 그대로 전달했다. 인도에서는 이미 오래전에 기록으로 남겼음에도 무려 수천 행에 달하는 대서사시를 매우 정확하게 구전으로 전수한다. 붓다의 가르침도 여러 시대에 걸쳐 구두로 전해졌다. 그 시대에는 운율, 반복, 노래와 같은 기억술을 활용한 암송이 오늘날의 기록만큼 일상적이었다.

경전의 기원을 거슬러 올라가면 붓다의 직계 제자들을 만나게 된다. 이들은 최초의 출가 수행자로서 붓다를 직접 만나고 함께 생활했다. 그러다 기원전 483년경에 붓다가 열반에 들자 제자들은 붓다에 관한 기억을 정리해 그 가르침을 길이 계승해야겠다고 생각한다. 그리고 붓다의 입멸 후 반세기가 흘렀을 때, 법을 전파하기 위해 마을과 도시를 돌며 방랑 생활을 하던 제자들이 한데 모여 제1차 결집을 열었다. 이들 중에는 부처를 직접 만난 사람도 있었을 것이다. 이렇게 모인 제자들은 암송하고 합송하는 방식으로 붓다의 가르침과 계율을 확정했다. 이 중대한 회합의 자리에서 확립된 규율과 가르침은 후대에 기록으로 전수되었다. 제2차 결집은 그로부터 50년 후에 열렸다. 당시 불교 교단은 여러 종파로 분열되었다. 그 내용에 관해서는 뒷장에서 자세히 다루기로 하자.

불교 전승에 따르면 이 두 결집 과정에서 '세 개의 광주리'를 의미하는 『삼장』(三藏, 트리피타카Tripitaka)이 편찬되었다. 그래서 불교에서는 『삼장』을 붓다의 가르침을 그대로 기록한 자료로 본다. 『삼장』은 크게 3부로 나뉜다. 1부 「율장」(律藏, 비나야 피타카Vinaya pitaka)은 수행자의 계율을 담고 있으며, 붓다의 생애와 규율이 성립된 배경도 수록했다. 2부 「경장」(經藏, 숫타 피타카Sutta pitaka)은 1만 편에 이르는 붓다의 설교와 제자들과의 대화를 모은 다섯 가지 선집으로 이루어져 있다. 주된 내용은 불교 교리나 믿음이지만 전기적인 요소도 포함되어 있어서 붓다가 처음으로 법을 설했을 때부터 열반에 들 때까지 교차하는 45년의 세월을 추적할 수 있다. 끝으로 3부 「논장」(論藏, 아비담마 피타카Abhidhamma pitaka)은 일곱 개 장으로 구성되며 철학적 가르침과 자연 현상, 정신에 관한 교리적인 분석을 다룬다. 불교에서는 「논장」이 붓다가 깨달음을 얻은 후 4주에 걸쳐 설법한 내용에 해당한다고 본다. 하지만 「논장」은 상좌부 불교의 제3차 결집에서 뒤늦게 『삼장』에 반영되었기에 붓다가 직접 가르친 내용이라는 주장은 신빙성이 떨어진다.

그렇다면 팔리어 『삼장』에서 고려하고 취할 만한 내용은 무엇이 있을까? 물론, 붓다의 가르침을 그대로 전한다는 주장의 객관성은 담보할 수 없다. 첫째, 당시 제자들의 기억이 아무리 뛰어났다고 해도 여러 세대를 거치면서 붓다가 전한 말에는 변형과 첨삭, 윤색이 가미될 수밖에 없다. 둘째, 경전이 성립된 시기에 불교 내에서 분열이 일어났기 때문에 상좌부 불교의 특성이 경전에 반영될 수밖에 없었을 것이다. 이런 정황을 고려하더라도 팔리어 경전의 역사적 가치만큼은 인정해야 한다. 경전에 간접적으로 언급된 기원전 5~6세기 인도 종교에 관한 설명은 불교보다 조금 일찍 성립된 자이나교의 문헌이 뒷받침해 준다. 팔리어 『삼장』은 무엇보다도 당시 지배적이었던 브라만교에 관한 정확한 기술을 담고 있다. 이런 점은 이 경전이 힌두교가 브라만교를 계승한 기원전 2~3백 년에 성립되었거나, 서기 1세 전후에 완전히 지어낸 내용으로 구성되지 않았음을 시사한다. 한편, 팔리어 『삼장』에는 역사적인 내용도 있다. 마가다국의 빔비사라왕같이 당시 실존한 왕의 이름이나 특정 장소에서 도시가 탄생하는 과정, 사회계층과 당대 관습이 언급되어 있다. 고고학자와 역사가들이 이런 세부 사항이 모두 사실과 일치한다고 확증했다. 이처럼 역사적으로 정확한 기술은 경전이 전하는 붓다의 행적, 행동, 말이 사실을 근거로 했다는 것을 증명해 준다.

붓다의 생을 다룬 『본생담』(本生譚, 자타카Jataka)은 2~3세기에 성행한 구비문학의 형식을 띠며, 실제 자료를 참고해 체계적으로 작성되었다. 하지만 기독교의 복음서와 달리 불교 정식 경전에 통합되지는 않았다. 다른 종교와 달리 붓다의 전기를 경전에 반영하지 않은 이유는 붓다가 개인숭배를 일절 금지했기 때문이다. 불교 정경에서 붓다의 생애에 얽힌 일화는 예시로 인용될 뿐 연대순으로 전개되지는 않는다. 따라서 훗날 붓다의 전기를 최초로 기록한 이들은 순서 없이 구성된 자료를 모아 붓다의 생애를 재구성했다. 그렇다면 붓다의 전기는 제2차 결집에서 확정한 내용을 기반으로 작성되었을까? 당시 결집 내용은 암송으로 전해졌으며 문자로는 기록되지 않았다고 알려져 있다. 따라서 이런 의문을 밝혀 줄 만한 증거는 전혀 없다. 본래 『본생담』은 붓다가 깨달음을 얻고 첫 설법을 하기까지의 과정에 초점을 맞추었지만, 수 세기가 지난 뒤에는 붓다가 세상에 법을 설파한 후기 45년간의 내용이 더해졌다. 그렇게 해서 어느 날 모든 것을 버리고 진리를 찾아 구도의 길에 오른 한 인간의 전기에는 필연적으로 각종 기적과 초인적인 업적이 가미되었을 것이다.

소크라테스에 관한 가장 오래된 기록은 신뢰가 간다. 동시대인이 저술했을 뿐 아니라 해당 저자가 소크라테스에게 호의적이지 않았기 때문이다. 소크라테스를 명시적으로 언급한 첫 작품은 그가 아직 생존해서 50세를 바라보던 기원전 5세기의 그리스 아테네에서 탄생했다. 소크라테스에 관한 내용은 찬양과는 거리가 멀다. 이 작품은 기원전 425년경에 쓰인 희극 『구름』이다. 희극 시인 아리스토파네스는 소크라테스를 소피스트들을 대표하는 인물로 설정해 신랄하게 조롱한다. 당시 소피스트들은 그리스 각지를 돌아다니며 공공장소에서 연설하면서 수사학을 가르쳤다. 특히 아무리 모순된 주장이라도 그럴듯하게 포장해 관철하는 기술을 가르쳤다. 극 중 아리스토파네스는 소크라테스를 '엉터리'라고 비난하고 '부랑자'라고 부르며, 가르침을 희화화해 내실이 없다고 깎아내렸다. 해당 작품에서 소크라테스는 제자로 받아들여 달라고 문을 두드리는 스트레프시아데스를 향해 이렇게 말한다. "자네의 기질을 말해 주게. 자네가 누구인지 알면 자네에게 맞는 대책을 세울 수 있을 테니까. 내가 몇 가지 질문을 하겠네." 이 마지막 문장으로 미루어 도덕 철학의 아버지 소크라테스가 이때 이미 훗날 '산파술'이라고 불리게 될 문답식 대화법을 완성했다는 것을 알 수 있다. 아리스토파네스의 희극에서는 소크라테스의 삶과 사상을 제대로 읽을 수 없다. 하지만 이 작품을 통해 소크라테스가 이때 이미 아테네 내에서 상당한 명성을 누렸다는 점은 유추할 수 있다. 작가 아리스토파네스는 자신이 싫어하는 소피스트를 힐난하려고 소크라테스를 택했기 때문이다.

그렇지만 오늘날 소크라테스에 관해 알려진 내용은 대부분 그의 제자들에게서 나왔다. 가장 대표적인 인물이 바로 플라톤이다. 소크라테스와 플라톤이 만난 시기를 정확히 파악할 수는 없지만, 플라톤이 20세가량의 젊은이였을 때 소크라테스는 이미 60세를 넘긴 나이였다. 플라톤은 소크라테스의 사상에 매력을 느껴 8년 넘게 소크라테스를 가까이에서 스승으로 모셨다. 플라톤의 저작물은 소크라테스에 관한 내용이 대부분이기 때문에 오늘날에 들어서는 소크라테스와 플라톤의 사상을 구별하기가 어려울 정도다. 일반적으로 『이온』, 『프로타고라스』, 『고르기아스』, 『카르미데스』, 『메논』, 『파이돈』, 『크리톤』 속의 소크라테스를 '진짜' 소크라테스라고 본다. 플라톤은 이들 작품에 스승 소크라테스를 등장시켜 목소리를 부여하고, 생생한 필체를 통해 소크라테스를 우리 눈앞에 불러와 살아 숨 쉬게 한다. 그래서 독자들은 소크라테스가 특유의 문답법으로 거침없이 세상에 진리를 드러내는 모습을 볼 수 있다. 『테아이테토스』, 『파르메니데스』, 『향연』에 등장하는 소크라테스는 다소 이상화된 모습이지만 그래도 실체에 가까울 것이다. 하지만 『국가』에서 이데아Idea론을 제시하는 인물도 소크라테스 본인일까? 그럴 가능성은 작아 보인다. 플라톤은 스승이 죽은 후에 한동안 메가라에서 은거하다가 아테네로 돌아와 아카데미아를 세웠다. 그때부터 플라톤은 저서에서 소크라테스를 아카데미아학파 사상과 가르침의 대변인으로 삼았다. 소크라테스 철학의 최고 권위자로 꼽히는 그레고리 블라스토스는 "플라톤은 소크라테스의 철학을 옮겨 냈다기보다는 만들어 냈다."라고 평가한다.(4) 플라톤은 소크라테스의 말을 온전히 있는 그대로 옮기지는 않았을 것이다. 때에 따라서는 본질을 변질시키지 않는 선에서 스승의 사상을 '개선'하거나 보완했을 것이다.

소크라테스에 관해 플라톤 다음으로 풍부한 정보를 제공한 인물은 소크라테스의 또 다른 제자 크세노폰이다. 크세노폰은 플라톤만큼 소크라테스와 가깝지는 않았다. 철학자이자 역사가이며 군인이기도 했던 크세노폰은 소크라테스의 생애 마지막 2년 동안 소(小) 키루스의 용병으로 원정에 참여하느라 스승의 곁을 지키지 못했다. 소크라테스의 주요 제자는 아니었던 것으로 보인다. 소크라테스 사후 약 9년이 지난 기원전 390년경, 사모스섬 출신의 소피스트 폴리크라테스는 소크라테스가 사형 판결을 받은 아테네 재판 내용을 허구로 꾸며 「소크라테스의 고소문」이라는 제목으로 유포했다. 크세노폰은 이 글에 반박하기 위해 『소크라테스 회상록』을 썼다. 이 작품은 소크라테스의 철학을 다루지만 소크라테스의 생애에 관한 전기적 내용도 담았다. 크세노폰은 폴리크라테스의 주장과 반대되는 견지에서 소크라테스를 제례와 아테네 신들을 중시하는 정직한 사람으로 묘사했다. 그는 스승의 죽음을 다룬 또 다른 저서 『소크라테스의 변론』(플라톤의 『소크라테스의 변론』과 제목이 같으나 혼동하지 말자)에서도 같은 견해를 보인다. 크세노폰이 남긴 기록은 플라톤의 작품 같은 수려한 문체나 심오한 깊이는 없지만 소크라테스 이해에 매우 요긴한 자료며, 플라톤이 남긴 기록을 상당 부분 뒷받침하기도 한다.

그 밖에도 스페티오스 출신 아이스키네스가 쓴 단편이 있다. 아이스키네스는 소크라테스와 가까웠으며, 그가 쓴 대화록은 유실되었지만 소크라테스의 가르침을 가장 충실히 따랐다고 한다. 그리고 또 다른 제자이자 견유학파를 창시한 안티스테네스의 단편이나 아리스토텔레스의 작품을 통해서도 간접적으로 소크라테스의 가르침을 접할 수 있다. 아리스토텔레스는 소크라테스를 직접 만나지는 못했지만, 아테네에 있던 플라톤의 아카데미아에서 20년간 공부했고, 훗날 자신의 학교 리케이온을 설립했다. 그 이후로도 소크라테스는 수 세기 동안 여러 철학 작품에 언급되었다. 기원전 1세기 인물 키케로는 저서에서 자신이 비판한 에피쿠로스학파를 소크라테스의 추종자로 분류하기도 했고, 2세기에 신플라톤주의 사상의 물꼬를 튼 플라톤주의자 막시무스 티리우스도 소크라테스를 인용했다. 결국 서양 철학의 창시자로 꼽히는 소크라테스의 삶과 사상을 이해하는 데 참고할 수 있는 자료는 상당히 많다. 그런데 당시의 초기 저자들은 실제를 얼마나 가공하고 미화했을까? 이 질문에 대한 정확한 답은 영원히 얻을 수 없을 것이다.

계몽주의 시대가 시작된 이래로 서구에서 예수라는 인물의 존재, 삶, 그리고 말은 그 누구보다 많은 논쟁을 불렀다. 그리고 계몽주의의 출현은 수 세기 동안 교회가 제시한 '의심할 수 없는 진리'에 갇혀 있던 사회에 회의주의를 퍼뜨렸다. 18세기 동안 신자들이 아는 유일한 예수는 교회에서 정교하게 다듬어 낸 인물이었다. 예수는 모범적인 인간상을 넘어 '이 땅에 오신 하느님'으로 여겨졌다. 교리 문답과 예배에서 예수의 삶과 가르침을 의심하는 사람은 거의 없었다. 16세기 인본주의와 종교개혁으로 가톨릭 교단의 권위가 다소 흔들렸지만 복음서의 진실성까지 의심받지는 않았다. 에라스뮈스나 루터도 교황을 비판했지만 기독교의 근간인 문헌을 문제로 삼지는 않았다. 그러다 18세기 말에 독일을 중심으로 역사적, 비판적 성경 해석이 시작되었다. 프랑스에서는 가톨릭교회의 반대에도 불구하고 소수의 용감한 성경 해석가와 신학자들이 이 운동을 주도했고, 19세기 초에는 스트라스부르학파가 이를 계승했다. 스트라스부르학파는 교리의 외피를 벗은 예수의 모습을 세상에 드러내고자 했다. 하지만 이러한 접근은 절대 쉽지 않았다. 복음서는 중립적인 관찰자가 아니라 기독교 신앙을 가진 이들이 쓴 글이기 때문이다.

이 대목에서 기독교 성경 해석학의 탄생과 발전을 언급할 필요는 없겠지만, 이런 시도가 얼마나 참신하고 독창적이었는지 설명하는 것은 중요하다. 신앙의 유무를 막론하고, 오로지 역사 속 진실을 찾기 위해 교리를 배제하고 논리적 분석에만 초점을 맞춘 연구로써 역사적 위인, 그중에서도 종교나 영적 사조의 창시자를 객관적인 탐구 대상으로 삼은 일은 그 이전에는 없었기 때문이다. 이미 언급했듯이, 기원전 1세기 말에 갈릴래아에서 태어나 기원후 30년경 예루살렘에서 십자가에 못 박혀 죽은 예수라는 유대인의 존재를 부정하는 전문가는 없다. 초기 기록에 따르면 예수의 공생애(公生涯)는 1~3년이라는 짧은 기간이었다. 소크라테스나 붓다처럼 예수에 관한 기록 가운데 핵심적인 내용은 대부분 제자에게서 나왔지만, 그 밖의 자료도 있다. 그중에서 가장 중요한 자료는 유대인 역사학자 플라비우스 요세푸스가 1세기 말에 쓴 『유대 고대사』다. 이 책에는 몇 차례 예수에 관한 언급이 나온다. 해당 기록은 기독인들 사이에서 조금씩 다른 형태로 퍼졌다. 전파 과정에서 원문이 수정되었을 가능성도 있다. 미국의 신학자 존 마이어는 여러 가지 번역본을 플라비우스 요세푸스의 문체와 대조해 다음과 같은 해석본을 내놓았다.(5) 존 마이어는 플라비우스 요세푸스가 다음과 같이 기록했을 '개연성'이 높다고 본다. "그 시기에 '예수'

라고 하는 지혜로운 사람(사람이라고 보는 것이 합당하다면)이 있었다. 그는 놀라운 일을 행했으며, 기쁜 마음으로 진리를 받아들이게 하는 스승이었다. 그는 수많은 유대인뿐 아니라 그리스 문화권 민족도 제자로 삼았다. 빌라도는 유대 지도자들의 요청을 받고 예수에게 십자가형을 내렸지만, 예수를 처음부터 사랑하던 이들은 예수를 버리지 않았다. 그리고 그의 이름을 본떠서 그리스도인이라고 불리는 이들은 지금도 남아 있다."[6]

플라비우스 요세푸스는 『유대 고대사』 2부에서 기원전 62년 예루살렘의 페스투스 총독이 죽고 알비누스 총독이 임명되기까지의 과도기를 다루면서 예수를 잠시 언급했다. 이 시기에 대사제 안나스는 "유대 최고 법원 산헤드린 공회를 소집해 그리스도라고 불리는 예수의 형제 몇 명을 출두시켰다. 그리고 그들이 법을 어겼다며 투석형을 내렸다."[7]

또 다른 비기독교 자료로는 로마 역사학자 타키투스의 『연대기』가 있다. 『연대기』 중에서 예수의 사역을 다룬 시기는 기록이 유실되었다. 하지만 타키토스는 64년 로마 대화재를 묘사하는 부분에서, 네로 황제가 화재를 지시했다는 장안의 소문을 언급하며 이렇게 기술했다. "네로 황제는 소문을 불식하기 위해 희생양을 물색했고, 박해받는 무리를 택해 교묘하고 잔혹한 방법으로 고문했다. 군중은 이들을 그리스도인(기독교인, chrestiani)이라고 불렀다.

이들 무리의 이름은 티베리우스 황제 통치 기간에 '빌라도'에게 사형 판결을 받은 그리스도라는 인물에게서 유래한다. 당시 근절했다고 여겼던 이 가증스러운 숭배 사상은 발원지인 유대뿐 아니라 온갖 추악하고 수치스러운 것들이 다 모여드는 로마에까지 파고들어서 수많은 추종자를 낳았다."(8) 서기 112년 소(小) 플리니우스 총독이 트라야누스 황제에게 보낸 서한에도 '기독교인'을 언급하며 그들이 저지른 범죄를 알린다. 그 가운데 가장 중대한 죄목은 황제 숭배를 거부한 것, 그리고 정기적으로 새벽에 집회를 열어 '하느님과 같으신 그리스도'라는 노래를 부른 것이라고 밝힌다.(9) 그리고 기독교인이 식인 행위와 근친상간을 저질렀다는 비난은 받아들이지 않았지만, 일부 기독교인을 처형했다고 덧붙인다. 아울러 서기 70년에 예루살렘 성전이 파괴되어 유대교와 기독교가 단절된 이후의 유대교 문헌에서도 예수의 이름이 나온다. 『바빌로니아 탈무드』의 산헤드린편 43a절에서는 예수라는 인물을 언급하면서 "그는 마법을 행하였고 이스라엘을 미혹해 그릇된 길로 인도해서" 사람들이 유월절 전날에 십자가에 매달았다고 전한다.

그런데 오늘날 우리에게 전해진 예수의 행적과 가르침은 대부분 예수 사후 20여 년이 지나서 기독교인들이 기록한 문헌에 근거한다. 초기 기독교 기록은 바울로의 서한이다. 바울로는 원래 율법 교육을 받은 유대인이었고 예수의 제자들을 박해하기도 했지만,

기독교로 개종해 기독교 신앙의 전도사로 활약했다. 바울로의 서한은 기독교 교리의 기초가 되었다. 서한에서 바울로는 상대방이 예수의 생애와 가르침을 알고 있다고 전제하고(구전 전승이 존재했음을 알 수 있다.) 유대교 율법에 비해 기독교 신앙이 얼마나 새롭고 참신한지 설명한다. 이후, 예루살렘 최초의 교회를 이끌었던 베드로와 야고보 등 다른 제자들의 서한이 그 뒤를 이었다. 기독교인들이 예수의 죽음을 목격한 이들의 증언을 기록으로 남겨야 한다는 필요성을 인식한 것은 베드로와 야고보가 세상을 떠나고 예수가 십자가에 못 박힌 지 30여 년이 지난 시점이다. 그렇게 해서 예수의 말과 생애를 담은 사복음서, 「마태오의 복음서」, 「마르코의 복음서」, 「루가의 복음서」, 「요한의 복음서」가 집필되었다.

기독교 교회의 정경(正經)에 속하지 않는 이른바 '외경'을 통해서도 단편적인 기록을 확인할 수 있다. 소설 『다빈치 코드』는 전 세계적인 인기를 얻으면서 외경에 관한 많은 논쟁을 몰고 왔다. 소설에서 사복음서보다 외경이 더 사실에 가까운 기록인 것처럼 묘사되었기 때문이다. 그러나 성경 해석가와 역사학자들은 대부분 외경은 사복음서에 비해 역사적 신빙성이 떨어진다고 말한다. 외경은 사복음서보다 훨씬 늦은 시점인 2~4세기경에 쓰였을 뿐 아니라 「야고보의 원(原) 복음서」나 「토마의 유아기 복음서」와 같은 외경에는 예수의 삶을 윤색하려는 의도가 드러나며, 「유다의 복음서」, 「마리아의 복음서」, 「필립보의 복음서」와 같은 외경에서는 영지주의 경향이 나타나기도 한다. 한편, 학자들은 3세기 기독교 저자들이 인용한 「토마의 복음서」에 각별한 관심을 보였다. 1945년 이집트 나그함마디에서 콥트어 판본이 발견되었다. 이 복음서는 예수의 114개 어구를 담고 있으며, 매번 "예수께서 말씀하셨다"라는 말로 시작한다. 그 중 절반은 공관복음서와 공통된 내용이다. 학자들은 「토마의 복음서」의 원본이 「마르코의 복음서」보다 더 먼저 쓰였을 가능성도 배제하지 않는다.

예수의 생애를 글로 남기는 작업은 붓다와 비교하면 훨씬 일찍 시작되었다. 하지만 신뢰할 만한 역사 자료로 삼기에는 너무 늦게 작성된 것이 아닌가 하는 의문이 든다. 몇 가지 기록이 집대성된 시기를 되짚어 보자. 가장 오래된 복음서인 「마르코의 복음서」는 베드로와 바울이 세상을 떠난 직후인 66년에서 70년 사이에 작성되었다. 예수 생전에 일어난 일을 직접 목격한 사람들은 아직 생존해 있었다. 서기 180년에 이레네오 주교가 글에서 지적했듯이 '베드로의 제자이자 통역사'였던 마르코는 예수를 만난 적이 없다.[10] 4세기에 역사가 가이사리아의 에우세비우스는 120년 히에라폴리스의 파피아스 주교의 전언을 토대로 마르코의 역할을 이렇게 설명한다. "(마르코는) 주님께서 말씀하신 것이나 행하신 것을 정확히 작성했지만 순서대로 기록하지는 못했다. 주님의 말씀을 직접 들지도 못했고 수행한 적도 없지만, 앞에서 언급했듯이 훗날 베드로를 수행했다. 베드로는 주님의 말씀을 순서대로 정리해 전달하기보다는 필요에 따라 가르침을 전했다. 마르코는 기억하는 내용을 실수 없이 정확히 기록으로 옮겼다. 들은 내용을 빠짐없이 그대로 기록하는 것이 유일한 목표였던 것이었다."(11) 기독교로 개종한 시리아 출신 유대인 마태오와 이교에서 기독교로 개종한 안티오키아 출신 루가는 서기 80~90년에 복음서를 그리스어로 기록했다. 두 복음서는 분명히「마르코의 복음서」의 영향을 받았을 것이다. 그러나 마르코 복음의 연대기적 순서를 따르지는 않았으며, 예수의 유년기에 관한 두 장과 그 이전에는 알려진 바 없는 예수의 어록을 추가했다. 19세기 말에 독일의 성경 해석가들은「마태오의 복음서」와「루가의 복음서」에만 언급된 기록의 공통 출처가 있을지 모른다고 지적하면서 해당 출처를 'Q자료'(원천을 뜻하는 독일어 Quelle의 머리글자에서 유래)라고 불렀다. 'Q자료'는 1세기 말 이전에 알 수 없는 이유로 사라졌을 것으로 추정하는 예수의 어록이다. 끝으로 서기 100년경에 사도 요한이 집필한 네 번째 복음서는 앞의 세 복음서와는 매우 다르다. 세 복음서는 같은 서술법으로 기록되어 비교가 쉬우므로 '공통적인 관점으로 함께 보다'는 의미에서 공관복음서(共觀福音書)Synoptic Gospels라고 불린다. 그리고 예수의 갈릴래아에서의 활동, 단 한 번의 예루살렘 방문, 십자가형에 이르는 여러 사건을 배열한 순서는 다르지만 같은 비유와 진술을 사용했다는 공통점이 있다. 반면 사도 요한은 예수의 사역 범위를 유대로 확장해 적어도 네 번 이상 예수가 예루살렘을 방문했다고 묘사하며, 설명이 짧고 비유적인 공관복음서와 달리 긴 연설을 많이 실었다.

사복음서를 기술한 방식의 차이는 신빙성의 문제로 지적되기도 했다. 일각에서는 초기 교회가 권위를 인정받기 위해 실존 인물이 아닐 수도 있는 예수의 신화적인 삶과 말을 가지고 이런 기록을 만들었다는 주장을 펴기도 했다. 하지만 필자의 생각은 정반대다. 신생 종교가 사실이 아닌 것을 사실인 것처럼 꾸몄다면 처음부터 일관성 있는 기록을 만들어 냈을 것이다. 그리고 네 가지 서로 다른 기록에 연연하지 않고, 시작부터 끝까지 매끄럽고 일관성 있는 '예수의 삶'을 단 하나의 기록에 담았을 것이다. 하지만 기독교 교회는 2세기에 이미 사복음서를 승인했고, 4세기 말에는 '정경'으로 인정했다. 모순되는 내용을 덜어 내 통일성을 유지하려 하지도 않았고, 걸림돌이 되는 내용을 잘라 내지도 않았다. 바로 이런 측면이 사복음서의 진실을 입증해 주며, 초기 기독교인들에게는 확신을 심어 주었을 것이다. 그렇다고 해도 사복음서의 모든 내용이 실제 예수의 말이나 삶과 정확히 일치한다고 볼 수는 없다. 서로 다른 이야기를 통해 우리는 특정 사건이 복음사가 한 명 또는 여러 명이 기술한 내용과는 다르게 전개되었음을 알 수 있다. 이런 까닭에 성경의 의도를 밝히는 해석의 필요성은 기독교 초기부터 제기되었다.

붓다의 가르침을 그대로 기록했다고 하는 불교 문헌과 달리 기독교의 복음서는 작성자의 특정 시각을 반영하기 때문에 해석의 역할이 그만큼 더 중요하다. 기독교 전통은 이러한 초기 기록이 객관적인 관점이 아닌 신자의 관점이 투영된 기록이며, 하느님이 직접 쓴 기록은 더더욱 아님을 인정했다. 기독교인들에게 성경은 하느님의 말씀이다. 다만 하느님의 말씀을 그대로 받아 적은 기록이 아니라, 하느님으로부터 영감을 받은 신자들이 전달한 기록이다. 어느 증언과 마찬가지로 성경 기록에도 신자들의 인격, 관점, 감수성이 반영되었고, 기억의 한계에 부딪혔음은 물론이거니와, 구전이든 문자든 활용할 수 있는 자료에도 제약이 따랐다. 그래서 사실에 완벽히 일치하지는 않지만 어느 정도 근접한 기록과 해석도 수용했다. 기독교 성경 해석가들과 신학자들은 복음서의 내용을 문자 그대로 받아들이기보다는 큰 틀에서 전반적인 흐름을 고려해 핵심을 파악하는 데 더 큰 노력을 기울인다. 그리고 명백한 핵심 구절만으로도 예수의 삶과 중요한 가르침이 무엇인지 파악하는 데는 전혀 부족함이 없다. 특정 사건이나 특정 단어의 진실성에 대한 논의는 여전히 진행 중이지만, 복음서 중 어느 대목이 가장 사실인지에 관해서는 성경 해석가들 대부분이 일치된 견해를 보인다.

2.

사회 배경과 어린 시절

인도인 싯다르타와 그리스인 소크라테스, 팔레스타인 출신의 유대인 예수는 서로 아주 다른 가정환경과 문화권에서 태어났다. 그러나 이들이 자라난 사회에서는 공통적으로 정치, 종교 지도자들이 구축한 기성 질서에 의문을 제기하는 목소리가 높아지고 있었다. 이런 상황은 세 인물의 삶에도 영향을 미쳤을 것이며, 기성 질서를 비판하는 메시지를 전파하는 계기가 되었을 것이다.

인도 귀족의 아들 싯다르타

붓다라는 칭호로 더 잘 알려진 싯다르타 석가모니는 카필라밧투의 영주 숫도다나의 장남으로, 유력한 가문의 자손이었다. 싯다르타는 인도 아대륙 북동쪽, 히말라야 산기슭에 있는 룸비니 동산에서 어머니가 여행하던 중에 태어났다고 전해진다. 가장 일반적인 설에 의하면 기원전 560년경이라고 하지만, 스리랑카의 전승에 따르면 그보다 70년 전, 중국의 일부 문헌에 따르면 50년이 지난 뒤였다고 보기도 한다. 그날 저녁, 갓난아기와 모친, 그리고 수행원들은 카필라밧투에 있는 집으로 돌아갔다. 붓다의 출생지에 관한 역사학자와 고고학자들의 연구에 따르면 당시 카필라밧투는 갠지스 평원의 작은 마을이었다. 싯다르타의 아버지는 지방 영주였으며, 석가모니라는 이름의 유래가 되는 사카족(석가)의 높은 신분이었을 것이다. 유력한 가문이었던 것은 분명하며 궁핍한 평민 계층과는 판이한 삶이었겠지만, 윤색되어 전해지는 이야기의 왕족 신분은 아니었다.

기원전 6세기 인도에서는 최고의 사제 계급 브라만이 권세를 휘두르던 베다 신앙이 지배적이었다. 브라만은 민중과는 동떨어진 세계에 살면서 복잡한 베다 경전에 따라 일평생 종교의식에 전념했고, 신들을 달래기 위해 끝없이 제물을 바쳤다.(12) 기원전 2000년 초에 인더스 지역은 원래 캅카스에서 살던 아리아인의 침략을 받았고, 그 영향으로 사회계급을 나누게 된다. '와르나'라는 이 엄격한 신분 제도는 훗날 '카스트'로 불리게 되며, 사제 계급에 해당하는 브라만, 귀족과 무사 계급 크샤트리아, 생산 계급 바이샤, 이렇게 세 가지 계급으로 나뉘었다. 세 번째 바이샤 계급은 다시 상인, 농민, 하인 등의 계급으로 세분화되었으며, 이 세 개 계급 외에도 '계급 외 계급'이라 일컬어지는 천민 계급 찬달라가 있었다.

싯다르타 가문은 상위 카스트인 크샤트리아에 속했을 것으로 보인다. 불교 전승에 의하면, 숫도다나는 아들에게 영광스러운 미래가 보장되어 있는지 봐 달라고 브라만을 불렀다고 한다. 하지만 '숲속의 고행자'를 불렀다는 이야기는 없다. 이들은 브라만의 지나친 의식주의에서 벗어나 개인 차원의 진리를 추구하던 구도자들이다. 속세를 떠나 삶의 의미를 탐구하려는 시도는 그보다 수백 년 전에도 있었다. 고행자들은 후일의 붓다처럼 엄격한 카스트 제도를 비판했다. 이들의 가르침은 스승에서 제자에게 직접 전달되었지만 그렇다고 가르침의 대상을 한정하지는 않았다. 마을 사람들은 고행자들이 나무 그릇을 들고 동냥하는 모습이 보이면 찾아가 질문을 하곤 했다. 붓다가 자란 카필라밧투 마을에서도 고행자들을 흔히 볼 수 있었을 것이다. 하지만 종교는 브라만 계급이 지배했다. 브라만들은 의례를 집전하며 상인과 농민이 번영하고, 사회 전체가 원활히 유지되게 해 달라고 신의 가호를 빌었다.

싯다르타는 같은 카스트 아이들처럼 풍족한 유년기를 보냈을 것이다. 유년기에 관한 이야기는 훗날 기록된 불교 문헌에 의지할 수밖에 없지만, 사실보다는 전설같은 내용이 더 많다. 이런 이야기는 탄생뿐만 아니라 수태 이전의 내용도 담고 있다. 붓다의 어머니 마야 부인은 오랫동안 아이가 없었다. 그런데 어느 날, 상아가 여섯 개 있는 흰 코끼리가 다가와 코로 옆구리를 만지는 태몽을 꾸었다. 숫도다나는 브라만들을 불러 해몽을 부탁했다. 그들은 이구동성으로 "이 아이는 아주 위대하고 고귀한 사람이 될 것이며, 온 세상을 통치할 것이다"라고 예언했다. 불교 전승에 의하면 싯다르타는 태어나자마자 걸었다고 한다. 임신 6개월 만에 마야 부인의 오른쪽 옆구리에서 태어났다는 설도 있다. 팔리어로 기록된 붓다의 유일한 전기 『니다나카타Nidanakatha』에 의하면, 브라만 여덟 명과 점성가 한 명이 갓난아기를 살펴봤더니 인도에서 특별한 운명을 뜻하는 '위대한 인물'의 32가지 표식이 나왔다. 일곱 명은 이 아이가 깨달은 자 '붓다'가 되거나 '세상의 군주'가 될 것이라고 단언했다. 하지만 여덟 번째 한 명, 콘단냐만은 두 번째 가능성을 부정하고는 아이가 깨달은 자가 될 것이라고 단언했다. 그리고 네 가지 징표, 즉 노인, 병자, 사자, 수행자를 만나서 아버지의 궁전을 떠날 것이라고 덧붙였다. 이때 아이의 이름을 '신과 인간의 소원을 성취해 준다'라는 의미로 싯다르타라고 지었다.

마야 부인은 출산 며칠 후에 세상을 떠났고, 싯다르타는 인도의 관습에 따라 이모의 손에서 자랐다. 싯다르타의 아버지 숫도다나는 아들에게 왕위를 물려주고 싶어 했다. 그래서 싯다르타가 예언된 네 가지 징표를 보지 못하게 하려고 모든 방법을 마련했다. 숫도다나는 모든 사람에게 규율을 엄격하게 지키도록 했다. 싯다르타는 그저 호화롭고 행복하기만 한 삶을 살면 되었다. 전기에 따르면, 싯다르타는 30년 동안 불행과 질병이 차단된 궁전 안에서만 지내며 안락하게 평안을 누렸다. 그의 주변에는 오로지 그를 즐겁게 해주기 위해 애쓰는 하인, 요리사, 악사, 무희, 유녀들만 가득했다. 숫도다나에게는 다른 자녀가 있었지만, 싯다르타가 떠난 후 왕위를 계승한 둘째 아들 난다에 관한 일부 내용 외에는 다른 형제에 대해서는 아무런 기록도 남아있지 않다. 훗날 출가해 깨달음을 얻고 붓다가 된 싯다르타는 어린 시절을 보낸 궁전을 두 차례 방문해 아버지를 만났고, 숫도다나는 말년에 아들의 제자가 되어 불법(佛法)에 귀의했다.

산파와 조각가의 아들 소크라테스

싯다르타의 어린 시절에 관해서는 여러 가지 전승이 남아있지만, 소크라테스의 어린 시절을 언급하는 일화는 그가 죽은 직후에 기록되었음에도 매우 적다. 하지만 그만큼 더 신빙성이 있다고 볼 수도 있다. 소크라테스는 군주 가문이 아니라 아테네의 부유한 중산층 가정에서 태어났다. 아버지 소프로니스코스는 조각가였으며 수입이 좋았다. 산파였던 어머니 파이나레테는, 이 집 저 집을 다니며 부지런히 아이를 받아 주었을 것으로 보인다. 자기 일에 전념하는 활동적인 여성이자 가정과 일의 양립을 위해 애쓴 '근대적'인 여성이었던 것이다.

소크라테스가 태어난 기원전 470년경에 아테네에서는 인도와 마찬가지로 변화의 기운이 감돌았다. 거의 같은 시기에 메소포타미아와 중국에서도 변화의 바람이 일었다. 인도, 메소포타미아, 중국에서는 개인의 영적 열망을 충족하기 위해 전통을 깨고 종교 차원의 '혁명'을 추구했다. 한편 그리스에서는 지혜와 철학을 통한 변화가 시작되었다. 신과 인간을 매개하는 사제가 아닌 사상가 집단이 출현한 것이다. 사상가들은 권력이 집중된 아테네가 아니라 주변 지역인 소아시아 지중해 연안, 그중에서도 현재는 튀르키에에 속하는 밀레투스에서 탄생했다. 탈레스(기원전 약 625~547년)와 그의 제자 아낙시메네스(기원전 약 585~525년)는 '합리적인' 답변, 즉 경험 지식을 토대로 형이상학적 문제에 관한 답을 찾고자 했다.

당시 '철학자'보다는 '자연학자'로 불리던 이들은 곧 온 우주가 하나이며 만물에 대해 알려면 우선 인간에 대해 알아야 한다는 결론에 도달한다. 밀레투스에 인접한 도시 에페소스 출신 자연학자 헤라클레이토스(기원전 약 540~450년)는 "자기 자신을 탐구하고 모든 것을 자기 자신에게서 배워야 한다"라고 말했다. 피타고라스학파와 같이 신봉자들에게 자기 이해와 비밀 의식을 결부한 계율을 요구하며 비밀 엄수 규율을 둔 신비주의 교파도 널리 퍼져나갔다. 초기 아테네에는 자연학(자연, 세계의 질서, 존재의 기원)이나 영혼의 본질을 탐구하는 사상가들의 활동이 아직 활발하지 않았다. 어느 정도 영향을 받기는 했지만, 수십 년 후에 아낙사고라스(기원전 약 500~428년)가 아테네에 정착하기 전까지는 이러한 인식이 제대로 자리 잡지 못했다. 아낙사고라스와 같은 시기에 새로운 유형의 현자, 웅변가, 교사들이 주변 도시에서 아테네로 이동했다. 이 사람들은 주로 웅변술과 정치를 가르쳤지만, 이들은 지식과 지혜를 전파하는 사람이라는 의미로 '소피스트'라고 불렸다. 이들 소피스트는 주로 비싼 수업료를 치를 수 있는 귀족 가문의 자제들을 가르쳤고, 세상의 본질에 대한 깊이 있는 사유보다는 그러한 주제를 논의하는 기술을 전수했다. 고상한 예술의 차원으로 토론의 위상을 높이고, 제대로 된 논쟁을 무엇보다 중시했던 아테네에서 변론술을 습득한 젊은이들은 유력한 정치 지도자의 지위를 얻을 수 있었다. 반면 민중들은 소피스트가 아니라 여러 신과 신전의 제사장들에게 정신적으로 의지했다.

이 무렵 아테네의 정치 상황을 잠시 살펴보자. 소크라테스 시대의 그리스는 기원전 1200년경에 미케네 문명이 불가해한 멸망을 맞은 후 400~500년 동안 지속된 '암흑기'에서 막 벗어난 참이었다. 암흑기 동안 그리스는 인구가 감소하고 무력한 왕이 다스리는 약소국가로 분열되어 있었지만, 같은 언어, 같은 신, 훗날 호메로스가 기록한 『일리아스』와 『오디세이아』, 헤시오도스의 『일과 나날』 같은 동일한 건국 서사시를 공동으로 보유했다. 그러다 영지를 소유한 귀족 계급이 부상해 권력을 장악했고, 그 덕분에 도시국가 폴리스가 새로운 번영기를 맞이했다. 폴리스는 각각의 수호신과 군대를 보유했고, 기원전 6세기에 이르러서는 저마다 통화와 법률을 갖췄다. 동시에 예술과 수학, 철학이 발전하기 시작했다. 기원전 6세기, 특히 기원전 5세기 이후, 아테네는 인구가 300만 명에 달했고, 그중 3분의 1이 시민(아테네인 부모 밑에서 태어난 18세 이상의 자유 신분 남성)이었으며, 그리스에서 가장 번영하고 위대한 도시로 발돋움했다. 기원전 499년경에 가장 부유했던 밀레투스를 필두로 이오니아의 도시국가에서는 페르시아의 속박에 반기를 들고 아테네에 지원을 요청했다. 그렇게 해서 페르시아를 상대로 두 차례의 전쟁을 치른 아테네는 기원전 479년경에 에게해의 여러 섬을 장악했고, 고대 그리스 폴리스의 연합체 델로스 동맹을 결성했다. 동맹들은 단일 통화를 사용했고, 맹주국 아테네는 점차 다른 도시국가를 복속했다. 당시 아테네의 통치자는 왕이 아니라 막강한 가문 출신의 장군(스트라테고스strategos) 10인이었고, 매년 민회에서 선출되었다. 전쟁 발발 시에는 장군 10인 중 한 명을 최고 사령

관으로 임명했다. 열다섯 번이나 장군으로 선출된 페리클레스는 아테네에서 가장 영향력 있는 정치가 중 한 명으로 거듭났다. 그래서 이 시기를 '페리클레스의 시대'라고 부른다. 소크라테스는 아테네 법률에 따라 중산 계층 학생들이라면 누구나 받아야 하는 체육, 음악, 기하학, 농업 등의 의무 교육을 받았을 것으로 보인다. 호메로스, 이솝, 헤시오도스와 같은 위대한 시인의 작품도 물론 공부했을 것이다. 그런데 소크라테스에게 직업이 있었는지는 알 수 없다. 디오게네스 라에르티오스가 철학자들의 전기 『유명한 철학자들의 생애와 사상』에 언급했듯이 소크라테스는 부친의 뒤를 이어 조각가가 되려고 했을지도 모른다. 하지만 플라톤의 『파르메니데스』를 보면 소크라테스는 열아홉 살 때부터 엘레아, 프로타고라스, 폴로스, 제논 같은 소피스트들이나 페리클레스의 연인 아스파시아처럼 총명한 여성들과의 토론을 즐겼음을 알 수 있다. 이런 소크라테스에게도 스승이 있었을까? 플라톤의 『크라틸로스』에 의하면 소크라테스는 프로데이코스 밑에서 배웠다고 한다.(13) 하지만 다른 대화편에서 소크라테스는 끊임없이 공부했지만 스승을 둔 적은 없다고 말한다. 강한 호기심 때문에 각계각층의 지식인, 이전 세대의 자연학자, 변론술을 가르치는 소피스트, 심지어 신비주의 신봉자에 이르기까지 모든 성향의 지식을 흡수한 것으로 알려져 있다.

고향에 강한 애착이 있던 소크라테스가 아테네를 떠난 것은 병역 의무를 수행할 때뿐이었다. 그는 페르시아와 스파르타를 상대로 한 펠로폰네소스 전쟁, 알키비아데스를 구출했던 포티다이아 전쟁(기원전 430년), 그리고 델리온 전투(기원전 424년)와 암피폴리스 전투(기원전 422년)에 참전했다. 소크라테스의 유년기나 청소년기, 성년 초기에 관해서 이 이상으로는 알려진 바가 없다. 플라톤의 대화편이나 다른 저서를 봐도 소크라테스가 어떤 교육을 받았는지에 관한 내용은 전혀 없다. 한결같이 강조되는 내용은 오직 한 가지, 소크라테스의 모친이 산파였다는 점이다. 소크라테스 자신도 어머니로부터 산파술을 자기 나름의 방식으로 물려받았다고 말한다. 아기가 아니라 지성의 탄생을 돕는 산파술이다.

소크라테스는 서른한 살 때 아테네 평의회 위원으로 선출되었지만 자리를 거절한다. 아테네 거리를 돌아다니며 지식을 쌓고, 지혜와 학식을 가진 사람들과 대화하는 편을 선호했기 때문이다. 그 와중에도 신들을 모시고 제물을 바치는 일도 소홀히 하지 않았다. 소크라테스에게는 지혜의 부름이 정치보다 우선이었다.

팔레스타인 출신 유대인 목수의 아들 예수

팔레스타인 출신 유대인 예수와 인도의 붓다, 아테네의 소크라테스 사이에는 각각 약 4~5세기의 간극이 있다. 서력기원 초기에 불교는 아시아 전역에 깊이 뿌리를 내렸다. 같은 시기에 고대 그리스의 쇠퇴 이후 번영을 이룬 로마 제국에서는 직관을 중시하고 우주를 파악하는 것보다 소크라테스의 방식대로 인간에 대한 이해에 관심을 쏟는 여러 철학 학파가 꽃을 피웠다.

「마태오의 복음서」와 「루가의 복음서」에 의하면 예수는 헤로데 대왕의 치세 말기에 베들레헴에서 태어났다. 헤로데 대왕은 기원전 4년에 사망했다. 결국 예수의 탄생을 기점으로 새로운 달력을 만들 때 고대 말기의 기독교 수도사들은 몇 년 정도를 오산한 것이다. 「루가의 복음서」에 따르면 예수의 부모인 요셉과 마리아는 갈릴래아 지방의 나사렛 출신이지만 퀴리니우스 총독 시절에 인구 조사가 시행되어 유대 지방 베들레헴으로 이주했다. 하지만 퀴리니우스 총독이 이 지방을 다스리기 시작한 것은 기원전 6년 이후라고 알려져 있다. 따라서 역사가들은 예수가 기원전 5년이나 6년경에 태어났으며, 출생지도 베들레헴이 아니라 나사렛일 가능성이 더 크다고 본다. 두 복음서에 예수의 탄생지가 베들레헴으로 기록된 것은 예수가 다윗의 계보로 이어진다고 주장하기 위한 신학적인 윤색일 것이다. 유대교 유일신 야훼의 약속("네 몸에서 난 자식 하나를 후계자로 삼을 터이니")에서는 다윗의 가문에서 메시아가 탄생한다고 했기 때문이다.(사무엘하 7:12) 유대교에서 출발한 초기 기독교인들에게 예수가 다윗의 후손이라는 점은 매우 중요한 요소였

다. 바울로 역시 「로마인들에게 보내는 편지」에서 이 점을 언급한다.(로마 1:3)

예수가 태어나 30세가 될 때까지 살았던 나사렛은 갈릴래아 지방의 작은 마을로 주민 약 2천 명 중 대다수가 유대인이었다. 히브리어 『성경』(기독교 『구약성경』에 해당)에는 전혀 등장하지 않는 평범한 마을이었다. 기원전 63년에 폼페이우스에게 정복된 팔레스타인은 그 무렵 위기에 처해 있었다. 이른바 '대혼란기'였다고도 말할 수 있다. 주민들은 유대교를 믿었지만 그리스 문화권에 속했고, 로마의 지배를 받았다. 로마는 신앙의 자유를 어느 정도 인정했지만, 유대인들의 신앙과 충돌하더라도 주민들을 로마 문명에 동화시키려 하였다. 헤로데 대왕의 아들 헤로데 안티파스는 로마가 지배하는 갈릴래아 지방을 다스렸으나, 새로운 수도 티베리아스의 궁전을 동물의 상징으로 장식해 우상 숭배를 인정하지 않는 유대인들의 반감을 샀다. 게다가 이 도시는 애초에 유대인들이 불경하게 여기는 묘지 부지에 세워졌다. 예수에게 사형을 언도하게 될 로마 총독 빌라도는 이교도의 상징인 로마인의 신탁용 지팡이를 동전에 새기기도 했다. 그리고 로마는 매우 무거운 세금을 부과했다. 그 당시 팔레스타인은 그야말로 일촉즉발의 상태였다.

역사가 플라비우스 요세푸스의 『유대 고대사』에 의하면 당시 유대교는 크게 네 종파로 나뉘었다. 먼저 상류 계층과 사제 계층으로 이루어진 사두가이파는 유대인이 모여 제물을 바치고 세례를 행하는 성전을 관리했다. 수적으로 강세인 바리사이파는 모세의 율법(토라)과 하느님의 성전을 철저히 준수했고, 이도교와의 접촉도 거부할 정도로 정결을 중시하며 메시아의 도래를 기다렸다. 세 번째 종파인 에세네파는 묵상에 의한 금욕을 하고, 광야에서 고립된 집단생활을 했다. 정결 의식과 단체 기도를 반복했지만, 신전의 권위는 부정하고 희생 제사도 거부했다. 플라비우스 요세푸스는 저서에서 마지막 네 번째 종파를 자세히 언급했다. 이들은 하느님의 이름으로 폭력 항쟁을 주장하는 민족주의 투쟁 집단이었는데, 훗날 '열심당'이라고 불렸다. 네 종파는 율법과 유일신론, 같은 민족으로서의 소속감을 공유했다. 이렇게 다양한 종파와 함께 메시아 운동이 일어났고, 곳곳에서 순회 설교자들이 가르침을 전파했다. 개중에는 대중의 강한 지지를 얻는 이들도 있었다. 예수는 이렇게 정치적 긴장과 종교적 격변이 일어나는 시기에 태어났다. 붓다에 관한 불교의 전승처럼, 기독교 문헌은 예수의 잉태와 탄생을 기적으로 묘사한다. 「마태오의 복음서」와 「루가의 복음서」는 서로 보완적이면서도 상충하는 내용을 담고 있다. 「루가의 복음서」는 마리아의 사촌 엘리사벳과 늙은 사제 즈가리야 사이에서 세례자 요한이 잉태되는 이야기를 기적적으로 묘사하면서 시작된다. 이어서 천사 가브리엘이 마리아에게 수태고지(受胎告知)하는 장면을 전한다. 성령에 의해 잉태되어 탄생할 아이는 '지극히 높으신 분의 아들'이라고 불릴 것이라고 한다. 기독교 회화의 오랜 주제였던 수태고지 장면은 「마태오의 복음서」에는 언급되지 않는다. 성령에 의한 잉태가 언급되지만, 결혼하지도 않았는데 마리아가 임신한 것을 알고 요셉이 파혼하려고 했기 때문에 천사가 요셉에게 나타났다고 기록되어 있다.

예수는 매우 신앙심이 깊은 가정에서 태어난 것이 확실하다. 이 시대에 팔레스타인의 유대인이 대부분 그랬듯이, 안식일(주간의 일곱 번째 날)을 지키고, 갓 태어난 아이에게 할례를 하고, 유대교 제례에 참석하기 위해 예루살렘 성전에 갔기 때문이다. 「마태오의 복음서」에 따르면, 헤로데왕이 두 살 이하의 유대인 남아를 다 죽이라고 명령했지만 어린 예수는 가족이 이집트로 피신한 덕분에 목숨을 구할 수 있었다. 하지만 역사가들은 이 일화는 사실적인 근거가 희박해서 신빙성이 매우 떨어진다고 여긴다.

요셉은 사회 중하층에 속하는 목수였다. 그리스어로 목수라는 단어는 나무를 세공하는 사람을 의미했다. 마리아는 정성을 다해 아들을 돌봤고, 예수가 십자가형을 당하는 순간까지 늘 곁을 지켰다. 예수는 외아들이었을까? 이 질문은 기독교 초기부터 제기되었다. 마르코와 요한에 의하면 예수에게는 야고보, 요셉(또는 요세), 유다, 시몬이라는 네 형제와 이름 모를 두 자매가 있었다고 한다.(마르코 3:21, 31~35) 그런데 히브리어로 형제를 지칭하는 '아흐 ash'는 비단 친형제뿐 아니라 이복형제나 사촌을 지칭하기도 한다. 2세기의 두 교부 테르툴리아누스와 헤게시푸스는 이들이 친형제라고 주장했지만, 「야고보의 원복음서」에서는 요셉 전처의 소생인 '이복형제들'이라고 기록했다. 수 세기에 걸쳐 교회는 종파별로 서로 다른 견해를 취하게 되었다. '영원한 동정녀' 마리아라는 교리에 의문을 제기할 수 있다는 점에서 더욱 민감한 주제다. 가톨릭 교회는 '아흐'를 사촌으로, 동방 교회는 이복형제라고 해석하지만, 개신교에서는 친형제라는 가능성을 배제하지 않는다.

예수의 어린 시절에 대해 복음서는 "아기는 날로 튼튼하게 자라면서"(루가 2:40), "몸과 지혜가 날로 자라면서 하느님과 사람의 총애를 더욱 많이 받게 되었다"(루가 2:52) 정도로만 언급하고 있다. 「루가의 복음서」에 따르면 유월절이 되면 예수의 부모는 명절을 지내러 예루살렘으로 가곤 했는데, 어린 예수가 돌연 사라져 보이지 않자 사방으로 아이를 찾아다니다 며칠 만에 성전에서 그를 찾아냈다. 예수는 거기서 율법학자들과 한자리에 앉아 날카로운 질문을 던지고 있었다. 어린 시절 예수는 조숙하고 현명했다. 여느 유대인 아이들처럼 성인이 되기 전까지는 회당에서 히브리어를 배우고 일정한 학업을 마치고 장남으로서 아버지의 직업을 택했을 것이다. 나사렛 사람들은 예수가 회당에서 설교할 때 그를 '목수'

라고 불렀다.(마르코 6:3) 예수는 히브리어 외에도 당시 팔레스타인에서 사용되던 아람어를 썼고, 당시 지식인들이 사용하던 그리스어와 라틴어도 조금은 구사했을지도 모른다.

정경의 기록은 매우 간결하지만, 정경으로 인정되지 않아 외경이라고 불리는 복음서에는 놀라운 일화가 많이 있다. 「야고보의 원복음서」와 「토마스의 유아기 복음서」에는 예수가 찰흙으로 만든 새에게 생명을 불어넣는 등 어린 시절부터 수많은 기적을 행했다는 설명이 있다. 2세기에 쓰인 「야고보의 원복음서」에는 예수 어머니 마리아의 '원죄 없는 잉태(無染始胎)Immaculata conceptio'에 관한 언급도 있다. 마리아가 원죄 없이 잉태했었음을 뜻하는 교리로써 가톨릭교회에서 먼 훗날인 1854년에 정식으로 채택되었다. '지극히 높으신 분의 아들' 예수를 잉태하도록 특별한 은총을 입었기 때문이다. 역사가들은 붓다의 유년 시절처럼 유명한 종교 인물에 얽힌 수많은 신비한 이야기에 대해 회의적일 수밖에 없다. 얼마나 비범한 인물인지를 보여주어서 신자들을 감화하려는 의도가 담겨 있기 때문이다. 믿느냐 마느냐는 결국 신앙의 문제다.

성과 가족

소크라테스, 예수, 붓다는 독신으로 살았을까? 아니면 결혼했을까? 이들의 성생활과 결혼생활에 대해서는 무엇이 알려졌을까? 이들의 생애를 기록한 초기 문헌에는 이런 내용이 잘 드러나지 않지만, 현재까지 알려진 당시의 역사적 맥락에 비추어 보면 각각의 인물이 미혼이었는지 기혼이었는지, 남녀 관계에 대해서는 어떤 태도를 보였는지에 관한 상당히 정확하고 설득력 있는 단서를 얻을수 있다.

청년들을 사랑한 유부남

소크라테스는 소시민 계층 출신으로 당대의 관습대로 결혼을했다. 여러 자료에 따르면 평생 아내는 한 명뿐이었다. 바로 악처의 대명사로 불리는 크산티페다. 둘 사이에는 세 자녀가 있었다. 3세기 초의 그리스인 역사가 디오게네스 라에르티오스는 철학의 아버지 소크라테스에 관한 글에서 소크라테스 부부에 관한 몇 가지 일화를 언급했다. 예를 들면, 소크라테스가 '부자들'을 집으로 초청해 저녁을 대접하려 하자 크산티페는 넉넉하지 않은 형편 때문에 곤란해 했다고 한다. 부부 싸움을 하다가 크산티페가 공공장소에서 소크라테스의 외투를 찢거나, 홧김에 소크라테스 머리에 양동이로 물을 붓는 장면도 나온다. 이에 소크라테스는 "그렇게 천둥이 치면 결국 비가 내릴 거라고 내가 말하지 않았소"라고 침착하게 대꾸했다.

플라톤의 『파이돈』에는 소크라테스가 감옥에서 독배를 마시기 직전에 크산티페가 아들들을 데리고 남편을 만나러 온 장면이 나온다. 아리스토텔레스의 이야기를 바탕으로 한 다른 자료에 따르면 크산티페는 소크라테스의 첫 부인으로 둘 사이에는 람프로클레스라는 아들이 있었고, 이후 소크라테스는 대귀족 가문의 미르토라는 여성과 결혼해 소프로니스코스와 메넥세노스라는 두 아들을 두었다. 플라톤이 묘사한 감옥 면회 장면은 이 주장에 설득력을 더한다. 비록 플라톤이 직접 목격한 것은 아니지만 당시 감옥에 면회하러 온 막내아들의 나이가 열 살 안팎이었기 때문이다. 소크라테스는 당시 70세였고 크산티페도 비슷한 연령대였으므로 크산티페

가 열 살 남짓한 아이의 친모였을 리는 없다.(14)

당시 그리스에서는 기혼 남성이 아내 이외의 여성을 만나는 것이 이상한 일이 아니었다. 모든 남성은 자녀를 가질 목적으로 결혼했으며, 새 가정을 꾸리는 것이 사회적으로 허용되었을뿐만 아니라 권장되기도 했다. 디오게네스 라에르티오스가 기록한 소크라테스와 알키비아데스와의 대화는 그런 상황을 단편적으로 드러낸다. 크산티페의 고함을 어떻게 견디냐고 묻는 알키비아데스에게 소크라테스는 "자네도 거위가 꽥꽥거리는 소리를 견디지 않나?"라고 반문한다. 알키비아데스가 "하지만 거위들은 알과 새끼를 낳아 줍니다"라고 말하자 소크라테스는 이렇게 대답한다. "마찬가지로 크산티페도 아이를 낳아 준다네."

제자들의 이야기를 통해서 소크라테스가 여성들과는 별로 교류하지 않았고, 여느 아테네 시민들처럼 젊은 남성과 교제하는 편을 더 좋아했다는 점을 알 수 있다. 플라톤의 『향연』에는 이런 대목이 있다. "소크라테스 선생님께서는 아름다운 젊은이들을 사랑하여 함께 어울려 다니고 그들에게 정신이 팔려 계시네."(향연 216d) 소크라테스는 『고르기아스』에서 칼리클레스에게 이렇게 속내를 털어놓는다. "두 대상에 마음을 빼앗겼네. 바로 클레이니아스의 아들 알키비아데스와 철학이지."(고르기아스 481d) 『프로타고라스』의 도입부에서 대화 상대는 "소크라테스, 지금까지 어디에 있었나? 보

나 마나 평소처럼 꽁무니를 쫓느라 바빴겠지. 잘생긴 알키비아데스의 꽁무니 말이야."(프로타고라스 309a)

소크라테스가 청년을 사랑했다는 것은 틀림없다. 하지만 육체관계까지 맺었다는 기술은 어디에도 없다. 대화편에서 소크라테스는 청년들에 대한 애정을 보이긴 하지만 철학자로서 정신적 사랑을 위해 육체적 사랑은 거부하는 결의를 보여 준다. 소크라테스에게 열렬한 사랑을 받았던 알키비아데스도 소크라테스를 육체적으로 유혹해 보려고 애썼지만 헛수고였다. 알키비아데스는 처음으로 소크라테스와 단둘이 있는 기회가 생겼을 때 "이분과 단둘이 있고 싶었고, 단둘이 나눌 법한 대화를 하리라 생각하니 마음이 흐뭇했다네"(향연 217b)라고 했듯이 내심 기대했으나 그런 일은 일어나지 않았다. 그리고 체력 단련을 했던 일을 언급하기도 했다. 그 시대의 관습대로라면 둘 다 나체로 운동을 했을 테지만 "그래도 아무런 수확이 없었네"라고 토로한다.(향연 217d) 그리고 마지막으로 '신적이고 놀라운 인물'의 침상으로 들어간 그날 밤, 소크라테스는 조금도 동요하지 않는다. "이분은 내 매력을 경멸하고 무시했다네."(향연 219c) 그리고 놀랍다는 듯이 이렇게 덧붙인다. "신들과 여신들의 이름으로 맹세하건대, 그날 밤 소크라테스 선생님과 함께 자고 아침에 일어났을 때, 아버지나 형과 잤을 때와 다를 것이 전혀 없었네."(향연 219d)

출가자 붓다

젊은 왕자 싯다르타는 궁전에서 이 세상의 모든 쾌락을 누렸다. 불전에 따르면 유녀들은 육체의 쾌락을 아낌없이 선사하고 향긋한 목욕을 준비했으며, 왕자가 특히 좋아하는 세심한 마사지까지 해주었다. 사촌 누이인 야쇼다라 공주와 결혼하고 관례대로 신방을 마련했을 때는 겨우 열일곱이었다. 육체적 쾌락과 호사도 마다하지 않았다. 그렇게 13년 동안 주어진 쾌락의 극치를 맛보았고, 난교도 거부하지 않았다. 그러다 연회가 끝난 어느 날 밤에 그는 모든 것을 포기하고 속세를 떠나 구도자의 길을 걷기로 마음먹었다. 그날 저녁, 왕자는 악사, 무희, 유녀들과 온갖 쾌락을 탐닉하다가 반쯤 헐벗은 여자들 사이에서 잠이 들었다. 잠에서 깨어났을 때 궁전의 다른 사람들은 모두 잠들어 있었는데, 이들의 잠자는 모습이 시체 더미로 보여 너무나도 혼란스러웠다. 이렇게 해서 궁을 떠나게 되는데, 아무런 미련이 없었던 것은 아니었다. 이름이 말 그대로 '족쇄'를 뜻하는 아들 라훌라를 팔에 안아 보는 것이다. 아내의 방에 들어가 라훌라에게 작별 인사를 하기 위해 다가가다가, 뒷걸음질을 치고 만다. 옛 기록에 따르면 자식에게 미련을 못 버려 출가를 포기하게 될까 봐 두려워했다고 한다. 그래서 등을 돌리고 궁전을 떠난다.

전기에 따르면, 붓다의 성생활은 여기서 끝난다. 이후, 제자들에게 늘 감각의 쾌락이 가져다주는 거짓 행복을 경계하라고 설교했다. 성욕은 욕망이고, 욕망은 깨달음을 가로막는 주된 장애물이기 때문에 구도의 길을 통해 열반에 이르려는 출가 수행자(비구, 比丘)bhikkhu에게는 음행을 금했다. 이 금기는 비구 227계 중에서도 가장 무거운 죄에 해당하는 도둑질, 살인, 거짓말과 함께 네 가지 바라이죄(波羅夷罪)에 해당한다. 하지만 재가 수행자에게 적용되는 금기는 훨씬 적다. 성행위를 금지하지 않지만 '바르지 못한 일을 피하고', 포살 기간에는 음행을 삼갈 것을 요구한다.

독신자 예수

예수를 주변에는 항상 여자가 많았다. 제자 중에서도 여자가 많았는데, 그 당시 팔레스타인에서는 흔한 일이 아니었다. 지중해 연안 지역의 관습에 따라 여성은 평생 미성숙하고 결혼 전에는 아버지, 결혼 후에는 남편의 보호가 필요한 존재라고 여겼기 때문이다.

예수를 따르던 여성 가운데는 소외된 자, 과부, 매춘부도 있었다. "악령이나 질병으로 시달리다가 나은 여자들 있었는데 그들 중에는 일곱 마귀가 나간 막달라 여자라고 하는 마리아, 헤로데의 신하 쿠자의 아내인 요안나, 그리고 수산나라는 여인을 비롯하여 다른 여자도 여럿 있었다. 그들은 자기 재산을 바쳐 예수의 일행을 돕고 있었다."(루가 8:2~3) 당대 사람들은 예수와 이런 여성들과의 관계를 마냥 호의적으로 보지는 않았다. 예수가 바리사이파 사람의 초대를 받았을 때 그 동네의 '행실이 나쁜 여자' 하나가 예수의 뒷발치에 서서 향유와 눈물로 그의 발을 적시고, 머리카락으로 닦고(정말 관능적인 행동이다), 바리사이파 사람들이 놀라 어리둥절해하고 있는 앞에서 예수의 발에 입을 맞추었다.(루가 7:36~39) 예수는 주변 사람들을 더 놀라게 할 말을 던지기도 한다. "세리와 창녀들이 너희보다 먼저 하느님 나라에 들어가고 있다."(마태오 21:31)

예수는 결혼했을까? 예수는 결혼이 자연스럽고 고귀한 상태라고 말했다. "처음부터 창조주께서 사람을 남자와 여자로 만드셨다. 그러므로 남자는 부모를 떠나 제 아내와 합하여 한 몸을 이루리라."(마태오 19:4~5) 하지만 예수가 결혼하지 않은 것만은 거의 확실하다. 『신약성경』이나 3세기까지의 그 어떤 기록에도 예수의 아내나 자녀를 암시하는 대목은 없다. 따라서 초기 기독교인들 사이에서 이 주제는 전혀 논란거리가 아니었음을 알 수 있다. 설령 예수가 결혼하여 가정을 꾸렸다 해도 제자들이 이를 쉬쉬하며 감출 이유는 없었다. 실제로 유대 전통은 결혼을 중시했고 당시 랍비, 사제, 율법학자들은 다들 결혼을 했다. 베드로를 비롯한 제자들 역시 대부분 결혼을 했다. 이처럼 영적인 소명을 따르는 데 결혼이라는 관행이 걸림돌이 되지 않는다고 여겼음에도, 이를 감추려는 듯이 예수의 제자들이 침묵으로 일관한 이유는 과연 무엇일까? 실상은 더 단순하다. 복음서에 기록된 바와 같이 예수는 각지를 돌아다니는 예언자와 에세네파가 걷는 길을 따랐다. 현대에 발견된 사해문서에서도 확인되었지만, 에세네파는 극단적인 금욕주의자들로 하느님 나라에 가려면 독신을 유지해야 한다고 여겼다. 예수가 가정을 꾸리지는 않았다고 해도, 육신의 관계를 맺은 여성이 있지는 않았을까? 사복음서에는 이와 관련된 언급이 전혀 없다. 1945년에 이집트 나그함마디에서 발견된 여러 외경 중 하나에서는 막달라 마리아가 예수의 연인으로 두 차례 언급된다. 이 외경이 바로 4세기경에 쓰인 「필립보의 복음서」다. "언제나 주님과 동행한 세 명의 마리아가 있었다. 그의 어머니와 그의 자매와 그의 친구 막달라 마리아였다."(필립보 59) 몇 쪽을 넘기면 다음과 같은 구절이 나온다. "주님은 다른 제자보다 막달라 마리아를 더 사랑하셨고, 입술에 자주 입을 맞추셨다. 그러자 제자들이 불만을 표시했다. "어찌하여 우리보다 마리아를 더 사랑하십니까?" 주님이 대답하셨다. "내가 왜 너희를 마리아처럼 사랑하지 않겠느냐?"(필립보 63) 이 두 번째 문장은 댄 브라운의 『다빈치 코드』에 인용되었다.(15) 댄 브라운은 이 문장을 예수가 막달라의 마리아와 육신의 관계를 맺고 있었다는 근거로 본다.

이런 해석을 무시할 수는 없지만, 다소 성급한 결론이다. 우선, 「필립보의 복음서」는 수십여 종의 정경과 외경을 통틀어 막달라 마리아를 예수의 연인으로 명기한 유일한 문헌이다. 이 복음서가 다른 문헌보다 진실에 더 가깝다고 믿을 만한 근거는 없다. 『다빈치 코드』의 논리처럼, 이 비밀을 감추는 복음서만 정경으로 채택되었다는 반박도 가능할 것이다. 분명 일리는 있지만, 그렇다면 교회에서 채택하지 않은 다른 수많은 외경에서는 왜 그 내용을 언급하지 않는 것인가? 반면, 「필립보의 복음서」를 통독하면 또 다른 해석도 가능하다. 「필립보의 복음서」는 정경과 달리 예수의 생애를 그린 이야기가 아니라 예수의 가르침을 모은 문헌이며, 일부 내용은 '주님'으로서의 예수와 관련되어 있다. 저자의 의도는 사실이나 예수의 언행을 알리는 것이 아니라 수수께끼로 가득한 말과 은유를 모아 비밀스러운 가르침을 전달하는 것이다. 나그함마디 문서 전문가들은 「필립보의 복음서」는 하느님과 타락한 사람들 사이의 영적인 결합을 이야기하는 비전서일 뿐이며 영지주의의 특징이 드러난다고 지적한다. 문자 그대로의 영지주의는 '영적 지식', 또는 영(靈), 즉 프네우마(πνεῦμα, Pneuma, 숨 또는 호흡을 의미하는 고대 그리스어)를 아는 것이다. 이처럼 신비로운 유대는 그리스도가 제자들에게 전달하는 '숨결'을 통해 이뤄진다. 「필립보의 복음서」에는 교리를 전수받은 사람에게 '숨결'이 전달되는 것을 의미하기 위해 '포옹'이나 '입맞춤'의 상징을 사용하는 구절이 많다. 철학자이자 그리스 정교회 신학자 장이브 를루가 지적했듯이, 예수와 막달라 마리아 사이의 입맞춤은 영지주의적 맥락뿐 아니라 유대교 신비주의의 맥락에서도 살펴봐야 이해할 수 있다. 히브리어로 '입맞춤'에 해당하는 나샤크nashak는 "함께 숨을 쉰다"라는 뜻도 있다. 유대교 신비주의 사상에서는 신성한 숨결이 전해졌음을 표현하기 위해 입맞춤이라는 상징을 사용한다. 입맞춤에 의한 결합을 통해 '신방(新房)'이라는 성역으로 들어가는 것이다. 이것이 바로 「필립보의 복음서」의 핵심 주제다. 예수는 제자들에게 숨을 불어 넣어 '신방'으로 인도하고, 입맞춤이라는 형상으로 영적 지식을 전달한다. "완전한 자가 잉태하고 낳는 것은 입맞춤에 의한 것이다. 이러한 이유로 우리도 서로 입을 맞추고, 서로 안에 있는 은혜로부터 수태(受胎)하게 된다."(필립보 31) 상징적이고 신비로운 문맥에서 보면, 막달라 마리아는 예수의 연인이라기보다는 완벽한 제자의 전형으로 보는 것이 훨씬 논리적이다. 제자들은 질투심에 사로잡혀 예수에게 자신들보다 막달라 마리아를 더 사랑하는 이유가 무엇이냐고 물은 것이다. 「필립보의 복음서」는 영혼과 하느님의 결합을 남녀의 결합이라는 현세의 상징으로 표현한다. 따라서 완벽한 제자(주님과 입맞춤을 주고받는 사람)의 전형이 여자라는 점도 이 논리에 잘 부합한다.

복음서에 언급된 여자들 가운데 누군가에게는 예수가 분명 깊은 애정을 품었을 것이다. 하지만 이들 중 한 사람 혹은 다수와 육신의 관계를 맺었는지는 결코 아무도 알 수 없을 것이다.

4.

사명의 시작

싯다르타, 소크라테스, 예수는 어떻게 제자들의 마음을 강하게 사로잡는 정신적 지도자가 되었을까? 그리고 어떤 계기로 뭇사람에게 가르침을 전파하기로 마음먹었을까? 이들은 어떻게 사명을 얻었을까? 자발적인 선택이었을까, 아니면 천명을 받았을까?

붓다, 내적 깨달음

붓다의 전기에는 붓다의 탄생과 유년기에 얽힌 기적적인 일화가 많이 실려 있지만, 정욕에 사로잡힌 젊은 시절에 관해서는 전혀 언급되어 있지 않다. 궁전에서 젊은 왕자 싯다르타는 삶의 쾌락에 젖어 살았다. 하지만 그런 생활에도 싫증이 났고 권태감에 빠졌다. 어느 날, 싯다르타는 충직한 마부에게 궁전 밖의 정원에 나갈 수 있게 마차에 말을 준비해 두라고 했다. 마부는 왕 숫도다나의 명령을 어기고 싯다르타가 시키는 대로 말을 준비했다. 점성가와 브라만들의 예언을 들은 숫도다나는 아들의 삶을 완전히 바꿔 놓게 될 네 가지 징표인 '노인, 병자, 사자, 수행자'를 못 보게 하려고 부단히 애썼기 때문이다.

문헌에 의하면 신, 즉 데바deva가 다시 젊은 싯다르타의 인생에 개입해 첫 번째 징표를 보여 준다. 그때까지 일평생 젊고 건강한 사람들만 보았던 싯다르타는 길에서 주름투성이에 이가 빠지고 허리가 굽어 지팡이를 짚은 백발의 노인을 만난다. 충격을 받고 마부에게 묻자 마부는 이렇게 말했다. "이 사람은 노인입니다. 나이가 들어 늙은 사람이지요." 그리고 덧붙인다. "이 세상 모든 존재가 나이를 먹습니다. 젊음은 잠시뿐, 육신은 점차 쇠약해지기 마련이지요."

넉 달 후 왕자는 다시 정원을 찾았다가 가족으로부터 버림받아 거리에 혼자 남겨진 사람을 본다. 열이 나고, 쇠약한 몸은 온통 고름으로 뒤덮여 있었다. 마부가 다시 한번 설명한다. "병든 사람입니다. 세상에는 수많은 병이 있답니다." "나도 언젠가 병에 걸리게 될까?" 왕자가 물었다. "아무도 피해 갈 수 없습니다. 육신을 가지고 태어났으면 언젠가는 병에 걸리게 됩니다." 이렇게 해서 싯다르타는 감각적 쾌락이 얼마나 덧없는지 깨닫는다.

다시 넉 달이 지나서 정원에 나온 싯다르타는 장례 행렬을 목격해 큰 충격을 받고 죽음이 무엇인지 알게 된다. "사람들이 우는 것은 세상을 떠나 화장터로 운구되는 사람을 앞으로 영영 볼 수 없기 때문입니다." 마부가 설명하자 "나도 언젠가는 죽는 것인가?" 왕자가 겁에 질려 물었다. "이 세상 모든 존재는 언젠가 죽습니다. 육신은 약해지고 결국 죽음에 이르게 됩니다." 세 번째 징표에 충격을 받은 왕자는 죽음을 면하는 방법을 찾아내기로 결심한다.

그로부터 넉 달 후에 다시 궁 밖으로 나온 싯다르타는 네 가지 가운데 마지막 징표를 보게 된다. 탁발을 들고 평온한 얼굴로 깊은 명상에 잠긴 수행승이었다. 싯다르타는 아무리 물질적으로 풍족해도 생로병사를 피할 수 없다면, 그런 고통에서 해방해 줄 궁극의 진리를 찾아 떠나야 한다는 사실을 깨달았다. 불교 경전에서는 싯다르타가 출가하는 상황을 자세히 묘사한다. 앞에서 서술했듯이 서른 살의 왕자가 출가를 결심한 때는 향락의 밤을 보낸 직후다. 싯다르타는 아들에게 작별 인사도 하지 않고, 말에 안장을 얹고 궁전을 떠난다. 궁전에서 충분히 멀어지자 마부에게 멈추라고 말하고는 말과 겉옷, 소지품을 건네준 뒤, 머리를 깎고 새로운 삶, 이른바 출가자의 삶을 시작한다. 숲에서 탁발 수행을 시작한 왕자는 '칭송할 만한 지혜를 갖춘 자'라는 뜻의 '고타마'라는 이름을 얻고, 최고의 요가 수행자들로 알려진 알라라와 우달라카를 찾아간다. 고타마는 정신 집중에서 스승들을 빠르게 능가했지만, 요가 수행으로는 윤회(삼사라samsara)의 고통스러운 순환에서 벗어날 수 없다는 것을 깨닫는다. 그래서 가장 엄격한 수행을 하는 고행자 다섯 명을 찾아간다. 이들은 '희생'에 대한 사회적인 인식과 달리 오히려 내적 성찰을 강조했고, 해탈에 이르는 유일한 방법으로 극단적인 자기희생 행위를 실천했다. 이런 고행자 중에는 그 시대에 일파를 이룬 이들도 있었겠지만, 시간이 지나면서 이름이 잊혀 버렸다. 영원한 윤회에서 벗어날 방법을 찾으려 애썼지만, 이들의 발자취를 기록한 문헌이나 비석은 오늘날 남아 있지 않다.(윤회 사상은 인도 원시종교에서 근원을 찾아볼 수 있고, 다른 종교의 초기 경전에서도 막연하게나마 언급되어 있다.)

고타마 이야기로 돌아가 보자. 고타마는 5년 동안 고행자들 사이에서 가혹하고 극단적인 수행을 하면서 죽을 고비도 넘겼지만, 영혼의 평화와 해방에는 이르지 못했다. 문헌에 의하면 오히려 몸이 너무 쇠약해져서 명상을 할 수도 없게 되었다. 그런 방법으로는 깨달음을 얻을 수 없음을 알게 된 고타마는 고행을 그만두기로 하고 일반적인 음식을 먹기 시작한다. 결국 그 때문에 고행자 집단에서 배척된 고타마는 다시 한번 홀로 길을 떠난다.

걷고 또 걸어서 우루빌바(오늘날의 보드가야에 해당)라는 도시 인근의 작은 마을에 이른 고타마는 보리수 아래에 자리를 잡고 가부

좌를 틀었다. 그리고 깨달음을 얻을 때까지 움직이지 않겠다고 다짐한다. 팔리어 경전을 보면 죽음의 신 마라가 붓다를 방해하려고 온갖 방법을 다 동원했다는 기록이 있다. 악마의 군대를 보내 겁을 주고, 절세의 미녀들을 보내 유혹하기도 했다. 하지만 아무 소용이 없었다. 어느 날 밤, 고타마는 깨달음을 얻었다. 삶의 신비와 지옥 같은 윤회의 속박에서 사람들을 해방하는 방법을 알게 된 것이다. 이렇게 해서 싯다르타 고타마는 '붓다'가 된다. 이전의 '붓다들'은 가르침을 남기지 않았지만, 고타마는 '여섯 가지 지혜'를 얻었다. 여섯 가지 지혜란 모든 것을 보고, 모든 것을 창조하고, 모든 것을 듣고, 모든 것을 알고, 자신과 다른 사람들의 과거를 알고, 윤회를 벗어나는 법이다.

붓다는 7일 동안 같은 자리에 그대로 앉아서 자신이 얻은 깨달음(다르마darma)을 다른 사람들에게 전파해야 할지를 깊이 고민했다. 너무나 어려운 수행이었기 때문이다. 불교 기록에 따르면 여러 데바를 거느리고 찾아온 브라마신Brahma(범천)이 간청을 했다고 한다.(16) 일주일간 깊은 명상을 한 붓다는 자비심을 일으켜 전법의 길에 나서기로 결심하고, 45년 동안 가르침을 베푼다.

예수, 신의 부르심

앞서 언급했듯이 예수의 유년기에 관해서는 일찍이 십 대 때부터 예루살렘 성전의 랍비들과 토론할 수 있을 정도로 종교 문제에 관심이 많았다는 점 정도밖에는 알려지지 않았다. 지금 남아 있는 기독교와 비기독교 문헌은 모두 예수의 짧은 사역 기간만을 다룬다. 「마르코의 복음서」, 「마태오의 복음서」, 「루가의 복음서」에 따르면 이 기간은 1년, 「요한의 복음서」에 따르면 3년 사이로, 로마 황제 티베리우스의 통치 하에서 본티오 빌라도가 유대 지방의 총독을 맡았던 시기다.

예수는 30세가 될 때까지 선교자로서의 사명감을 서서히 키워 나갔을까? 그 시기 유대교는 여러 분파로 분열되어 있었다. 이때 예수는 팔레스타인 마을과 광야에 모인 제자에게 설교하던 '선지자들'을 자주 만나고 따랐을까? 에세네파 공동체에도 자주 드나들었을까? 예루살렘 인근 쿰란 동굴에서 1947년을 기점으로 잇따라 발견된 에세네파의 사해문서에도 예수에 대한 언급은 전혀 없다. 다만, 발견된 문서는 대부분 서기 1세기 이전에 쓰인 것이며, 에세네파는 서기 70년 예루살렘 성전 파괴 이후에 궤멸한 것으로 보인다. 사역 이전의 예수 행적에 대한 많은 의문에 답이 될 만한 설득력 있는 증거는 없다.

복음서의 묘사에 따르면, 예수는 '서른 살가량이 되어' 요르단 강 유역 베다니아에서 사촌 세례자 요한을 만나 세례를 받음으로써 예언자로서의 사명을 본격적으로 자각하게 되었다.(루가 3:23) 세례자 요한은 당시 정치 교리 활동을 하던 선지자 중 한 명이었는데(갈릴래아의 통치자 헤로데 안티파스의 범법을 강하게 비판했다), 사람들에게 메시아의 도래가 임박했음을 알리고 최후의 심판 전에 회계하고 세례를 받으라고 했다. 역사가 플라비우스 요세푸스의 기록에도 언급되었듯이, 세례자 요한은 헤로데에게 체포되어 처형되었다. "헤로데는 요한이 선한 사람이었지만 처형시켰다. 요한은 유대인들에게 덕을 쌓고, 서로 정직하게 행동하고, 하느님을 공경하고, 세례를 받으라고 격려한 사람이다. (...) 그런데 사람들이 요한의 충고를 그대로 따르자 헤로데는 그런 권력을 가진 요한이 반란을 조장하는 것을 우려했고, 문제가 생기기 전에 목숨을 빼앗는 편이 낫겠다고 여긴 것이다."(17)

예수는 요르단강에서 세례자 요한으로부터 세례를 받았다. 「마태오의 복음서」와 「루가의 복음서」는 예수가 물에서 나오자 하늘이 열리며 성령이 비둘기 형상으로 그에게 내려왔고, '하늘에서' "너는 내 아들이다" 하는 소리가 들려왔다.(루가 3:21~22) 「요한의 복음서」는 세례 일화를 언급하지 않지만, 비둘기 형상의 성령이 하늘에서 내려와 예수 위에 머무르는 것을 본 요한은 이렇게 전한

다. "그래서 나는 지금 이분이 하느님의 아드님이시라고 증언하는 것이다."(요한 1:34)

세 공관복음서(「마태오의 복음서」, 「마르코의 복음서」, 「루가의 복음서」)에 의하면 예수는 세례를 받은 후 광야에 혼자서 40일간 머물렀다. 그때 예수는 붓다와 마찬가지로 사명을 방해하려는 사탄을 만나 세 번이나 강력한 유혹을 받고 저항한다. 「루가의 복음서」는 악마의 유혹에서 벗어난 이후의 상황을 이렇게 전한다. "예수께서는 성령의 능력을 가득히 받고 갈릴래아로 돌아가셨다. 예수의 소문은 그곳 모든 지방에 두루 퍼졌다. 예수께서는 여러 회당에서 가르치시며 모든 사람에게 칭찬을 받으셨다."(루가 4:14~15). 「요한의 복음서」에 따르면, 두 사람이 예수의 가르침을 듣고 예수를 스승으로 삼기로 한다. 두 사람 중 하나는 시몬 베드로의 동생 안드레아였다. 곧이어 다른 이들도 제자 무리에 합류한다. 안드레아의 형 베드로, 필립보, 나타나엘, 그리고 열두 제자가 모였다(숫자 12는 이스라엘의 열두 부족을 상징한다). 예수를 따르는 무리는 점점 늘어났고 그 가운데는 여자도 많았다. 『신약성경』에 의하면 예수는 갈릴래아 마을을 찾아다니며 악마를 쫓고, 병자를 치유하고, 기적을 실천하며 선교사의 길을 걷는다.

소크라테스, 델포이의 신탁과 다이몬

소크라테스는 앞선 시대의 철학자 아낙사고라스를 알았을까? 클라조메나이 출신 아낙사고라스는 아테네에 철학을 전파한 인물로 알려져 있다. 소크라테스도 젊은 시절에 아낙사고라스로부터 만물을 이루게 하는 정신이자 운동 원리인 누스Nous를 배웠다는 설도 있다. 이런 이론 때문에 아낙사고라스는 신에 대한 불경죄로 사형을 언도받았다. 아낙사고라스는 결국 아테네에서 추방되어 철학의 요람인 밀레투스에서 생을 마감했다. 아낙사고라스와 소크라테스가 아테네 지식층 모임에서 만났을 가능성은 매우 크다. 플라톤의 『파이돈』과 아리스토파네스의 『구름』을 보면 소크라테스도 처음에는 자연학과 우주론에 관심이 있었던 것으로 보인다. '소크라테스 이전의 철학자들'은 만물의 생성을 규명하는 데 관심을 두었다. 하지만 소크라테스는 머지않아 자신의 마음에 떠오르는 의문에 답을 찾아내는 데 집중한다. 플라톤의 저서 『소크라테스의 변론』에서 소크라테스는 이렇게 말한다. "내가 이런 명성을 얻게 된 것은 다름 아닌 어떤 지혜 때문입니다. 어떤 지혜냐고요? 아마도 인간적인 지혜일 것입니다." 소크라테스가 성찰을 통해 지혜를 탐구했다는 점을 시사하는 것이다. 소크라테스가 '아테네를 배회하는 철학자(인더스와 메소포타미아 외딴 지역까지 찾아가 가르침을 전파한 붓다나 예수의 행적에도 비견되는 대목이다)'가 되기 전에도 소크라테스를 스승으로 여기는 이들이 있었다.(18)

소크라테스는 기원전 420년경의 뜻밖의 사건을 계기로 철학자로서 지혜를 전파하게 되었다. 플라톤은 그 일화를 『소크라테스의 변론』에서 자세히 다뤘다.(19) 당시 소크라테스는 50세 안팎이었다. 소크라테스의 오랜 친구 카이레폰은 그리스에서 가장 유명한 아폴론 신전의 무녀를 만나려고 델포이 신전에 갔다가 "모든 사람 가운데 소크라테스가 가장 지혜롭다(sophos)"라는 신탁을 받았다. 소크라테스는 신탁이 도무지 믿기지 않아서 아테네에서 가장 지혜롭다는 (이름은 언급되지 않은) 정치인을 찾아갔다. 이 정치인을 만난 소크라테스는 아연실색했다. "저는 속으로 생각했습니다. '나는 저 사람보다는 분명히 더 지혜로워.' 우리 둘 다 굉장한 지식이 있는 건 아니라 해도, 그는 자기가 모르는 것을 안다고 생각하지만 저는 정말 아무것도 모릅니다. 그러니 아무것도 모르는 것을 안다고 생각지 않습니다." 소크라테스는 이후, 시인과 예술가를 비롯해 아테네에서 명성이 높은 사람들을 모두 만났다. 그 결과, '현명한 사람은 없다'라는 결론에 도달한다. 이때 소크라테스는 무녀의 신탁에 담긴 신성한 사명이 무엇인지 깨달았다. 사람들에게 무지(無知)를 일깨워 주는 것이다. 그 이후로 아폴론 신전의 입구에 새겨진 격언 "너 자신을 알라"는 소크라테스의 좌우명이 되었다.

소크라테스는 자기 안에는 내면의 목소리인 다이몬daïmon이 있다고 말하곤 했다. 다이몬은 문자 그대로는 '영혼'이나 '정령', '악마와 같은 그 어떤 것'을 뜻하지만 소크라테스는 내재한 천재성이자 신성(神聖)의 발현이라고 봤다. 델포이의 신탁이 소크라테스를 가장 현명한 자로 지명한 이래로 다이몬은 소크라테스와 늘 함께했다. 소크라테스가 무언가를 하려고 하면 제지하거나, 사명을 망각하려 할 때는 나무랐으며, 신탁을 대신해 신의 명령을 전하기도 했다. 소크라테스가 사랑에 관한 긴 대화를 나누도록 길에서 파이드로스와 마주치게 만든 것도 바로 다이몬의 목소리다. 소크라테스는 이점을 분명히 인정했다. "이보게, 내가 강을 건너려고 하는데 나를 늘 찾아오는 신성한 징조가 보이더군. 이 징조는 매번 내가 하려던 것을 못 하게 말리곤 했다네. 내가 신에게 지은 죄에 대해 속죄하기 전에는 이곳을 떠나지 말라고 하는 목소리가 들리는 듯했지."(파이드로스 242) 소크라테스의 제자들도 다이몬을 어떻게 받아들여야 할지 몰라 당혹해했다. 크세노폰은 동요 없이 "무엇을 해야 하고 무엇을 피해야 하는지를 말해 주는 신적 존재가 있다고 소크라테스는 말했다"라고 전한다. 하지만 소크라테스가 갑자기 아주 이상한 상태에 빠지면 몸이 돌처럼 굳어서 한동안 움직이지 않고 눈 하나 깜짝하지 않았다. 그럴 때면 다른 제자들과 친구들은 놀라서 어찌할 바를 몰라 했다. 이런 상태는 짧게는 몇 분, 길게는 몇 시간씩 계속되었고, 소크라테스는 주변에서 무슨 일이 일어나는지조차 몰랐다. 일종의 명상에 잠겨 있었을까? 소크라테스에게만 나타나는 다이몬과 교감하고 있었던 것일까? 소크라테스의 이런 황홀경이 뭔지 밝히려 드는 사람은 아무도 없었다. 플라톤도 『향연』에 사실만을 담담히 묘사했을 뿐이다. "아침부터 선 채로 어떤 생각에 잠겨 계셨는데, 생각이 잘 떠오르지 않자 그 자리에서 움직이지 않고 같은 자세로 사색을 이어가시더군. 정오가 되자 모두 선생님이 이른 아침부터 사색에 잠겨 가만히 서 계신다고 수군거렸다네. 저녁이 되자 병사들이 시원한 곳에서 잠도 자면서(그때는 여름이었으니까) 밤새 선생님이 그 상태로 서 계시는지 지켜보려고 야영용 침상을 들고나오더군. 결국 선생님은 날이 새어 동이 틀 때까지 그렇게 계시다가 태양을 보며 기도를 올리고서 자리를 떠나셨다네."(향연 220c~d)

소크라테스를 서양 합리주의의 아버지로 여기는 철학사가들에게는 소크라테스와 다이몬과의 관계가 혼란스러울 수밖에 없다. 그래서 다이몬을 단순한 '양심의 목소리'로 해석하거나, 소크라테스의 황홀경을 간질 발작이라고 보기도 한다. 하지만 앞서 서술된 내용처럼 소크라테스의 삶을 기록한 사람들이 전하는 바는 다르다. 신들린 상태로 황홀경에 빠지는 모습은 원시종교의 무당이나 여러 신비주의 종교 신자들 사이에서 흔히 볼 수 있는 광경이기 때

문이다. 후대의 사람들이 영혼과 초자연적인 존재를 믿든 안 믿든,
제자들에게 소크라테스는 이성에 기대는 철학자이자 더 초월적인
힘과 연결된 신비주의자였던 점만은 부인할 수 없다.

5.

특징

용모

붓다, 소크라테스, 예수의 모습은 분간하기 쉽다. 세 사람의 외관은 일정하게 고정된 묘사 방식이 있어서 누구든 잘 알아볼 수 있는 것이다. 현대까지 전해지는 역사 지식에 비추어 보면, 과거에도 지금도 세간에 알려진 붓다와 예수의 외관은 두 사람의 가르침을 전파하는 이들이 생각하는 이상적인 스승의 모습이며 실제 모습을 그대로 반영한 것은 아니다. 붓다와 예수를 나타내는 특징은 문화와 시대별로 달라지기도 한다. 예수는 지중해 지방의 전형적인 셈족이지만, 기독교 문헌에는 예수의 외관에 관한 언급이 하나도 없다. 그러다 보니 예수는 아주 다양한 모습으로 묘사된다. 금발인 경우도 있고, 갈색 머리인 경우도 있으며, 수염을 기른 모습도 있고, 안 기른 모습도 있다. 온화하게 묘사되기도 하고 근엄하게 묘사되기도 한다. 붓다도 마찬가지다. 초기 불교 경전에는 외모를 정확히 묘사하지 않았기 때문에 불교가 전파된 문화와 시대에 따라 제각각 다른 모습으로 붓다를 그렸다. 이러한 이유로 인도인 모습의 붓다뿐 아니라 중국인, 일본인, 그리스인, 간다라인, 미얀마인 등의 붓다도 있다. 굉장히 야윈 모습의 고행상으로 묘사되는 경우는 별로 없지만, 그렇다고 해서 관례대로 늘 살찐 체형으로만 묘사되는 것은 아니다. 결국 제자들이 스승의 모습을 자세히 설명한 것은 소크라테스뿐이다. 특이하게도 스승인 소크라테스가 보통 못생긴 게 아니라고 이구동성으로 말하기 때문이다.

추한 용모를 도덕적 결함으로 여겼을 정도로 아름다움을 숭배했던 고대 그리스에서 주변인들이 소크라테스의 못생긴 외모를 강조해 묘사했다는 점은 참 놀랍다. 그 시대 관상학자 가운데는 무절제나 악덕이 소크라테스가 추한 이유라고 여기는 사람도 있었다. 기원전 1세기에 키케로는 소크라테스가 못생겼다고 비난받은 상황을 다음과 같이 회상한다. "체형과 눈매, 얼굴형, 이마 모양과 같은 외모로 인간의 기질과 성격을 꿰뚫어 볼 수 있다고 주장한 관상학자 조피로스가 소크라테스에 관해 어떤 결론을 내렸는지는 잘 알려져 있다. 소크라테스는 온몸의 기관이 막혀서 목이 짧고 굵으며, 그래서 어리석고 우둔하다고 했다. 심지어 소크라테스의 눈은 여자를 탐닉하게 생겼다고도 했다. 이 말을 들은 알키비아데스는 큰 소리로 웃었다고 한다."(운명에 관하여 5, 10)

소크라테스에 관한 여러 문헌에서는 그의 외모에 대한 묘사가 아주 자세히 기록되어 있다. 기록에 의하면 소크라테스는 코가 펑 퍼짐하고 납작했다고 한다. 플라톤의 『테아이테토스』에서 테오도 로스는 여러 면에서 특출난 어느 아테네 청년에 관해 소크라테스 에게 설명하며 이렇게 말한다. "그는 잘생긴 청년은 아니랍니다. 이렇게 말해서 미안하지만, 당신처럼 들창코에다 눈이 튀어나와 있죠. 당신만큼 심하지는 않지만요."(테아이테토스 143e)

크세노폰의 『향연』에서 소크라테스와 크리토브로스는 서로의 외모를 비교하며 미모를 겨루었다. 소크라테스는 자신의 납작한 코를 다음과 같이 자랑한다. "신들이 냄새를 맡으라고 코를 만들어 주셨다면 말일세, 자네 콧구멍은 땅을 향하고 있지만 내 콧구멍은 사방의 냄새를 맡을 수 있게 활짝 열려 있다네."(크세노폰, 향연 5, 6) 소크라테스 외모의 또 다른 단점은 유독 두꺼운 입술이었다. 이를 놀리는 크리토브로스에게는 다음과 같이 반박한다. "자네 말대로 라면 내 입술은 당나귀 입보다도 흉한 것 같군." 눈에 관한 언급도 있다. 소크라테스는 눈이 '새우 눈' 같이 '돌출되어 있어서' 고개를 안 돌려도 '옆을 볼 수 있다'라고 자랑한다.(크세노폰, 향연 5, 5) 크세 노폰은 '튀어나온 배'와 '어깨와 무게가 비슷한 다리'라는 말로 땅딸막한 체형도 언급한다. 플라톤은 소크라테스가 여느 때처럼 '황소 같은 눈초리'로 바라봤다고 기술한다.(파이돈 117b) 크세노폰과 플라톤 둘 다 소크라테스를 반인반수인 실레노스에게 비유한다.

소크라테스의 못생긴 외모는 이에 비할 데 없는 내면의 아름다움을 감추는 가면이 아닐까? 소크라테스를 열렬히 흠모했던 청년 알키비아데스는 이렇게 주장한다. "겉보기에 이분은 실레노스의 조각상을 닮았네. 하지만 이 자리에 모인 친구들, 이분의 내면이 얼마나 굉장한 보물로 가득 차 있는지는 아마 상상도 못 할 걸세. 다들 잘 알아 두게. 이분은 인간의 아름다운 외모에는 전혀 관심이 없다네."(향연 216e) 소크라테스는 알키비아데스에게 다음과 같이 지적한다. "자네는 내 안에서 자네의 미모를 훨씬 능가하는 아름다움을 봤군. 그런데 자네와 내가 서로의 아름다움을 교환한다면 자네가 나보다 더 이득을 많이 보는 셈이지. 자네는 피상적인 아름다움을 주고 진짜 아름다움을 얻고자 하는데, 이는 청동을 황금과 맞바꾸는 격이 아닌가?"(향연 219e)

겉보기에 이토록 추한 소크라테스는 놀라운 아우라를 발산한다. 알키비아데스는 자신이 소크라테스의 겉모습이 아니라 그가 뿜어내는 마법 같은 매력에 끌렸다고 하면서, 이런 매력은 목신 마르시아스가 연주하는 음악과도 같지만, 한 가지 차이가 있다고 말한다. 소크라테스가 사람을 매혹하는 데는 악기가 필요 없고 '오직 말'만으로 충분하며 그 말에 귀 기울이고 있으면 '여자든 남자든 어린아이든 모든 이가 압도되어 넋을 잃고 만다'(향연 215c~d)라고 했다. 알키비아데스는 소크라테스의 말이 얼마나 매혹적인지 설명한다. "이분의 말에 귀 기울이고 있으면 여신 키벨레를 보는 사제들보다 더 격렬하게 심장이 고동치고 뛰고 눈물이 흘러내린다네. 수많은 사람이 나처럼 감동하더군. 페리클레스를 비롯한 위대한 연설가들의 말을 들으면서 참으로 웅변적이라는 생각은 들었지만, 그 정도의 깊은 감동은 없었다네. 심적으로 혼란스럽거나 마음을 완전히 빼앗겼다는 생각에 분개한 적은 없단 말일세. 하지만 마르시아스의 음악 같은 이분의 말을 듣노라면 그런 내 삶이 도저히 견디기 어렵다는 생각마저 들었네."(향연 215e, 216a)

붓다나 예수의 제자들도 스승의 말씀을 들으면서 이런 감정에 사로잡혔을 것이다. 소크라테스의 추한 외모는 상세한 기록으로 남아 있지만, 붓다의 실제 모습에 관한 기록은 전무할 정도며, 객관적이라기보다는 전설적인 기록이 많다. 초기 팔리어 경전 「숫타니파타」에는 "매우 아름답고 존귀한 인물로, 군대나 코끼리 부대를 이끌 만하다"라고 서술되어 있다.(숫타니파타 3, 1) 젊은 시절 싯다르타는 장발이었지만, 아버지의 궁전을 떠나 숲의 고행자 무리에 섞여 깨달음의 경지를 구하기로 결심한 바로 그날, 단검으로 머리를 잘랐다. 경전에는 우루벨라 숲에서 고행자 다섯 명과 5년간 엄격한 고행을 하면서 몸이 쇠약해졌다는 기록도 있다. 너무 말라 뼈와 살만 남았고, 거칠고 주름진 피부는 머리끝까지 땡볕에 그을려 오래된 표주박처럼 쭈글쭈글해졌다. 하지만 이 극단적인 고행을 그만두자 원래의 건강과 튼튼한 모습을 되찾았다고 적혀 있다.

불교계에서는 싯다르타가 깨달음을 얻은 이후의 모습에 관해서는 묘사가 불필요하다고 여긴다. 고타마 싯다르타는 그 이전의 모든 '전지적인 붓다'의 특성을 띠는 붓다의 원형이 되었기 때문이다. 한 가지 예외는 극단적인 청결에 관한 묘사다. 이 내용은 모든 기록에 강조되어 있다. 밖에서 돌아오면 반드시 발을 씻었고 매우 규칙적으로 목욕을 해서 몸을 깨끗이 했다. 낮잠을 잘 때는 방에 은은한 연꽃향이 감돌게 했다. 하지만 체격이나 신장, 코나 눈매에 관한 묘사는 찾아볼 수 없다. 경전에는 붓다의 피부가 '황금빛'이라고 묘사되어 있다. 바로 붓다가 지니는 용모인 32상에 포함된 특징이다. 그 밖의 특징 중에는 편평한 발바닥, 두드러진 발뒤꿈치, 길고 곧은 손가락과 발가락, 매우 긴 혀, 옅은 미소가 떠나지 않는 입매, 마흔 개의 치아가 고르고 가지런히 나 있는 턱, 그중에서도 빛나는 네 개의 송곳니, 아름다운 갈색 눈, 넓고 두꺼운 가슴, 원통형 장딴지, 듣기 좋은 목소리 등이 있다. 그런데 실제 인물에 관한 묘사가 전혀 없는 이유는 개인숭배를 우려한 붓다의 뜻을 따랐기 때문일까? 아니면 반대로 붓다를 신격화하려는 의도였을까?

사실 붓다는 특출난 인물을 넘어 초인적인 존재의 전형으로 그려졌고, 대승 불교에서는 거의 신격화하다시피 했다. 불교 경전에서는 깨달음을 얻은 이후의 싯다르타를 오직 붓다라고 부른다. 붓다는 싯다르다 이전의 붓다(과거불)와 이후에 나타날 붓다(미래불)를 모두 칭하는 공통 칭호다.

예수를 만나 기록을 남긴 사람들도 예수의 외모에 대한 사실적인 묘사를 기록으로 남기지는 않았다. 복음서 중에서 예수의 외모에 관해 유일하게 서술한 대목은 "아기는 날로 튼튼하게 자라면서"(루가 2:40), "몸과 지혜가 날로 자라면서 하느님과 사람의 총애를 더욱 많이 받게 되었다."(루가 2:52)라는 두 대목뿐이다. 성인이 된 예수가 잘생겼는지 못생겼는지, 몸집이 컸는지 작았는지, 수염을 길렀는지 안 길렀는지는 언급하지 않는다. 반면 『구약성경』에 예언된 그리스도의 재림을 알리고자 했던 교부들은 상상력을 동원해 예수의 형상을 묘사했다. 성 아우구스티누스 주교는 「요한의 첫째 편지」에서 완전히 정반대되는 『신약성경』의 두 대목을 인용한다. 하나는 '세상에 짝없이 멋지신 임금님'(시편 45:2)이라는 운문의 묘사로, 성경에서 예수를 일컫는 표현이다. 두 번째는 '고난받는 종의 넷째 노래'다. "늠름한 풍채도, 멋진 모습도 그에게는 없었다. 눈길을 끌 만한 볼품도 없었다. 사람들에게 멸시당하고 퇴박맞았다. 그는 고통을 겪고 병고를 아는 사람이다."(이사 53:3)

성격

소크라테스의 성격에는 어떤 특징이 있었을까? 기록에 의하면 소크라테스는 자제력이 강했지만 걷잡을 수 없는 분노를 보이기도 했다고 한다. 이런 이야기를 전한 이는 아리스토텔레스의 제자이자 소크라테스의 측근이었던 스핀타로스의 아들 아리스톡세노스다. 아리스톡세노스는 소크라테스와 플라톤의 전기를 비롯한 400여 권의 책을 썼지만 안타깝게도 그 작품들은 거의 다 유실되고 말았다. 3세기의 신플라톤주의 철학자 티로스의 포르피리오스는 이런 저술을 바탕으로 쓴 저서 『철학자의 역사』에서 소크라테스의 성격을 다음과 같이 기술했다. 소크라테스는 언변과 겉으로 풍기는 인상, 즉 자신만의 독특한 개성 덕에 사람들을 그 누구보다 잘 설득했다. 하지만 그건 화가 나지 않았을 때뿐이었다. 한번 화가 나면 못난 얼굴이 더 추해 보였고, 말과 행동은 걷잡을 수가 없었다.[20]

디오게네스 라에르티오스는 『유명한 철학자들의 생애와 사상』이라는 저서에서 소크라테스가 '상점이나 광장'에서 토론하는 모습을 묘사하며 다음과 같이 데메트리오스라는 인물의 말을 인용했다. 소크라테스는 어떤 문제를 깊이 고민하다 보면 열변을 토하거나 주먹을 내두르기도 하고, 머리카락을 쥐어뜯기도 했다. 이런 모습을 보고 사람들이 웃어도 전혀 개의치 않고 덤덤하게 받아넘겼다. 어느 날은 누군가에게 발길질을 당했지만 화를 내지 않았다. 주변 사람들이 놀라자 소크라테스는 이렇게 말했다. "당나귀가 나를 걷어찼다고 당나귀를 고발하겠는가?" 디오게네스는 라에르티오스는 이런 이야기도 전해 준다. 누군가 소크라테스를 비방했다고 했지만 그는 동요하지 않고 그저 "아닐세, 나를 두고 한 말이 아니라네"라고 말했을 뿐이다. 플라톤의 저서를 보면 소크라테스는 화를 내는 대신 이따금 특유의 반어법을 썼다. 그런데 소크라테스식 반어법에는 다른 사람들을 화나게 하는 힘이 있었다. 배심원단도 소크라테스식 반어법에 노여워했고, 급기야 사형을 언도했다. 플라톤이 소크라테스 사후 몇 년 뒤에 쓴 『에우튀프론』에서 소크라테스는 인간뿐 아니라 신들까지 화나게 만드는 몇 가지 이유를 열거하는데, 신에 관한 질문을 한 상대에게 이렇게 되물었다. "주로 어떤 사안을 논할 때 판가름의 기준이 없어서 서로 다투고 노여워하게 되던가? (...) 정의와 불의, 아름다움과 추함, 선과 악처럼 서로 생각이 다른 주제가 아니겠는가? 판단 기준을 제시할 수 없는 이런 사안을 다룰 때 자네와 나, 그리고 다른 모든 사람이 서로 옥신각신 언쟁을 벌이게 되지 않던가?"

경멸도 증오도 소크라테스를 화나게 만들지 않았다. 두려움도 아무런 영향을 주지 못했다. 독배를 들 때 소크라테스는 눈물을 참지 못하는 친구들에게 웃으며 말했다. "여보게, 왜 눈물을 흘리는 가? 이승을 떠나는 길에 행운이 함께하게 해달라고 신들께 기도나 올리도록 하지." 소크라테스는 유독 용감했다. 어느 전투에서는 병사들이 다들 도망치는데도 의연하게 위험을 무릅쓰고 젊은 알키비아데스를 구출했다. 알키비아데스는 당시의 상황을 이렇게 회고했다. "이분이 내 목숨을 구해 주셨네. 상처를 입은 나를 저버리지 않고 나와 내 무구가 적의 손에 넘어가지 않게 해주셨지."(향연 220e) 소크라테스가 냉정을 잃고 화를 내게 했던 것은 무지와 어리석음뿐이었던 듯하다. 파이드로스와의 만남에서 소크라테스는 일부 사람들이 들이미는 '어리석은 주장'을 떠올리며 몸서리쳤다. 플라톤의 『향연』에서는 참석자들이 잇달아 내놓은 사랑에 관한 해석을 자신만의 방식으로 논박한다. 하지만 그 말투에는 불편한 기색이 역력히 드러났다.

불교 문헌에는 붓다의 용모에 관한 언급뿐 아니라 붓다의 성격에 관한 언급도 거의 없다. 일부 언급된 내용도 매우 조심스럽게 표현되어 있다. 불교의 정의에 따르면 번뇌의 얽매임과 미혹의 괴로움에서 벗어난 붓다는 삶의 고통에 얽매이지도 동요되지 않는다. 즐거워하거나 화내는 모습도 보이지 않는다. 붓다의 마음이나 동요에 대한 묘사는 '아버지의 궁전에서 감각의 씁쓸한 쾌락 뒤에 밀려온 끔찍한 괴로움, 아들에 대한 애착, 구도의 첫 몇 년간에 만난 고행자들에게 함께 실천한 수행으로는 해탈에 이를 수 없겠다고 털어놓았을 때의 실망'같이 해탈에 이르기 이전의 몇 안 되는 장면이 전부다.

불교 경전과 전기에서 가르침을 전파하기 시작한 이후의 붓다는 어떤 선호, 욕망, 희망, 혐오, 감정도 표현하지 않고, 어떤 상황에서도 철저히 자제력을 발휘하는 인물로 묘사된다. 이토록 완벽하게 평온을 얻은 붓다를 보고 사람들은 "존자께서는 인간입니까, 아니면 신입니까?"라고 물었다. 붓다의 대답은 늘 같았다. 붓다는 태어난 이 세상으로부터 고통받는 일이 더 이상 없는 '깨어난 자'이다.(앙굿타라 니카야 4, 36) 경전에서는 붓다는 물속에서 생겨나 자라지만, 물을 벗어나서 물에 젖지 않고 피어있는 붉은 연꽃에 비유하며, 자신은 세상에서 태어나 자라지만, 세상에 구애되지 않는다고 말한다. 법을 깨달은 붓다는 모든 사실과 집착을 완전히 끊어버렸다. 그래서 붓다는 '초월적 실체'라는 의미로 '여래(如來)'라고도 불린다.

붓다는 갠지스강 인근 도시 베나레스에서 멀지 않은 '녹야원(鹿野園)'에서 처음 설법할 때 자신의 가르침을 요약하는 교리인 '사성제(四聖諦)'를 제시했다. 2장에서 더 자세히 살펴보겠지만, 사성제는 인간의 모든 괴로움(苦)을 중심으로 이루어진 네 가지 영원히 변치 않는 진리다. 붓다는 삶이 고통이라고 봤다. 고통의 근원은 갈애, 즉 욕망이다. 이 갈애의 고통을 소멸시키는 방법은 여덟 개의 올바른 요소로 이루어진 길 '팔정도(八正道)'를 따르는 것이다. 그렇게 해서 불행, 욕망, 열정은 외부 요소가 되고 마음이 동요되지 않는다. 붓다는 '중도(中道)'를 통해서만 평화를 경험할 수 있다고 했다.

실제로 붓다의 눈물이나 웃음, 즐거움, 혐오에 대한 기록은 한 줄도 없고, 기쁨이나 불안에 관한 어떠한 일화도 전해지지 않는다. 붓다가 자비롭다는 것은 알려져 있다. 하지만 감정이나 기분에서 자비가 나오는 것은 아니다. 붓다는 자기 자신을 깊이 들여다보고 만물의 덧없음을 강조하여 만물을 초월하는 방법을 제시한다. 그리고 가르침을 따르는 이들에게는 항상 어떤 것에도 누구에게도 애증을 품지 말라고 말한다. 가장 오래된 불교 경전에 묘사된 붓다는 모든 감정에서 탈피한 듯하다. 가령 사촌 동생 아난다는 출가한 후 많은 제자 중에서 선택되어 붓다가 죽을 때까지 곁을 지켰고 그 누구보다 가까웠다. 하지만 붓다가 아난다를 특별히 좋아했는지는 알 수 없다. 또 아버지가 출가할 때, 특히 아들 라훌라가 일곱 살에 승가에 들어갈 때 붓다가 어떤 기분이었는지는 전혀 기록되어 있지 않다. 사실에 관한 내용만 언급되어 있을 뿐, 관련 인물이 행복한지, 슬픈지, 감동했는지, 환멸을 느꼈는지를 알려 주는 심리 묘사는 전혀 없다. 불교 경전에는 기분과 감정을 묘사하는 어휘가 전혀 없다.

그런 점이 기독교 복음서와 굉장히 다르다. 복음서는 대화를 나누는 장면뿐 아니라, 가장 부차적인 인물이더라도 등장인물의 감정 묘사에 많은 부분을 할애한다. 예수의 외모에 관한 언급은 적지만 성격만큼은 아주 자세히 기록되어 있다. 예수를 초인적인 존재로 그리지도 않았다. 오히려 감정, 갈등, 정서, 감정을 생생히 보여 주면서 매우 인간적인 인물로 묘사한다. 복음서에서 예수는 오빠 라자로의 죽음으로 슬피 울고 있는 마르타를 보고 '비통한 마음이 북받쳐 오르는' 사람으로 묘사되어 있다. 마르타의 눈물을 보고 예수는 '비통해했고', '눈물을 흘렸다.'(요한 11:32~43) 복음서에서 예수가 흘린 눈물의 힘을 설명하기 위해 어감이 강한 그리스어 단어를 썼다. 고대 역사가들이 나일강의 범람을 묘사할 때 사용한 단어기도 하다. 예수는 눈시울을 적시는 정도를 넘어 온몸으로 눈물을 흘렸다. 예수는 라자로를 이전부터 알았다. 마르타는 예수에게 사람을 보내 "주님, 주님께서 사랑하시는 이가 앓고 있습니다"라고 전했다.(요한 11: 3) 예수는 사랑하는 친구 라자로가 죽었다는 소식을 듣고 괴로워했다. 복음서에서 예수를 '연민'을 느끼고 사람들을 '위로'하는 인물로 자주 묘사한다. 예수는 자신이 '마음이 온유하고 겸손'하다고 말한다.(마태오 11:29). 비천한 사람, 죄인, 부랑자, 여자들과 어린이들을 향한 온정의 손길은 단순한 윤리의 실천이 아니라 감정에서 우러난 행동으로 흔히 그려진다. 예수는 '이교도' 사마리아 여인에게도 온화함을 보여 주지만 여인은 이렇게 묻는다. "당신은 유대인이고 저는 사마리아 여자인데 어떻게 저더러 물을 달라고 하십니까?"(요한 4:9)

하지만 예수는 노여움도 자주 드러냈다. 예수를 저녁식사에 초대한 어느 바리사이파 사람은 예수가 손을 씻는 의식을 치르지 않자 깜짝 놀랐다. 그러자 예수는 매우 화를 냈다. 초대해 준 바리사이인에 대한 격식을 차릴 새 없이 매우 격분했고, 어조가 점점 더 강해지더니 모든 바리사이인을 향해 이렇게 말했다. "이 어리석은 사람들아! 너희 바리사이인들은 잔과 접시의 겉은 깨끗이 닦아 놓지만, 속에는 착취와 사악이 가득 차 있다." 그리고 세 번이나 바리사이파를 저주한다. "너희 바리사이파 사람들은 화를 입을 것이다." 이때 율법 교사 한 사람이 나서서 예수의 그런 말이 종교 지도자들에게도 모욕이 된다고 투덜거렸다. 예수는 율법 교사도 신랄히 비난했다. "너희 율법 교사도 화를 입을 것이다. 너희는 견디기 어려운 짐을 남에게 지워 놓고 자기는 그 짐에 손가락 하나 대지 않는다." 예수는 아벨부터 즈가리야에 이르기까지 예언자들의 피를 흘리게 한 이들에게 하느님의 진노가 내릴 것이라고 선언하면서 이렇게 덧붙였다. "그 일에 대한 책임을 이 세대가 져야 할 것이다." 이 말을 끝으로 예수는 자리를 떠났다. 「루가의 복음서」에 따

르면, 율법 교사들과 바리사이인들은 예수를 깊이 원망했던 것으로 보인다.(루가 11:37~53)

예수는 제자들에게 다른 사람의 집에 들어갈 때는 "이 집에 평화가 있기를 빕니다"라고 하라고 가르쳤다. 하지만 그들을 반기지 않는 사람들은 조심해야 한다고 했다. 그런 이들에게 예수는 노여움을 감추지 않았다. "당신네 동네에서 묻은 발의 먼지를 당신들한테 털어놓고 갑니다." 그리고 자신을 배척한 가파르나움이라는 마을 전체가 지옥에 떨어질 것이라고 저주하기도 했다.(루가 10:11~15) 예수는 안식일에 병을 고쳐 준다고 비난하는 회당의 신도들에게 화를 냈다. 예수는 병자를 고쳐 주기에 앞서 "그들의 마음이 완고한 것을 탄식하시며 노기 띤 얼굴로 그들을 둘러봤다." (마르코 3:5) 예수가 성전에 장사꾼들이 있는 것을 보고 화를 내며 완력을 행사한 일화도 잘 알려져 있다. "밧줄로 채찍을 만들어 양과 소를 모두 쫓아내고 환전상들의 돈을 쏟아 버리며 그 상을 둘러엎었다."(요한 2:15)

소크라테스는 상대가 지혜를 배척하거나 왜곡할 때 화를 냈지만, 예수는 사제의 위선과 권력 남용, 율법주의, 종교의 상업화와 같이 비뚤어진 종교 행태를 향해 분노를 터뜨렸다. 그러나 소크라테스와 예수 모두 분노를 통해 그들을 이끄는 열정을 보여주었다. 철학자 소크라테스에게 열정은 이성에 의한 진리의 추구이며, 선지자 예수에게는 하느님께 바치는 신앙의 진리다. 두 사람의 분노는 나약한 이성이 아니라 내면의 강한 열정이 표출된 것이다.

예수가 감수성의 또 다른 면모를 드러내는 일화가 있다. 필립보와 안드레에게 마음의 고통을 토로하고 고뇌 속에서 하느님께 "아버지, 이 시간을 면하게 하여 주소서"라고 울부짖는다.(요한 12:27) 예수는 제자들에게 닭이 울기 전에 그들 중 한 명이 자신을 배신할 것이라고 말하면서 몹시 괴로워했다.(요한 13:21) 올리브산에서 체포되기 직전에 마음의 평안을 되찾게 해달라고 간절히 기도했지만, 다음 구절을 읽어 보면 상당한 갈등이 있었던 것으로 보인다. "땀이 핏방울같이 되어서 땅에 떨어졌다."(루가 22:43~44)* 복음서에는 예수의 마음이 강한 기쁨에 충만한 모습도 언급되어 있다. "바로 그때 예수께서 성령을 받아 기쁨에 넘쳐서 이렇게 말씀하셨다. '하늘과 땅의 주님이신 아버지, 지혜롭다는 사람들과 똑똑하다는 사람들에게는 이 모든 것을 감추시고 오히려 철부지 어린이들에게 나타내 보이시니 감사합니다.'"(루가 10:21)

붓다와 예수의 감정 표현이 이토록 대조적이라는 점은 늘 놀랍다. 불교에서는 싯다르타가 신이 아닌 인간이라고는 하지만, 경전에서는 결점이라곤 없이 초연하며, 가히 초인적인 모습으로 그려

---

* 『새번역성경』에서 인용했다. 이 구절은 바티칸 사본에는 없으나 알렉산드리아, 시나이 사본에는 포함되어 있다.

진다. 반면 기독교는 예수를 신이자 인간인 초자연적인 존재로 여기지만, 복음서에 묘사된 예수는 실로 인간적이어서 슬픔과 기쁨, 실망과 흥분, 연민과 분노를 느끼며 눈물을 보이기도 한다. 참으로 놀라운 역설이다.

머물지 않는 삶

Socrate, Jésus, Bouddha, Trois maîtres de vie

소크라테스, 예수, 붓다의 생활 방식에는 매우 비슷한 점이 몇 가지 있다. 세 사람 모두 많은 곳을 걸어 다녔고 부와 명예를 멀리했다. 안락한 집 대신 힘든 여정을 택하여 편안하고, 안정된 생활을 버리고 얽매이지도, 한곳에 머물지도 않는 삶을 살았다. 소크라테스는 원한다면 명사로서 삶을 살면서 아테네의 공직을 맡을 수 있었을 테고, 지혜를 전파하는 일에 삶을 다 바치지 않아도 되었을 것이다. 하지만 소크라테스는 아테네 거리를 걸으며 사람들과 논쟁하는 편을 택했다. 그래서 가난했고 복장은 남루했으며 사람들의 미움을 사기도 했다. 붓다와 예수는 더욱더 철저하게 머물지 않는 삶을 살았다. 두 사람은 어디에도 의존하지 않았고 예속되지도 않은 삶을 통해 무한한 자유를 얻었다.

지칠 줄 모르는 발걸음

거리로 따지면 붓다는 셋 중에서 가장 멀리까지 걸었다. 현재의 네팔에 해당하는 코살라 왕국에서 출발해 인근 소국을 지나 인도 북부 마가다국까지 갠지스강 유역을 주파했다. 붓다에게 비하면 소크라테스나 예수의 발걸음은 보잘것없어 보일 정도다. 소크라테스는 아테네를 거의 떠나지 않았고, 예수는 예루살렘에 한 번 방문한 것 외에는 일평생 갈릴래아의 지방에서만 가르침을 전파했다. 붓다는 가장 오래 걷기도 했다. 깨달음을 얻은 후 무려 45년을 계속 걸어 다녔다. 불교 경전에는 해탈 직후 5년에 관해서만 주로 기술되어 있고, 이후 40년간의 일화는 거의 없다. 특히 마지막 20년간의 행적에 관해서는 전혀 언급되지 않는다. 고대 불교 경전에는 붓다가 설법한 내용이 기록되어 있지만, 다음과 같은 당시의 맥락과 상황은 훗날 집필된 전기에만 기술되어 있다.

설법 초기에 붓다는 쉴 새 없이 걸었다. 최초의 제자들과 걷기 시작했고, 곧이어 출가 수행자와 재가 수행자들도 합류했다. 이들은 정해진 곳에 머물지 않았고, 몸을 뉠 수 있는 곳이면 어디서든 잠을 청했다. 구체적으로는 '숲속, 나무 아래, 돌출된 바위 아래, 협곡, 동굴, 묘지, 수림, 야외, 짚 더미 위 등'이다.(율장 소품 6, 4) 동이 트기 전에 일어나 명상을 하고, 설법을 들은 후, 인근 마을로 가서 묵언 속에서 눈을 땅으로 떨어뜨리고 탁발을 했다. 그리고 당시 인도의 다른 고행자들처럼 나무 아래 땅이나 길가에 앉아 하루에 한 번만 음식을 먹었다. 그리고 다시 길을 떠났다. 제자들은 걸어가면서 붓다에게 질문을 했고, 붓다는 사례를 들어 답을 했다. 붓다는 그렇게 출가 수행자(비구, 比丘)의 생활 규칙을 정했고 각 규칙의 실천 방법을 자세히 설명했다. 훗날 승가에서는 이 가르침을 경전으로 묶어 편찬했다.

그러나 외적인 요인 탓에 일 년 중 몇 달 동안은 이동을 멈출 수밖에 없었다. 그 요인이란 열대 지방의 고유한 기후였다. 몬순 기간은 메마른 자연이 두세 달 동안 내리는 억센 비로 원기를 되찾고 활력을 얻는 시기다. 이렇게 우기가 시작되면 마른 땅에서는 초록 새싹이 고개를 내밀고, 숨어 있던 동물들이 세상에 나온다. 그런데 붓다의 추종자가 많아지자 땅을 밟고 지나다니는 사람들도 점점 많아졌다. 그러자 농민과 지주들은 논과 밭이 망가진다고 불평했다. 「율장 대품」에 의하면 라자그리하 왕국의 빔비사라왕이 이 말을 전하자 붓다는 곧바로 잘못을 수긍했다고 한다.(율장 대품 3, 1) 그래서 승가의 규율을 바꿔 부자 난디야가 미가다와나 숲에 세워준 쿠티kuti(은둔자의 거처)에 제자들과 머물기로 했다. 이후 매년 우기에 비구들은 석 달간 정해진 장소에서 안거를 보내게 되었다. 그렇게 최초의 승가 계율이 적용되었고, 다른 수행자들과의 접촉을 제한했다. 우기가 한 번 지나가면 비구들은 다시 길을 떠나 갠지스 계곡을 넘어 스승의 가르침을 전파했다. 일찍이 붓다는 비구들이 법(法, 다르마dharma)을 가르치는 것과 출가를 원하는 사람들을 승가에 받아들이는 것을 인정했다.

붓다 역시 갠지스 계곡 곳곳에 있는 비구들의 공동체를 정기적으로 찾았다. 평생에 걸친 여정 동안 붓다는 공동체를 돌면서 계율이 잘 지켜지는지 확인하고, 가르침을 반복하며, 자신과 제자들의 경험을 토대로 새로운 통찰력을 끌어냈다. 그리고 공동체 간의 결속 유지를 위해 6년에 한 번씩 회의를 열도록 원칙을 정했다. 모든 비구는 의무적으로 회의에 참석해 〈바라제목차〉(波羅提木叉, 파티목카patimokkha, 출가자가 지켜야 할 계율에 관한 조항을 모아둔 것)를 암송했다. 계율은 계속 추가되어 227가지에 달하는 계율이 경분별(經分別, 숫타비방가Suttavibhanga)에 수록되었다. 붓다는 열반에 들 때까지 제자들과 갠지스 평원의 마을을 두루 걸어 다니며 '신, 인간, 동물'에게 가르침을 전했다.

붓다에 비하면 소크라테스는 좁은 영역 안에서만 걸어 다녔다. 많이 걷기는 했지만 아테네를 거의 벗어나지 않았다. 사실 소크라테스는 장거리를 이동하기보다는 산책하듯 이리저리 한가로이 걸어 다녔다. 주로 아테네 거리와 광장을 거닐며 긴 대화를 나눌 새로운 상대를 찾아다녔다. 소크라테스는 이것이 자신에게 주어진 일이라고 여기며 생애의 3분의 1을 이 일에 바쳤다. "상대가 젊은 이든 노인이든, 아테네 시민이든 이방인이든, 누구에게나 대화를 청할 것입니다. 하지만 제게 더 각별한 아테네 시민과는 대화를 더 많이 나누고 싶습니다. 이 점을 명심해 주십시오. 이 일은 신이 저에게 내린 사명입니다. 그리고 단언컨대 신의 명령을 따르는 저의 열정보다 더 큰 축복은 아테네에 없습니다. 여러분을 설득하는 것이 저의 일이니까요."(소크라테스의 변론 30a)

소크라테스도 붓다나 예수와 마찬가지로 혼자 다니는 일이 거의 없었다. 주변에는 주로 젊은 제자들이 있었다. 대다수는 소크라테스를 스승으로 여길 뿐 아니라 본보기로 삼는 이들이었다. 소크라테스는 젊은이들을 타락시킨다고 자신을 비난하는 사람들에게 그 젊은 제자들이 대부분 어떤 신분인지 설명한다. "저를 추종하는 대다수 젊은이는 재산이 많은 부잣집의 자제들입니다. 이 젊은이들은 저를 따라다니면서 제가 사람들과 논쟁하는 방식을 흥미롭게 지켜봅니다. 저처럼 행인들을 붙잡고 대화를 청하고 질문을 던지기도 합니다. 하지만 아주 지혜로운 상대는 거의 만나지 못했을 것입니다."(소크라테스의 변론 23c) 이 젊은이들은 소크라테스의 대화를 듣고 배웠다. 하지만 소크라테스를 중심으로 공동체를 형성하지는 않았다. 소크라테스는 '무지의 자각'을 돕는 산파의 역할을 어떤 제자에게도 명시적으로 위임하지 않은 채 세상을 떠났다.

알키비아데스는 소크라테스가 전쟁 중에 보여 준 남다른 끈기와 인내력을 이렇게 이야기한다. "나는 기병이었고, 이분은 중무장 보병이셨다네."(향연 221a) 그리고 이렇게 말하기도 한다. "소크라테스 선생님은 나뿐만 아니라 다른 모든 사람보다 끈기와 인내력이 강하셨지. 전장의 겨울은 매섭게 추웠는데, 이분은 혹독한 겨울 추위를 놀랄 만큼 잘 참고 견디셨네. 한겨울에는 혹독한 서리가 내려서 아무도 밖에 나갈 엄두를 못 냈고, 두꺼운 옷을 껴입고 신발에 양털과 양가죽을 감싸야 겨우 나갈 수 있었지. 그런데 이분은 늘 입던 외투를 걸치고 나가시더니, 맨발인데도 불구하고 신발을 갖춰 신은 우리보다 훨씬 쉽게 빙판길을 걸으시더군. 이 모습을 본 다른 병사들은 자기들을 주눅 들게 만든다며 선생님을 언짢게 여겼을 정도였다네."

소크라테스가 죽기 5년 전, 기원전 404년에 아테네에 들어선 30인 참주 과두제 정부는 소크라테스가 가르치는 것은 물론이고 청년들에게 말하는 것조차 금지했다. 소크라테스는 시내를 돌아다니는 것은 그만두었지만, 아테네를 떠나 망명길에 오르지 않았다. 소크라테스는 위정자들을 날카롭게 비판했지만, 아테네를 진심으로 사랑해서 끝까지 법을 존중하는 시민으로 남고자 했다.

예수는 붓다나 소크라테스와는 또 다른 방식으로 세상을 활보했다. 광야를 지날 때도 있었지만, 주로 작은 마을에 들러 악령을 퇴치하거나 병을 고쳐 주고 사랑과 비폭력을 설파했다. 그 길에는 지중해 연안 특유의 황무지가 펼쳐지기도 했고, 포도와 밀, 과일 나무가 자라는 비옥한 땅이 이어지기도 했다. 예수는 티베리아스나 세포리스 같은 큰 도시보다는 오늘날로 치면 촌락에 가까운 가파르나움이나 고라신을 더 자주 찾았다. 「요한의 복음서」에 나오는 예수는 갈릴래아 지방 외에도 사마리아, 가나안, 티레, 티베리아스 호수 동쪽 연안에 있는 작은 마을들도 방문했다. 하지만 「마태오의 복음서」, 「마르코의 복음서」, 「루가의 복음서」에는 이런 지명이 나오지 않는다. 예수는 주로 작은 마을을 다녔지만, 중요한 축일을 맞아 유대의 수도 예루살렘을 방문하기도 했다. 각지에 흩어져 있던 유대인들은 축일이 되면 예루살렘의 성전으로 모여들었다. 예루살렘에서 예수는 그 어느 곳보다도 많은 청중에게 하느님의 말씀을 전파할 수 있었다. 예수가 찾아간 여러 마을은 모두 유대인이 사는 곳이었고, 로마인 정착촌이나 다양한 민족이 사는 도시에는 관심을 두지 않았다. 가파르나움의 로마인 백인대장 centurio(100인으로 구성된 로마군 부대의 대장)이나 사마리아 여인과 같은 예외를 제외하면 예수가 가르침을 전한 사람들은 대부분 유대인이었다.

교회당에 들러 가르침을 설파하거나 유력자의 집에 식사 초대를 받기도 했지만, 가난한 사람, 농부, 어부 같은 서민들을 더 자주 만났다. 예수는 이런 여정을 신의 계명으로 여겼다. 가파르나움을 떠날 때는 이렇게 설명했다. "나는 하느님 나라의 복음을 다른 고을에도 전해야 한다. 하느님께서는 이 일을 하도록 나를 보내셨다."(루가 4:43) 붓다와 달리 예수는 계율을 갖춘 수도자 공동체를 만들지 않았다. 오히려 안식일과 정결 의식을 준수하던 정통 유대교의 계율이 절대적이지 않다는 점을 지적했다. 십자가에 못 박히기 전날 밤의 성찬을 제외하고는 정해진 의식이 없었으며 붓다처럼 정해진 일과를 따르지도 않았다. 소크라테스가 그랬듯이 예수도 미리 계획을 세우지는 않았다. 하느님의 목소리가 이끄는 대로, 연이 닿는 대로, 누군가가 초대하면 응하는 방식으로 움직였다. 물론 소크라테스는 경제적으로 풍족하지 못했고, 맨발에다 복장은 남루했고 직업도 없었다. 하지만 가까운 친구, 가정, 기거할 집이 있었다. 소크라테스는 그가 방탕한 삶을 살았다며 비난하는 이들에게 이렇게 답한다. "호메로스의 시구를 인용하자면, 나는 '참나무나 바위'가 아니라 인간들 사이에서 태어났습니다. 제게는 부모가 있고, 아들도 셋이나 있습니다. 그중 한 명은 청년이고, 두 명은 어린아이입니다." 붓다는 아들을 포함한 가족과의 연을 끊었다. 그의 아들은 훗날 승가에 귀의해 제자가 되었지만, 특혜를 받는 일은 없었다. 대신 공동체가 있는 곳이 새로운 생활 터전이 되었다. 반면, 예수는 어디에도 적을 두지 않았다. 가족과도 단호히 연을 끊었다. 가족들이 자신을 찾는다는 말을 듣고 "누가 내 어머니이고 내 형제들이냐?" 하고 반문했다. 가족들이 기다린다고 하자 예수는 둘러앉은 사람들을 가리키며 이렇게 말했다. "바로 이 사람들이 내 어머니이고 내 형제들이다."(마르코 3:31~34)

부에 대한 경멸

세 사람의 또 다른 공통점은 물질적 부에 대한 전적인 무관심, 나아가 돈에 대한 일종의 경멸이다. 앞에서 보았듯이 싯다르타는 왕자로 태어나 첫 30년 동안 풍요로운 생활을 했다. 영적 탐구는 물질적 풍요를 포기하면서 시작되었다. 마부와 숲으로 가서 고행자로 살기 위해 말과 겉옷을 마부에게 내주고, 옷 한 벌과 보잘것없는 탁발용 발우 하나만 남겼다. 붓다를 따른 최초의 제자들, 최초의 '출가자들'에게도 가진 것을 다 포기하라고 했다. 소지품은 옷 세 벌(갈아입을 여벌 옷 포함), 물을 걸러 먹을 수 있는 거름망, 허리띠, 발우가 전부였다. 이들 탁발승은 세상 사람들의 자비에 의존해 끼니를 해결했다. 그러나 붓다는 숲의 고행자들처럼 재물을 완강히 거부하지는 않았다. 우기에 순례를 중단해야 했을 때, 난디야는 미가다바나 숲에 붓다와 제자들을 위해 은둔처, 즉 쿠티를 마련해 주었다. 난디야 다음에도 여러 후원자가 승가에 공양을 했다.

코삼비에서는 붓다의 가르침에 감동한 재력가 세 명이 각각 공원을 하나씩 기증했고, 라자그리하, 카필라바스투, 슈라바스티에도 쿠티를 세웠다. 빔비사라왕은 벨루바나 대나무 숲(죽림원, 竹林園)과 마을 전체를 채울 만큼 많은 일꾼을 제공했다고 한다. 부유한 후원자들은 승가에 일꾼과 정원사를 보내 다양한 장소를 유지하고 관리할 수 있게 도왔다. 전기에 따르면, 이런 후원자 가운데 한 사람은 빔비사라왕이 기증한 대나무 숲에 쿠티 70채를 세우고 성대한 연회를 준비했다고 한다. 그러나 붓다를 따르는 이들은 재산을 버리고, 속세의 인연을 모두 끊었다. 야자도 그 중 한 사람이다. 바라나시의 부유한 상인 아들로 태어났지만, 녹야원에서 붓다를 만나 초기 제자가 되었다. 가르침은 따르지만 출가의 길을 택하지 않은 재가 수행자들에게 붓다는 재물을 버리라고 하지는 않았다. 하지만 절제를 지키고 이 세상 현실의 무상함을 잊지 말라고 가르쳤다. 재가 수행자는 대부분 서민이었지만, 빔비사라왕 같은 왕족이나 부유한 상인, 귀족 집안 자제도 있었다. 이들은 쿠티에 자주 드나들면서 시설이 잘 유지되도록 공양을 바쳤다. 계율에 따라 출가한 수행자 비구는 법시(法施)를 베풀어 사람들에게 깨달음을 주었고, 재가 수행자들은 비구들을 돌봤다. 붓다는 큰 공양을 받더라도 그 재물은 승가를 부유하게 만들기 위한 것이 아니라 원활히 유지하기 위한 것이라고 거듭 강조했다.

한편 예수의 행보는 붓다와는 사뭇 달랐다. 후원자에게 의지하거나 동산이나 사원을 기부받은 적은 없다. 유일하게 수락한 선물은 제자들과 나눈 식사였다. 예수와 제자들은 몹시 가난하게 살았다. 그렇다면 무엇을 먹고살고 어디서 잠을 자야 할지 늘 걱정했을까? 예수는 제자들에게 이렇게 말했다. "너희는 무엇을 먹고 살아갈까, 또 몸에다 무엇을 걸칠까 하고 걱정하지 마라."(루가 12:22) 예수는 일종의 방랑자로, 집은 오직 하나뿐이었다. 다름 아닌 예수가 '내 아버지의 집'이라고 부른 성전이다.(요한 2:16) 제자들에게도 최소한의 소지품만 지니게 했다. 붓다는 수행자들에게 여벌의 옷을 허락했지만 예수는 단 한 벌만 허용했다.(마르코 6:56) 길을 떠난 예수와 제자들은 극단적인 청빈을 철저히 지켰다. 먹을 빵도, 자루도, 돈도 없었고, 소지품이라고는 지팡이 하나와 신발뿐이었다.(마르코 6:8~9) 재물에 대한 소유욕뿐 아니라 인간관계도 끊었다. 예수는 제자들에게 자신을 따르려면 가족을 잊으라고 했다. 그리고 아버지 장례를 치르러 가게 해 달라는 제자에게 말했다. "죽은 자들의 장례는 죽은 자들에게 맡겨두고 너는 가서 하느님 나라의 소식을 전하여라."(루가 9:59~60) 식구들에게 작별 인사를 하고 싶다는 제자에게는 이렇게 말했다. "쟁기를 잡고 뒤를 자꾸 돌아다보는 사람은 하느님 나라에 들어갈 자격이 없다."(루가 9:61~62)

예수는 가난한 사람들을 더 가까이했지만, 부자를 경멸하지는 않았다. 제자 중에는 베타니아의 마르타, 마리아, 라자로 남매나 아리마태아의 요셉처럼 부족함이 없이 사는 이들도 있었다. 세리들은 점령국 로마에 낼 세금을 거둬들였기 때문에 같은 유대인들로부터 미움을 샀다. 하지만 예수는 이들을 미워하지 않았다. 세례자 요한도 세리에게 다른 일을 하라고 하지 않고, 정한 대로만 받고 그 이상은 받아내지 말라고 조언했다.(루가 3:13) 하지만 예수는 제자가 되고자 하는 사람들에게 아주 엄격했다. 영원한 생명을 얻는 방법을 묻는 부유한 청년에게 '하늘에서 보화'를 얻으려면 재산을 다 팔아 가난한 사람들에게 나눠 주라고 했다.(마태오 19:21)

대다수 사람에게는 재물 축적만 금하도록 했다. 예수는 어느 부자를 예로 들어 당장 오늘 밤에 그 사람이 명을 다한다면, 곡식을 아무리 많이 쌓아 둬 봤자 무슨 소용이겠냐고 물었다.(루가 12:16~21) 예수는 돈 자체가 아니라 돈에 대한 탐욕을 비판했다. "아무도 두 주인을 섬길 수는 없다. 한 편을 미워하고 다른 편을 사랑하거나 한 편을 존중하고 다른 편을 업신여기게 된다. 너희는 하느님과 재물을 아울러 섬길 수 없다."(마태오 6:24) 가진 자는 나눌 줄도 알아야 한다고 예수는 말했다. "달라는 사람에게 줘라."(마태오 5:42)

소크라테스는 도시에 살았고 자녀와 아내가 있는 가장이었지만, 재물에 대해서는 똑같이 단호한 태도를 보였고 부귀영화의 공허함을 끊임없이 설파했다. 디오게네스 라에르티오스는 소크라테스가 이런 시구를 자주 읊었다고 전한다. "은장식과 주홍빛 의복은 비극 무대에나 어울리지, 일상생활에는 걸맞지 않네." 디오게네스에 따르면 소크라테스는 선물을 완강히 거절했다. 카르미데스가 보낸 노예도, 알키비아데스가 집을 지으라고 준 땅도 모두 거절했다. 그리고 알키비아데스에게는 이렇게 반문했다. "내가 아무리 신발이 필요하다고 해서, 자네가 신발을 만들어 신으라고 가죽을 보내고, 그걸 내가 받는다면 내가 얼마나 우스워 보이겠나?" 이 원칙을 뒤집는 한 가지 예외는 전쟁 노예였던 파이돈이다. 소크라테스는 크리톤을 설득해 파이돈을 되사게 했고, 자유인이 된 파이돈이 철학자가 되게 해주었다. 소크라테스와 동시대인이었던 비잔티움의 데메트리오스는 이런 이유로 "소크라테스는 크리톤으로부터 충분한 재정을 지원받는다"라고 말했다.

하지만 소크라테스는 굉장히 가난하게 살았다. 크세노폰의 『소크라테스의 회상』에서 안티폰은 소크라테스가 가난히 사는 것을 보고 충격을 받아 다음과 같이 말한다. "아무리 노예라도 그대처럼 가난하게 살라면 아무도 견디지 못하고 다 도망치고 말 거요."(소크라테스의 회상 1, 6, 1) 당대의 대표적인 두 희극작가 에우폴리스와 아리스토파네스는 각자의 작품에서 소크라테스를 부랑자, 맨발의 빈민, 거지에 빗대어 조롱했다. 그런데도 소크라테스는 제자들로부터 아무런 사례도 받지 않았고, 아테네의 부유한 청년에게 고액의 수업료를 받고 변론술을 가르친 소피스트들과는 다르다는 점을 분명히 했다. 소크라테스는 아무 대가 없이 재능을 나누는 것을 명예롭게 생각했다. 진리의 가르침은 돈으로 환산할 수 없다고 여겼기 때문이다. 그래서 소크라테스가 물려받은 재산으로 가족을 부양했으리라고 추측하기도 한다.

하지만 책의 서두에서 언급했듯이 소크라테스, 예수, 붓다는 소유 논리로부터의 탈피를 몸소 증명했다. 예수는 광야에서 자신의 믿음을 시험하려는 사탄에게 "사람이 빵만으로 사는 것이 아니다"라고 했다.(마태오 4:4) 그리고 아무것도 먹지 않는다고 걱정하는 제자들에게는 이렇게 말한다. "나를 보내신 분의 뜻을 이루고 그분의 일을 완성하는 것이 내 양식이다."(요한 4:34) 이처럼 예수는 완전한 인간이 되기 위해서는 물질적 재화 이상의 것이 필요하다는 점을 일깨워 주었다. 소크라테스도 진리를 탐구하고 무지에서 벗어나기 위해 모든 노력을 기울여야 비로소 온전한 인간이 된다고 했다. 붓다는 삶의 목적은 명상 수행을 통해 자아에 대한 미혹과 집착에서 벗어나는 데 있다고 했다. 누구도 대다수 사람이 안전하게 삶을 꾸려나가기 위한 충분한 물질적 재화의 필요성을 부인하지 않지만, 세 사람 모두 소유보다는 존재를 소중히 하라고 역설했다.

식생활

가르침을 전하는 여정 내내 붓다는 감각적 쾌락이 덧없고 무상함을 강조했다. 붓다가 이 가르침을 얼마나 중시했는지 알려 주는 일화가 있다. 어느 날 붓다는 우루벨라 숲에서 밧다와기야의 지체 높은 청년들을 만났다. 이들은 재물을 가지고 달아난 여인의 뒤를 쫓는 중이었다. "지나가는 여인을 보지 못했습니까?" 귀족 청년이 붓다에게 묻자 붓다는 한참 침묵하다가 되물었다 "여인을 찾는 것과 그대들의 자아를 찾는 것 중에 무엇이 더 중요합니까?" 청년들은 말에서 내려 붓다의 말에 귀를 기울였다. "감각의 쾌락은 독약과 같고, 집착의 원인, 즉 고통과 괴로움의 원인입니다." 붓다는 이렇게 말하고 꿈속의 음식이라는 좋은 예를 들어 설명한다. "꿈에서 아무리 맛있는 음식을 많이 먹어도 실제로는 주린 배를 채울 수 없습니다." 그렇지만 붓다가 완전한 금욕생활을 한 것은 아니다. 앞에서 언급했듯이, 후원자들은 땅과 쿠티, 하인과 요리사까지 주었다. 붓다의 전기를 보면, 붓다는 청결을 중시해서 규칙적으로 옷을 갈아입었고 낮잠을 잘 때는 방에 연꽃향을 피웠다고 한다. 붓다는 만인을 위한 보편적인 가르침을 전파했지만, 영주와 귀족의 식사 초대에도 거리낌 없이 응했다. 예컨대 부유한 청년 야스나가 소원을 빌 때, 이 청년의 아버지는 수행자 두 명을 불러 정성껏 차린 음식을 대접했다. 마가다국의 빔비사라왕도 식사에 붓다를 초대했다. 하지만 붓다는 이런 식사를 거절하지 않았을 뿐, 소박하게 먹으며 절도를 지키는 식습관을 누구보다 중시했다.

예수와 소크라테스도 부자들의 초대를 거절하지 않았다. 하지만 붓다와 달리 성찬에서 음식을 삼가지 않고 맛있게 즐겼다고 알려져 있다. 예수는 맛있는 음식을 경시하지 않았다. 예수가 "즐겨 먹고 마신다"라고 말하는 이들도 있었다.(루가 7:34) 복음서에는 식사 장면이 예수의 여정에서 주요한 장면으로 기록되어 있다. 예수는 세리의 집에 가서 함께 식사하기도 하고 바리사이인들의 초대에 응하기도 하지만, 그 모든 자리에서 매번 하느님의 말씀을 전한다. 예수는 나병 환자 시몬을 비롯해 마르타, 마리아, 마태오와도 함께 식사를 했다. 빵을 나누어 먹는 것은 예수가 제자들과 결속을 다지는 일종의 특별한 성찬식인 셈이었다. 이런 식사 중 일부는 신성과 인성이 결합한 예수의 위격을 상징하게 된다. 그 예로 가나의 혼인 잔치에서 포도주가 바닥나자 물을 포도주로 바꾼 기적이나 체포되기 전에 제자들과 함께한 유월절 마지막 만찬을 꼽을 수 있다. 이 최후의 만찬에서 성찬례가 제정되었다.

소크라테스 역시 다른 사람들과 함께하는 식사뿐 아니라 음식이 푸짐한 연회도 좋아했다. 소크라테스의 대화는 상당 부분이 식사 자리에서 펼쳐진다. 『향연』이 유명한 플라톤의 대화편 제목이

자 소크라테스가 주인공으로 등장하는 크세노폰의 대표작 제목이기도 한 것은 단순한 우연이 아닐 것이다. 아가톤이 주최한 저녁식사의 대화를 기록한 플라톤의 『향연』에서 알키비아데스는 음식에 얽힌 소크라테스의 비범한 모습을 전한다. "음식이 충분할 때는 누구보다도 맛있게 드셨다네. 애주가는 아니지만 술을 마셔야 하는 자리에서는 아무도 이분을 당해 낼 수가 없었지. 그런데 놀라운 것은 술 취하신 모습을 아무도 본 적이 없다는 것일세."(향연 220a) 그리고 알키비아데스는 이렇게 덧붙인다. "전장에서 흔히 그러하듯이 보급이 끊겨 식량이 떨어지면, 소크라테스 선생님은 그 누구보다도 굶주림과 갈증을 잘 참고 견뎌 냈었네."

붓다, 예수, 소크라테스의 식생활은 이들의 지혜를 그대로 보여 준다. 세 사람은 먹고 마시는 즐거움을 다른 사람들과 온전히 나누면서 현실에 충실했다. 하지만 그렇다고 현세에 집착하지는 않았다. 그래서 쾌락이나 욕구와 거리를 둘 줄 알았고, 굶주림과 갈증, 삶에 수반되는 여러 어려움을 견뎌 낼 수 있었던 것이다.

가르침을 전하는 방법

붓다, 소크라테스, 예수의 가르침은 수백 년, 수천 년 동안 전해져 내려왔지만 그 가치는 현대에도 변함없이 유효하다. 그 비결로는 무엇보다도 세 사람의 모범적인 삶, 당시의 지배적인 관념을 뒤흔든 혁신적인 사상, 그리고 보편적인 가르침을 꼽을 수 있을 것이다. 그런데 비단 제자들뿐 아니라 수 세기에 걸쳐 수많은 사람이 세 인물의 사상과 정신을 높이 사고 그 뜻을 계승한 이유는 따로 있다고 본다. 그것은 완벽한 경지에 이른 '가르치는 기술'이다.

이들의 가르침이 듣는 사람의 마음을 울린 것은 이들이 특별한 기술을 습득한 달변가였기 때문이 아니라, 진리를 말할 수 있었기 때문이며, 경험에서 우러난 진정한 지혜를 전달할 줄 알았기 때문이다. 세 명 중 누구도 독자적인 예언가나 상아탑 속의 사상가는 아니었다. 2500년 전, 인더스강 유역에서는 혁신적인 사상적 지도

자, 고행자, 요가 수행자가 많았고, 이 중 일부는 제자들을 거느리고 베다 경전의 교리에 도전하기도 했다. 한편 아테네에는 초기 철학을 대표하는 밀레투스 학파의 계보를 잇는 사상가와 소피스트들이 쇄도했다. 예수가 살던 팔레스타인에는 기성 질서에 반대하는 수많은 예언가가 새로운 시대의 도래를 알렸다. 이런 설교자 중 일부는 그 시대에 일파를 이루고 명성을 얻었지만, 시간이 흘러 그들의 이름은 역사 속으로 사라졌다. 하지만 유머와 아이러니, 설교와 대화법, 예시와 질문, 매력적인 화법과 몸짓이 어우러진 붓다와 소크라테스, 예수의 가르침은 잊히지 않고 후대로 전해졌다. 하지만 세 사람이 말하고 가르치는 방식은 사뭇 달랐다. 소크라테스는 질문과 반어법, 붓다는 권위 있는 설교와 세상을 보는 예리한 시각, 예수는 온화함이 깃든 강력한 말과 행동이 특징이다. 세 사람은 공통으로 말과 삶에서 진정성이 배어났으며, 끝없이 진리를 추구했다. 이런 이유로 이들의 가르침이 세대를 거듭해 수 세기에 걸쳐 전해질 수 있었다.

소크라테스식 반어법

소크라테스는 델포이의 아폴론 신전에서 내려온 신탁을 따르는데 생애의 마지막 3분의 1을 할애했다. 플라톤의 『소크라테스의 변론』에서 소크라테스는 이렇게 말한다. "나 자신과 타인을 탐구하며 철학자의 삶을 살라고 신께서 정해주셨습니다."(소크라테스의 변론 28e) 하지만 소크라테스는 자신의 유일한 지식은 "내가 아무것도 모른다는 사실을 아는 것"이라고 강조하면서 '무지의 자각'을 좌우명으로 삼았다.(소크라테스의 변론 21d) 이런 소크라테스는 어떻게 다른 사람을 가르쳤으며, 과연 무엇을 가르쳤을까? 초기에 소크라테스는 자신보다 더 지혜로운 자는 없다는 델포이 신탁의 참뜻을 이해하려고 시인, 예술가, 철학자, 정치인을 찾아가 질문하고 대화를 나눴다. 그리고 결론을 내렸다. "나는 여러분 한 명 한 명을 쉴새 없이 자극하고 일깨우라고 신이 일부러 나를 선택했다고 생각합니다. 등에가 말을 자극하듯이 여러분을 자극하라고 신께서 나를 이 도시에 보내셨다는 말입니다. 그러니 나를 대체할 사람을 찾기란 쉽지 않을 것입니다."(소크라테스의 변론 30d, 31a) 그래서 소크라테스는 아고라 광장과 거리를 돌아다니며 만나는 사람마다 말을 걸고 질문을 던졌다. 시골에 가지 않는 것은 "밭과 나무는 아무것도 가르쳐주지 않기 때문"이라고 했다.(파이드로스 230) 아테네에서는 아무도 소크라테스의 질문 공세를 피할 수 없었다. 상인, 직인, 장군, 사제, 예언자, 변론가, 측량사 그 누구도 예외가 아니었다. 소크라테스는 못생겼지만, 호의적이고 쾌활했으며, 항상 유쾌한 감탄조로 대화를 나눴다. 플라톤의 대화편에는 그런 내용이 많이 나온다. 『라케스』에서 소크라테스는 유명한 장군 라케스에게 용기가 무엇인지 묻고, 『에우튀프론』에서는 신관 에우튀프론에게 경건함에 관해 묻지만, 그 외의 사람들과는 훨씬 일상적인 대화를 나눈다. 알키비아데스는 플라톤의 『향연』에서 이렇게 말한다. "소크라테스 선생님은 짐 싣는 당나귀, 대장장이, 구두장이, 무두장이에 관한 이야기만 반복하신다네. 무지하고 어리석은 사람들은 그런 이야기를 듣고 코웃음을 치겠지. 선생님의 이야기는 처음 들으면 아주 괴상하게 들리니 말일세."(향연 221e) 소크라테스는 종교나 세상의 기원에 관해 묻지 않고, 대화 상대가 평소에 어떻게 신들을 공경하는지, 무슨 일을 하는지를 물었다. 이런 평범한 질문에 경각심을 갖는 사람은 아무도 없다. 소크라테스는 "자네 말이 옳네"라고 수긍하고, 아무것도 모르는 듯이 사소하고도 뻔한 질문을 던진다. 상대방이 다시 대답하면 소크라테스는 또 한 번 맞장구를 치고는 자신은 아무것도 모른다고 말하고 골똘히 생각에 잠긴다. 아리스토텔레스는 『소피스트적 논박』에서 이렇게 밝혔다. "소크라테스는 자신이 아무것도 알지 못한다며 늘 질문만 던지고 결코 답을 제시하지는 않았다."(183b) 알키비아데스는 "이분은 무식한 척 사람들을 놀려대며 시간을 보낸다"라며 불평한다.(향연 216e) 소크라테스는 처음과 똑같은 말투로 질문을 계속하면서 핵심에 다가선다. 그리고 "참 대단하네, 친구"라며 상대방을 재차 치켜세우고, 아무리 적대적인 반응을 보이는 상대일지라도 일일이 대답해 주어서 고맙다고 말한 다음, 태연스럽게 상대방의 잘못을 콕 집어 지적한다. 그러면 상대는 순간 당황해 어쩔 바를 모르다가 자신감을 잃고 그만 기가 꺾여 버린다. 이때 소크라테스는 상대가 무지를 깨닫고 아무것도 모른다는 사실을 인정할 때까지 고삐를 늦추지 않는다. 라케스 장군은 용기를 정의하지 못하겠다고 항복하고, 신관 에우튀프론은 경건함이 무엇인지 모른다고 인정한다. 크세노폰의 『소크라테스 회상』에서 히피아스는 완전히 질려서 질문은 그만두고 정의가 대체 무엇인지 말해 달라고 한다. 그러나 소크라테스는 대답하지 않고, 정의는 행동으로 나타나기 때문에 그 개념을 말로 규정할 수는 없다고 말한다.(소크라테스 회상 4, 4, 10~1) 순식간에 대화 상대의 가치 체계가 무너진다. 소크라테스에 따르면 이것은 지혜에 이르는 첫 번째 단계다. 그 순간 대화는 끝나지 않고 소크라테스와 상대의 입장이 역전된다. 이제 소크라테스는 추론을 펴고, 대화 상대는 궤변을 펴는 소피스트가 아닌 이상 이렇게 말한다. "옳은 말씀입니다." 소크라테스는 상대방으로부터 이 대답을 들을 때까지 다음 질문으로 넘어가지 않고 같은 질문을 몇 번이고 되풀이한다. 그렇게 해서 편견과 선입견이 해소된다. 일상적인 질문에서 시작된 대화는 어느새 지적인 토론으로 바뀐다. 이는 우연의 결과가 아니다. 소크라테스는 모든 사람 안에 온전한 본성이 깃들어 있어서, 자신의 본질과 행동을 유심히 관찰하고 이해하면 숨겨진 본성이 진가를 드러낸다고 봤다. 이것이야말로 "너 자신을 알라"라는 격언의 참뜻이다. 이 말은 소크라테스만큼 지혜로운 자가 없다는 신탁이 내려진 델포이의 아폴론 신전 입구에 새겨져 있던 글귀이자 소크라테스의 좌우명이다. 그런데 소크라테스는 이렇게 훌륭하게 대화를 이끌고도 자신은 거의 아무것도 아는 게 없다고 말한다. 그리고 사실이든 아니든, 상대방과 대화를 나눈 덕에 자신도 배운 게 많다고 강조한다. 소크라테스는 과연 대화가 어떻게 끝날지 알고 있었을까? 그럴 가능성이 크다. 하지만 논의가 어떤 식으로 진행될지는 결코 예측할 수 없었을 것이다.

이것이 바로 소크라테스의 산파술이다. 플라톤의 대화편에서 소크라테스는 테아이테토스에게 산파였던 어머니 파이나레테를 언급하면서 자신이 맡은 '일'을 설명한다. "내 산파술은 일반 산파술과 다르지 않네. 차이점이 있다면 내가 돕는 것은 여자가 아니라 남자며, 몸이 아니라 영혼을 돌본다는 점이겠지."(테아이테토스 150b) 소크라테스는 자신이 하는 일의 기술적인 측면만 강조하면서 자신은 결코 지혜를 품을 수 없다고 말한다. "나 자신은 지혜를 낳지 못한다네. 남들에게 묻기만 하고 내 생각을 알려 주지 않는다는 비판도 많이 듣지만, 괜한 지적은 아닐세. 내게는 정말로 아무런 지혜가 없으니까. 신은 다른 사람들의 출산을 도우라고 했을

뿐, 내가 출산하는 것은 허락하지 않았기 때문이라네."(테아이테토스 150c)

소크라테스에게는 산파 역할에 도움이 되는 훌륭한 도구가 있었다. 소크라테스식 반어법, 즉 아이러니다. 그레고리 블라스토스는 소크라테스가 아이러니에 완전히 새로운 의미를 부여했다고 말한다. "기만이나 비방의 의도는 없지만" 실제와 반대되는 뜻으로 말하기 때문에 "남의 잘못을 지적하기 좋은 도구다."(21) 소크라테스는 상대방의 말이 끝날 때마다 진중한 어조로 "자네 말이 옳네"라고 호응한다. 이 말은 대화 상대가 경계심을 내려놓게 하고 더 깊이 성찰하게 해준다. 하지만 그런 생각이 틀렸음을 깨닫게 되는 순간 상대는 엄청난 혼란에 빠진다. 『테아이테토스』에서 소크라테스는 이렇게 인정한다. "내가 괴짜라서 남들을 당황하게 만든다고 들 하더군."(테아이테토스 149a) 크세노폰의 『소크라테스 회상』에서 히피아스는 진저리를 치며 이렇게 말한다. "더는 못 참겠군요. 온갖 사람에게 질문하고 논박하며, 남들을 조롱하지만, 정작 본인의 견해는 좀체 밝히지 않으니 말입니다."(소크라테스 회상 4, 4, 9) 이처럼 한사코 자신은 아무것도 모르기 때문에 상대방에게 가르칠 것이 없다고 주장하면서, 겸손을 내세우고, 대화에 유머를 더하기도 하는 소크라테스의 행동은 모두 아이러니로 귀결된다. 소크라테스식 대화법의 또 다른 특징은, 그의 표현대로 '등에의 찌르기'다. 대화 내내 진실을 가리고 있던 베일이 마침내 열리고 상대가 그릇된 생각을 인지하는 바로 그 순간, 등에처럼 문제점을 따끔하게 일깨워 주기 때문이다. 플라톤의 대화편에서 메논은 소크라테스를 이렇게 묘사한다. "선생님은 꼭 바다에 사는 커다란 전기가오리 같아요. 가까이 다가가 손을 대면 누구든 마비시키니까요."(메논 80a) 알키비아데스는 다음의 비유로 소크라테스식 대화법에 관한 설명에 방점을 찍는다. "선생님의 말씀은 독사보다 더 심한 고통을 안겨 준다네."(향연 218a)

소크라테스는 화술에 아주 능했다. 대화 상대는 누구든 결국에는 그의 말에 수긍할 수밖에 없을 정도였다. "선생님 말씀을 듣고 있으면 약에 취한 것 같은 기분이 들어요. 무슨 마술에라도 걸린 듯이 제 생각조차 모를 지경이 되니까요."(메논 80a) 파이돈은 더 나아가 이렇게 말한다. "소크라테스 선생님, 선생님께서 우리 곁을 떠나시면 선생님만큼 대단한 주술사를 또 어디서 찾겠습니까?"(파이돈, 78a1) 소크라테스가 죽은 후 플라톤을 비롯한 제자들은 소크라테스의 가르침을 전파하려면 소크라테스가 생전에 하던 방식을 따르는 것 외에는 다른 선택의 여지가 없다는 점을 통감했다. 그렇게 해서 독자가 소크라테스의 대화 상대가 되는 소크라테스식 대화법은 하나의 문예 장르로 자리 잡게 되었다. 피에르 아도가 정확히 지적했듯이 "혼란스럽고 이해하기 어려운 소크라테스의 '가면',

즉 프로소폰prosopon(고대 그리스 연극에서 사용되었던 가면과 역할을 지칭)은 독자의 마음을 뒤흔들어 자각에 이르게 하고, 마침내 철학의 길로 안내한다."(22)

붓다의 설법

숲의 고행자들과 함께한 수년간의 고행이 실패로 끝난 뒤, 고타마는 나무 아래에 앉아 진리를 깨닫기 전에는 그 자리를 뜨지 않겠다고 결심했다. 그리고 죽음의 신 마라와 악귀들의 유혹과 공격을 받았을 때, 한 손을 땅에 짚으면서 깨달음, 즉 심오한 지혜(보리 boddhi, 菩提)를 얻었다. 불교 경전에서는 존재의 신비와 인간을 윤회에서 벗어나게 하는 법을 깨달았다고 말한다.

이후 사르나트의 녹야원에서 붓다는 과거에 잠시 같이 수행했던 고행자 다섯 명을 다시 만난다. 이들은 고타마의 평온한 표정을 보고 놀라 그동안 무슨 일이 있었느냐고 물었다. 붓다는 대답 대신 자신의 교리를 망라하는 첫 설법을 폈다. 초기 불교 문헌의 기록에 의하면, 때는 대력(大曆)Great Era 103년, 만월의 토요일 일몰 무렵이었다. 문헌에서는 육신을 지닌 고행 수행자 다섯 명 외에도 1,800만의 범천(梵天, 브라흐마brahma)과 셀 수도 없이 많은 신deva이 이 자리에 있었다고 기술하여, 장면의 장중함을 강조한다. 붓다는

"수행승들이여"라는 말로 설법을 시작했다. 이는 말을 끝맺고 다음 말로 넘어가는 일종의 간투사다. 붓다는 나중에 재가 수행자들이 다수를 차지하는 자리에서도 이렇게 수행승들을 부르며 말을 시작했다. 불교의 관점에서 깨달음, 즉 윤회로부터의 해방은 속세와 연을 끊고 구도에 정진하는 출가자의 엄연한 특권이다. 그래서 붓다는 출가한 수행자들에게 먼저 말을 건넨 것이다.

기나긴 첫 설법의 효과는 즉각 나타났다. 다섯 수행자 가운데 한 명인 콘단냐는 마치 '이미 알고 있었던 것처럼' 즉각적으로 깨달음을 얻었고, 나머지 수행자 네 명도 불법(佛法)에 귀의해 붓다의 첫 제자이자 계율을 '받아 지키는' 수행자, 비구(比丘)bhikkhu가 된다.(율장 대품 1, 6) 붓다는 이들에게 말을 걸어 명상을 장려하고, 본성을 발견하도록 이끌면서, 칼집에서 칼을 뽑고 뱀이 허물을 벗듯이 행동하라고 가르쳤다. "칼과 칼집이 서로 다르고, 뱀과 허물이 서로 다르기 때문이다."(경장 중부, 맛지마 니카야 2)

그 후 붓다는 45년 동안 청중이 많든 적든 상관없이, 베나레스 설법을 듣고 붓다를 찾아온 출가자 날라카의 경우처럼 단 한 명을 가르치더라도 매번 엄숙한 법문 형식으로 가르침을 전했다. 이런 가르침의 핵심은 '세 개의 광주리'로 불리는 불교 경전, 『삼장』(三藏)Tripitaka 중 붓다의 설교를 5부로 나누어 정리한 「경장」(經藏, 숫타 피타카Sutta pitaka)에 수록되어 있다. 이러한 가르침은 붓다가 불교의 사성제를 언급했던 베나레스 녹야원에서의 설법 3단계를 그대로 따른다. 붓다는 먼저 주제를 설명하고, 그다음에는 실천을 위한 행동과 방법을 나열하며, 마지막에는 붓다의 체험을 구체적인 예로 간략히 언급한다.

소크라테스가 질문을 거듭해 진리를 가리는 베일을 걷어 냈다면, 진리를 깨달은 붓다는 그 진리를 그대로 제시한다. 아이러니라는 도구로 상대방이 자신의 본성을 깨닫도록 유도할 필요가 없었다. 오로지 붓다의 가르침을 바탕으로 스스로 명상을 수행해야만 진정한 지혜와 해탈에 이를 수 있다고 했다. 소크라테스는 대화를 나눌 때 다양한 감정을 드러냈다. 반면 붓다는 절제와 몰아의 경지에서 그 어떤 감정도 드러내지 않았다. 이 점에 관하여 불교 경전은 붓다가 깨달음의 순간에 심오한 변화를 겪었기 때문이라고 설명한다. 깨달음을 얻은 붓다는 개성과 자아를 다 버렸을 뿐 아니라 아집과 불완전한 인격에서도 완전히 탈피하여, 그 이전의 모든 붓다와 같은 특징을 지니게 되었다. 붓다의 설교는 사람들을 납득시키는 힘이 있었던 것으로 보인다. 붓다의 제자들이 붓다의 가르침을 단번에 이해했다고 묘사되기 때문이다. 하지만 따라야 하는 삶의 법칙을 묻는 이들에게 붓다는 그저 "그래야 한다" 혹은 "그래서는 안 된다"라고 말했을 뿐이다.

소크라테스, 특히 예수의 경우와는 달리 붓다가 받은 질문에는 역설이나 숨은 의도가 담겨 있지 않았다. 공격적인 질문을 던지는 이도 없었다. 붓다를 질투하고 자신이 더 막강한 힘을 가졌다고 확신했던 우르벨라 카사파조차도 붓다에게 늘 공손한 어조로 말했다. 붓다는 소크라테스처럼 아이러니를 사용하지 않았지만, 뒤에서 살펴볼 예수와 같은 방식으로 가르침을 전했다. 다름 아닌 일화나 우화를 반복적으로 인용해 진리를 알기 쉽게 설명하는 방법이다. 그중에서도 독화살에 맞아 중상을 입은 사냥꾼의 이야기는 널리 알려져 있다. 붓다가 이 이야기를 들려준 상대는 비구 말룬카풋타다. 말룬카풋타가 우주에 관해 매우 사변적인 질문을 던지고는 이렇게 말했기 때문이다. "답을 알려 주지 않으시면 저는 이대로 승가를 떠나겠습니다." 이에 붓다는 다음과 같은 요지로 답을 했다. "만약 독화살에 맞은 사냥꾼이 치료받기 전에 활을 쏜 사람의 이름과 계급, 그리고 화살이 무슨 나무로 만들어졌는지부터 알려고 한다면, 치료를 받기도 전에 죽을 것이다. 우주의 영속성을 아는 것은 별로 중요하지 않다. 앞서 노화, 질병, 죽음에서 벗어나는 법을 가르쳤듯이, 이 사냥꾼을 구하려면 우선 화살을 뽑고, 어떤 독인지 확인해 알맞은 해독제를 찾은 다음, 상처를 봉합해야 한다. 사념에 빠져 시간을 허비한다면 목숨을 구할 길이 없다."

붓다는 일찍부터 비구들에게 자신의 가르침을 세상에 전파하라고 권했다. "수행승들이여, 길을 떠나라. 세상에 대한 자비심으로,

모든 신과 인류의 안녕과 행복을 위해 길을 떠나라. 둘이서 같은 길로 가지는 말아라. 가르침을 설하고, 거룩하며 정결한 삶을 살아라."(율장 대품 1, 11) 붓다의 제자들은 그렇게 해서 윤회의 수레바퀴에서 벗어나게 해주는 스승의 가르침을 세상에 널리 전했다. 붓다는 출가를 원하는 이들을 계명하고 승가에 들일 수 있는 권리이자 책무를 제자들에게 부여했다.(율장 대품 1, 12) 제자들은 붓다만큼의 권위는 없었지만, 붓다처럼 말하는 것이 어렵지는 않았다. 평소 붓다는 자신의 인격과 개성을 철저히 배제하는 방식으로 말했기 때문이다. 이런 방식은 고정된 인격과 불변하는 자아의 존재를 부정하는 붓다의 가르침과도 일치했다.

붓다가 가르치는 방식은 오늘날의 학구적인 교육 방식과도 유사하다. 가르침을 부연하는 예화 역시 붓다 개인의 전기가 아니라 보편타당하고 교훈적인 이야기들이었다. 유일하게 붓다가 직접 권한을 행사한 부분은 승가의 계율Vinaya이었다. 계율이란 승가의 생활 규범으로, 비구들이 집착에서 해방될 수 있게 해준다. 이렇게 만들어진 승가의 계율에는 차츰 특정한 상황이나 주제가 더해졌고, 이를 한데 묶은 내용을 경전으로 집성했다. 그것이 바로 불교의 경전 『삼장』 중 하나인 「율장」(律藏)Vinayapitaka이다. 「율장」에는 각각의 계율이 생겨난 일화와 붓다가 올바른 실천 방법을 위해 제시한 세부 사항이 함께 수록되어 있다.

예수의 만남

소크라테스는 대화와 아이러니의 대가였고, 붓다는 엄숙한 설법에 뛰어났다. 반면 예수는 담화 형식과 어조를 다양하게 구사할 줄 알았다. 일상적인 대화나 아이러니, 설교뿐 아니라 고백, 기도, 비유, 위엄 있는 어조 등을 두루 활용했다. 예수는 말을 건네는 상대방에 따라 화법을 달리했던 것이다.

예수는 이처럼 다양한 화법을 쓰면서도 시종일관 '나'라는 말을 늘 고집했다. '나'라는 말에는 위선도 가식도 없다. 예수는 자신을 내세워 진심을 말하고 명령을 내리며 간청하거나 위로하기도 하는데, 항상 개인의 차원에서 말했다. 이런 의미에서 붓다의 화법과는 완전히 다르다. 게다가 『구약성경』에 등장하는 예수 이전의 예언가들과도 다르다. 예수는 독자적으로 목소리를 내고, 하느님을 아바abba, 즉 아버지라고 부르며, 하느님이 자신을 이 땅에 보내셨다고 말한다. "나를 배척하는 사람은 곧 나를 보내신 분을 배척하는 사람이다."(루가 10:16, 마르코 9:37) 예수는 말을 맺을 때 '진실로'라는 의미의 히브리어 단어 '아멘'을 덧붙였고, '아멘, 아멘'이라고 두 번씩 되풀이하기도 하면서(「요한의 복음서」에는 '아멘, 아멘'이 스물다섯 번 기록되어 있다.) "나는 말한다"라는 말의 위상을 강조했다. 산상설교(山上說教)Sermo montanus를 할 때 예수는 설교를 들으러 온 군중에게 "옛사람들에게 하신 말씀을 너희는 들었다"라고 말하고는 이렇게 덧붙였다. "그러나 나는 이렇게 말한다."(마태오 5:21~48) 예수는 이 말로 과거의 전통보다 현재의 살아 있는 말이 더 우세함을 강조한 것이다. 이렇듯 율법보다는 믿음을 우위에 두었지만, 유대 율법의 핵심인 하느님과 이웃에 대한 사랑까지 부정하지는 않았다. 예수는 단호하게 주장을 폈지만, 과거의 유대 예언자들이 중시했던 이집트 탈출기(출애굽기, 出埃及記)나 선택받은 이스라엘 민족과 천국의 구원 같은 특정 주제는 전혀 언급하지 않았다. 그보다는 신앙과 믿음, 하느님에 대한 사랑을 통한 개인의 구원에 초점을 맞춰 기존의 종교 개념을 탈피하려 했던 것으로 보인다.

그래서 예수는 감히 도전할 수 없는 위엄을 갖추고, 지도자로서 율법을 폐하는 것이 아니며 율법을 혁신하여 본연의 의미를 밝히겠다고 말했다. "내가 율법이나 예언서의 말씀을 없애러 왔다고 생각하지 마라. 없애러 온 것이 아니라 오히려 완성하러 왔다."(마태오 5:17) 그리고 범죄, 간통, 이혼, 위증, 복수, 용서, 이웃에 대한 사랑에 관한 율법을 인용하면서, 새로운 정의를 통해 하느님 나라에 갈 수 있다고 주장한다. 예수는 기존의 율법을 개혁할 방법을 제시하고 사랑과 정의와 용서에 무게를 둔 새로운 접근법을 내놓았다. 그의 뜻은 확고했다. "그러므로 지금 내가 한 말을 듣고 그대로 실행하는 사람은 반석 위에 집을 짓는 슬기로운 사람과 같다."

(마태오 7:24) 마태오는 이 이야기를 다음의 말로 마무리한다. "예수께서 이 말씀을 마치시자 군중은 가르침을 듣고 놀랐다. 가르치시는 것이 율법학자들과는 달리 권위가 있었기 때문이다."(마태오 7:28)

　예수는 당시의 악습을 지적하고 신앙의 타락을 맹렬히 비난했기 때문에, 오해를 사거나 청중을 놀라게 하기도 했다. 여기에는 「요한의 복음서」에서 거듭 언급된 예수의 신비로운 이야기도 한몫했다. 성직자들은 예수의 말을 믿기 어렵고 터무니없다고 여기는 경우가 많았다. 예수가 다음과 같이 직설적인 말을 할 때는 상대방이 크게 화를 내기도 했다. "나는 아브라함이 나기 전부터 있다."(요한 8:58) 당시에 예수가 한 말은 극단적이고 급진적이었기 때문에 사람들의 불신을 샀고, 가까운 이가 아니면 아무도 예수의 말을 믿지 못했다. 사람들은 예수에게 "이제 보니 당신은 귀신이 들려도 단단히 들렸소"(요한 8:52)라고 말하며 돌을 집어 예수를 치려고 했다.(요한 8:59)

　하지만 예수가 군중 앞에서만 연설한 것은 아니다. 소크라테스처럼 소수의 제자에게도 기꺼이 가르침을 전했다. 주위에 제자들만 있을 때 예수는 완전히 다른 어조를 취했다. 그때는 군중 앞에서 열변을 토하는 카리스마 넘치는 연설가가 아니라, 영적 지도자로서 신비롭고 심오한 지혜를 전했다. 세 공관복음서에 비해 「요한의 복음서」에는 예수가 제자들과 이야기를 나누는 장면이 자주 나온다. 이런 이야기는 이내 깊은 대화로 이어진다. 그렇다고 해서 예수가 오직 제자들과만 진솔한 대화를 나눈 것은 아니다. 사마리아 여인, 바리사이인 니고데모, 태어날 때부터 앞을 보지 못하는 사람, 세리, 부자와 대화를 나눌 때는 감수성이 뛰어난 인간으로서 상대방의 영혼을 인도하고 진리에 대한 갈증을 풀어 주었다. 연약하고, 앞을 보지 못하고, 고통받는 이들에게 깊은 연민과 온정을 느낀 예수는 질문과 답을 주고받고, 나아갈 길을 제시하기도 하면서 진심 어린 마음을 전했다. 이런 이야기는 특정한 상황에서 시작되지만, 언제나 보편적인 가르침을 준다.

이런 만남을 그린 일화는 예수가 지닌 신비한 힘을 암시한다. 예수는 처음 보는 대화 상대가 어떤 사람인지 이미 알고 있어서 상대방을 매우 당황하게 만든다. 예를 들어, 밤에 몰래 예수를 만나러 온 니고데모가 율법학자라는 사실을 이미 알고 있었지만, 소위 소크라테스식 아이러니를 활용해 짐짓 놀란 듯이 말했다. "너는 이스라엘의 선생이면서 이런 것도 모르느냐?"(요한 3:10) 예수는 우물가에서 만난 사마리아 여인의 과거사도 다 알고 있었다. 여인은 다섯 번 이혼했고, 남편이 아닌 남자와 살고 있었다. 그런데도 예수는 반어법을 써서 이렇게 말했다. "가서 네 남편을 불러오너라."(요한 4:16)

복음서에서 또 한 가지 주목할 점은 예수가 '아버지'인 하느님에게 기도하는 모습을 통해 예수와 하느님 간의 깊고 내적인 교류로 독자를 이끈다는 것이다. 오늘날의 관점에서는 이런 기도가 그저 평범해 보이지만, 당시의 종교적 관습으로 마음을 털어놓는 친숙함과 사랑이 담긴 기도는 굉장히 파격적이었다. "아버지, 아버지께서 내게 주신 사람들이 내가 있는 곳에 나와 함께 있게 하소서. 그래서 세상이 생기기 전부터 아버지께서 나를 사랑하셨기 때문에 내게 주신 내 영광을 그들이 보게 하소서. 의로우신 아버지, (...) 내가 아버지를 그들에게 알게 했으니 앞으로도 계속 아버지를 알게 하여 아버지께서 나를 사랑하신 그 사랑이 그들 안에 있고 나도 그들 안에 있도록 하겠습니다."(요한 17:24~26) 이런 예수의 기도에서는 가부장제 사회에서 익숙한 하느님, 즉 막강하지만 세상과 동떨어진 존재이며 두려움의 대상이기도 한 하느님은 보이지 않는다. 자기 말을 들으려고 산자락에 모인 군중 앞에서 하느님에게 기도할 때, 예수는 이전의 위엄 있는 말투를 버리고 또 한 명의 신봉자가 되어 이렇게 말한다. "하늘에 계신 우리 아버지, 온 세상이 아버지를 하느님으로 받들게 하시며, 아버지의 나라가 오게 하시며 아버지의 뜻이 하늘에서와 같이 땅에서도 이루어지게 하소서."(마태오 6:9~10)

예수가 가르치는 방식에서 또 한 가지 특기할 만한 점, 상대를 불문하고 일상에서 흔히 접하는 예시를 활용해 알기 쉽게 이야기한다는 사실이다. 이처럼 친숙한 '세속'의 일화를 곁들여 영적인 가르침을 전달하는 것은 동양 문화의 영향이었을까? 예수는 비유를 적극적으로 활용했고 복음사가들도 이 점을 기록으로 남겼다. 마태오는 예수가 해안에 모인 군중에게 했던 말을 전하면서 "예수께서 그들에게 여러 가지를 비유로 말씀해 주셨다"라고 설명한다.(마태오 13:3) 그리고 이렇게 덧붙인다. "예수께서는 이 모든 것을 군중에게 비유로 말씀하시고 비유가 아니면 아무것도 말씀하지 않으셨다."(마태오 13:34) 예수와 가장 가까운 제자들도 놀라서 "저 사람들에게는 왜 비유로 말씀하십니까?" 하고 묻자 예수는 이렇게 대답했다. "너희는 하늘나라의 신비를 알 수 있는 특권을 받았지만 다른 사람들은 받지 못하였다. 내가 그들에게 비유로 말하는 이유는 그들이 보아도 보지 못하고, 들어도 듣지 못하고, 깨닫지도 못하기 때문이다."(마태오 13:10~13) 예수는 또 한 번 비유를 들어 설명한다. "땅이 저절로 열매를 맺게 하는 것인데 처음에는 싹이 돋고 그다음에는 이삭이 패고 마침내 이삭에 알찬 낟알이 맺힌다. 곡식이 익으면 그 사람은 추수 때가 된 줄을 안다."(마르코 4:26~29) 신학 용어를 모르는 사람들에게 하느님 나라에 대해 말할 때 예수는 들판의 꽃, 작물을 수확하는 농부나 포도 재배자의 삶과 같은 단순한 심상을 예로 들었다. 복음서에 나오는 비유 가운데 가장 널리 알려진 탕자의 이야기를 예로 들어 보자.(루가 15:11~32) 어느 날 두 아들 중 작은아들이 아버지에게 제 몫으로 돌아올 재산을 달라고 한다. 아버지가 재산을 나누어 주자 작은아들은 집을 떠나 재산을 낭비하며 방탕한 생활을 한다. 그러다가 돈이 떨어져서 남의 농장에서 돼지를 치면서 더부살이를 했지만 여전히 너무 가난해 극심한 배고픔에 시달린다. 그래서 아버지에게 돌아가 죄를 지었으니 아들이 아니라 품꾼으로라도 써 달라고 사정해 보기로 마음먹는다. 아들을 멀리서 본 아버지는 측은한 생각이 들어 달려가 아들의 목을 끌어안는다. 아버지는 하인들을 불러 제일 좋은 옷과 가락지, 신발을 가져오라고 하고, 살찐 송아지를 잡아서 잔치를 준비한다. 밭에 나가 있던 큰아들이 돌아오다가 음악 소리와 춤추며 떠드는 소리를 듣고 매우 화를 낸다. 환락에 빠져서 아버지의 재산을 다 날려버린 동생에게는 잔치를 열어 주면서, 정작 집에 남아 일을 도운 자신에게는 이런 대우를 받아 본 적이 없었기 때문이다. 이 말을 듣고 아버지가 이유를 들려주었다. "얘야, 너는 늘 나와 함께 있고 내 것이 모두 네 것이 아니냐? 그런데 네 동생은 죽었다가 다시 살아왔으니 잃었던 사람을 되찾은 셈이다. 이 기쁜 날을 어떻게 즐기지 않겠느냐?" 이 이야기를 통해 예수는 하느님이 주신 선택의 자유를 설명한다. 인간이 잘못을 알고, 뉘우치고, 돌아오기만 한다면 심판이나 책망도 하지 않고 기쁘게 맞아 준다는 것이다.

예수와 붓다가 행한 기적

붓다와 예수의 제자들은 자신들이 추종하는 스승이 우주 또는 신으로부터 일종의 '사명'을 부여받았으며 인류를 구원할 것이라는 점을 믿어 의심치 않았다. 붓다와 예수의 삶을 기록으로 남긴 제자들은 스승의 운명이 남다르다는 점을 입증하고 스승의 말에 권위를 부여하고자 했을 것이다. 그래서 '사명'의 진정한 증거가 되는 수많은 기적을 강조했다.

불교 경전에 따르면 붓다는 깨달음을 얻음과 동시에 547번의 전생을 모두 기억해 냈고, 윤회의 수레바퀴에 머무르게 하는 내면의 욕망이 모두 사라졌다는 확신을 얻었다. 그렇게 해서 모든 붓다가 누리는 여섯 가지 지혜를 얻었다. 이 지혜를 얻은 자는 모든 것을 보고, 모든 것을 듣고, 모든 생각을 읽고, 모든 것을 창조하고 변화시키며, 모든 이들의 전생을 알고, 번뇌를 끊고 자신을 멸할 수 있다. 이런 지혜를 얻으면 기적을 행하는 신통력이 생긴다. 이러한 능력은 구도를 실천해 해탈의 경지에 올라서 얻은 결과이기에 '당연하게' 묘사된다.

당시 인도에는 이런 신통력을 발휘하는 이들이 더 있었다. 기록에 따르면 가장 높은 경지에 이른 요가 수행자들도 신통력이 있었다고 한다. 숲에서 고행 수행을 할 때 고타마는 가장 저명한 요가 수행자들을 만났고 고타마는 스승들을 금방 능가했다. 하지만 고타마가 추구한 것은 기적을 행하는 능력이 아니라 절대적으로 순수한 정신이었다. 따라서 제자들에게도 이런 능력을 과시하거나 사용해서는 안 된다고 가르쳤다. 그런데도 초기 팔리어 경전이나 훗날 기록된 전기에는 붓다가 행한 여러 기적이 기록되어 있다. 붓다의 교리를 믿지 않는 이들을 설복하고, 그 교리를 믿는 사람에게는 확신을 주기 위한 장치인 것이다. 그래서 붓다는 코살라 왕국의 파세나디 왕이 기적을 보여달라고 하자, 청을 받아들여 코살라 왕국 주민들이 보는 가운데 망고나무 아래에서 기적을 행하겠다고 말했다. 붓다를 시기하는 악마들은 왕국에 있는 망고나무를 모조리 뽑아 버렸다. 그런데 파세나디 왕이 소유한 정원 울타리 안에 있는 한 그루만은 뿌리 뽑지 못했다. 망고가 나는 계절이 아니었는데도 그 나무에는 커다란 망고 하나가 열려 있었다. 정원사가 망고를 따서 붓다에게 건네자 붓다는 열매를 먹었다. 그리고 남은 씨앗은 땅에 심으라고 했다. 그러자 거대한 망고나무가 솟아올랐고, 붓다는 그 나무 아래서 여러 기적을 행했다. 하늘에 보석의 길이 나타나게 하고, 직접 하늘을 날기도 하고, 귀와 눈, 모공에서 불꽃이 뿜어져 나오게도 했으며, 분신을 만들어 대화를 나누기도 했다. 이런 기적을 보여 준 후로 왕국에서는 당연히 아무도 붓다의 가르침을 의심하지 않았다.

또 다른 일화는 우루벨라 카사파의 암자를 배경으로 한다. 그는 숲속에서 추종자들과 극단적인 수행을 하는 고행승이었다. 붓다가 우루벨라의 암자에서 묵어가고 싶다고 하니, 우루벨라는 남은 방이 없다고 한다. 하지만 붓다는 부엌에서라도 밤을 보내겠다고 한다. 이에 우루벨라는 그곳에는 사냥감을 노리는 무시무시한 용이 나타난다고 경고한다. 붓다는 괘념치 않고 부엌에 앉아 명상을 시작한다. 그때 용이 불을 뿜으며 무서운 기세로 달려들었다. 그러자 붓다도 용을 향해 불을 내뿜었다. 불의 대결은 밤새 이어졌다. 우루벨라는 용이 승리하리라 확신했지만, 다음 날 아침에 붓다가 부엌에서 나오는 것을 보고 화들짝 놀란다. 사실 붓다가 용을 무찌를 수 있었던 비결은 신통력에 의한 불길이 자비의 힘이기 때문이었다.

우루벨라는 붓다의 능력을 인정했지만, 자신도 붓다에 버금가는 능력이 있다고 여겼다. 다음 날 밤에 우루벨라는 몸에서 빛을 발하는 네 명의 신이 붓다의 가르침을 받는 광경을 본다. 그런데도 그는 붓다가 대단한 능력을 갖춘 것은 맞지만 자신이 더 뛰어나다고 생각한다. 붓다가 우루벨라의 오만함을 꺾기 위해 경이로운 기적을 잇달아 보여주었지만 소용이 없었다. 우루벨라는 좀체 생각을 바꾸지 않았다. 그를 깨달음의 길로 이끄는 유일한 방법은 대화였다. "그대는 자신이 태양이라고 생각하는 반딧불과 다를 바 없다." 기적을 보여도 소용이 없었는데 이 말 한마디가 효과를 발휘했다. 우루벨라는 자만심을 버리고 자신을 제자로 받아 달라고 했다. 말 한마디로 마음을 움직이는 것이야말로 무엇보다 대단한 기적이 아닐까?

예수가 살던 시대의 상황도 이와 비슷했다. 소위 예지력이 있는 선지자들은 자신에게 특별한 힘이 있다고 주장했다. 역사가 플라비우스 요세푸스는 1세기 말에 쓴 유대인 『유대 고대사』에서 유다, 히즈키야의 아들, 헤로데의 노예 시몬, 그리고 튜다를 언급했다. 그중에서 튜다는 서기 44년에 군중을 선동해서 요르단강을 갈라 마른 땅을 건널 수 있게 해줄 테니 재산을 모두 가지고 자기를 따르라고 했는데, 결국 공공질서를 어지럽혔다는 죄로 유대인 총독 쿠스피우스 파두스의 병사들에게 체포되어 참수형을 받았다. 또한 기원전 1세기에는 유대교 신비주의 메르카바merkebah(히브리어로 하느님의 수레를 의미)가 대두되어 민중 사이에서 매우 성행했다. 높은 경지에 오른 메르카바 신비주의자들은 불가사의한 힘이 있다고 알려져 있었고, 이들 가운데 가장 신통력이 뛰어나고 명성이 높은 이들은 수많은 추종자를 거느렸다. 이처럼 예수와 붓다가 살았던 시대적 배경에는 유사점이 있다. 하지만 두 사람이 행한 기적에는 다른 점이 있다. 붓다의 경우, 기적은 가르침을 전하는 붓다의 위상과 권위를 높여 준다. 기적에 관한 일화는 교훈적인 효과가 있었고, 앞서 언급한 용과의 대결처럼 민간 설화나 신화를 차용하는 경우가 많았다. 이런 이야기는 붓다의 사후 수 세기 후에 쓰였기 때문에 독자를 감화하기 위한 목적으로 후대에 지어졌을 가능성이 크다.

하지만 예수의 경우는 다르다. 기적을 목격한 사람이나 그 이야기를 직접 전해 들은 제자들이 남긴 기록이기 때문이다. 게다가 예수가 행한 기적은 대단히 많고, 그 내용은 복음서의 뼈대를 이룬다. 그것이 다 지어진 이야기라고 한다면 성경의 증언을 부정하고 기독교의 근간이 되는 경전의 상당 부분을 축소하는 셈이 된다. 현대인의 사고방식으로는 이런 기적을 믿기 어렵다. 그래서 '기적에 관한 이야기가 있긴 해도' 복음서의 내용을 믿는다고 말하는 성경학자도 있다. 물론 다음과 같은 일부 기적은 윤색과 감화를 목적으로 덧붙여졌을 것이다. "땅이 흔들리며 바위가 갈라지고, 무덤이 열리면서 잠들었던 많은 옛 성인들이 다시 살아났다. 그들은 무덤에서 나와 예수께서 부활하신 뒤에 거룩한 도시에 들어가서 많은 사람에게 나타났다."(마태오 27:51~53) 하지만 빵이 줄지 않는 기적이나 병자를 치유하는 등의 기적은 모든 복음사가가 하나같이 구체적이고 세세히 기술했다. 그래서 기적에 관한 기록을 인정하지 않으면 사복음서의 신빙성을 부정하는 셈이 된다. 기독교 신자라면 기적을 그대로 받아들일 테지만, 그렇지 않은 사람은 허구나 과장이라고, 혹은 미래에 과학이 좀 더 발전하면 더 합당한 설명을 찾을 수 있을 만한 불가사의한 사건이라고 여길 것이다.

　예수는 자신에게 신이 주신 특별한 힘이 있다고 주장했다. 복음서에 의하면 치유와 악령 퇴치는 예수의 주요한 활동이었다. 예수는 병을 고치면서 가르침을 전달하기 시작했다. 「마태오의 복음서」에는 이렇게 기록되어 있다. "예수께서 온 갈릴래아를 두루 다니시며 회당에서 가르치시고 하늘나라의 복음을 선포하시며 백성 가운데서 병자와 허약한 사람들을 모두 고쳐 주셨다. 예수의 소문이 온 시리아에 퍼지자 사람들은 갖가지 병에 걸려 신음하는 환자들과 마귀 들린 사람들과 간질 병자들과 중풍 병자들을 예수께 데려왔다. 예수께서는 그들도 모두 고쳐 주셨다."(마태오 4:23~24) "그러자 많은 무리가 예수를 따랐다."(마태오 4:25)

　예수는 수많은 기적을 행했다. 사복음서에 따르면 서른다섯 번 기적을 행했다. 그중 열일곱 번은 치유, 여섯 번은 악령 퇴치, 아홉 번은 자연 현상의 조절, 세 번은 죽은 자의 소생이었다. 하지만 이 모든 것도 예수가 일으킨 기적의 극히 일부라고 한다. 「루가의 복음서」에도 이런 기록이 있다. "이집 저집에서 온갖 병자들을 다 예수께 데려왔다. 예수께서는 그들 한 사람 한 사람에게 손을 얹어 모두 고쳐 주셨다. 악마들도 여러 사람에게서 떠나가며 외쳤다." (루가 4:40~41) 「마르코의 복음서」는 예수가 마을을 지나는 상황을 이렇게 전한다. "해가 지고 날이 저물었을 때 사람들이 병자와 마귀 들린 사람들을 모두 예수께 데려왔으며 온 동네 사람들이 문 앞에 모여들었다. 예수께서는 온갖 병자들을 고쳐 주시고 많은 마귀를 쫓아내셨다."(마르코 1:32~34) 「마르코의 복음서」의 4분의 1가량은 기적에 얽힌 이야기다. 마태오와 루가는 이 내용을 선별해서 다루고 다른 내용을 더했다. 한편 요한은 일곱 가지 기적만 언급했지만, '기적'이라는 말은 철저히 배제하고 하느님의 뜻을 전하는 방식이라는 의미로 '표적(表蹟)'이라는 단어를 썼다. 예수 역시 기적을 만드는 힘은 하느님의 능력에서 비롯된다고 말한다. "나는 하느님의 능력으로 마귀를 쫓아내고 있다. 그렇다면 하느님 나라는 이미 너희에게 와 있는 것이다."(루가 11:20)(23)

사복음서에 모두 언급된 기적은 하나뿐이다. 그것은 바로 빵이 줄지 않는 오병이어(五餠二魚)의 기적이다. 「요한의 복음서」에는 이렇게 기록되어 있다. 유대인의 명절 유월절이 얼마 남지 않았을 때, 예수는 5천여 명의 추종자와 함께 있었는데 예수가 "이 사람들을 먹일 만한 빵을 우리가 어디서 살 수 있겠느냐?"고 필립보와 안드레아에게 물었다. 두 사람은 보리빵 다섯 개와 물고기 두 마리를 가진 어린아이를 가리키며, 먹을 수 있는 것은 그것뿐이라고 말했다. 예수는 빵과 물고기를 받아서 모두에게 나누어 주었는데, 모두가 실컷 먹었을 뿐 아니라, 먹고 남은 조각이 열두 광주리나 되었다. 예수가 행한 표적을 보고 사람들은 "이분이야말로 세상에 오시기로 된 예언자이시다." 하고 외쳤다. 한편 예수는 사람들이 자신을 왕으로 삼으려 한다는 것을 알고 홀로 산으로 다시 올라갔다.(요한 6:1~15)

당시의 풍조에 따라, 하느님이 보낸 자라는 것을 증명하려면 이러한 기적의 징표를 보여주어야 했다. 결국 군중을 끌어들이고 가르침에 귀 기울이게 하려면 기적을 강조해야 했던 것이다. 복음서에 따르면, 예수는 자신의 이익을 위해서는 기적의 힘을 쓰지 않았고, 체포당했을 때도 기적으로 몸을 피하려고 하지도 않았다. 예수는 기적만 보고 진리를 얻었다고 말하는 사람들에게는 이렇게 경고했다. "거짓 그리스도와 거짓 예언자들이 나타나서 어떻게 해서라도 뽑힌 사람들마저 속이려고 큰 기적과 이상한 일들을 보여줄 것이다."(마태오 24:24)

8.

죽음을 맞는 자세

소크라테스와 예수는 자신의 윤리 원칙과 세상에 설파한 진리에 부합하는 삶을 살았으며, 평소 살던 방식 그대로 죽음을 맞았다. 이들은 선구자였다. 하지만 선구자들은 사회에서 눈엣가시로 여겨지곤 한다. 기존의 사회, 정치, 종교 질서를 위협한다는 이유로 역적으로 내몰려 숙청되기도 한다. 소크라테스와 예수도 재판에 넘겨져 사형을 선고받고 처형되었다. 여든 살에 식중독으로 입멸한 붓다와는 다르다. 하지만 초기 경전은 독살의 가능성을 완전히 부정하지 않는다.

초연한 죽음

반열반(般涅槃, 파리니르바나parinirvana, 붓다의 육신의 죽음을 의미하는 불교 용어)에 들기 석 달 전에 싯다르타는 몹시 쇠잔한 상태였다. 80년이라는 세월의 무게가 어깨를 짓눌렀을 뿐 아니라 병든 육신 탓에 몹시 지쳐있었다. 팔리어 경전 가운데 가장 긴 「대반열반경」 (大般涅槃經, 마하파리닙바나 숫타Mahaparinibbana Sutta)에는 이와 같은 붓다의 열반 전후의 이야기가 기록되어 있다. 제자 아난다가 열반에 들기 전에 마지막 가르침을 달라고 간청하자 붓다는 이렇게 털어놓는다. "아난다여, 나는 이제 늙어서 쇠약해졌다. 여든이 되어서 세상을 떠날 때가 되었다. 잘 굴러가지 않는 낡은 수레처럼 여래의 몸은 홀로 지탱하기가 힘들구나."(대반열반경 2, 32) 아난다를 제외하고는 붓다의 초기 제자 중 살아 있는 이가 없었고, 아들 라훌라마저 먼저 세상을 떠났다. 초기 경전의 내용을 살펴보면 그 무렵에는 붓다를 따르던 추종자 무리가 별로 남아 있지 않았던 것으로 보인다. 승가의 질서는 여전히 견고했지만, 초기의 활력은 찾아볼 수 없었다. 다수의 경전에 따르면 붓다는 어느 날 제자들에게 석 달 뒤에 반열반에 들 것이라고 알렸다고 한다.

그리하여 붓다는 최후의 힘을 다해 승원을 돌며 비구들에게 작별을 고했다. 그리고 북서쪽으로 가서 파바라고 불리는 마을(오늘날의 파질나가르로 추정)에 이르렀다. 그곳에 사는 보석 세공인 춘다는 붓다와 일행을 망고나무 동산으로 초대해 쉬어가게 하고 저녁을 대접했다. 춘다는 오늘날에는 요리법을 알 수 없는 수카라맛다

바Sukaramaddava라는 음식을 준비했는데, 문자 그대로 해석하면 '부드러운 돼지고기'다. 그런데 정말 돼지고기로 만든 요리였을까? 아니면 엄격한 채식주의를 지키는 불교도들이 주장하듯이 돼지가 먹이로 삼는 다양한 버섯으로 만든 요리였을까? 어쨌든 붓다는 그 요리를 먹었다. 하지만 다른 사람들은 그 요리를 먹지 못하게 했다. 붓다는 음식을 다 먹지 않았고, 신들도 먹을 수 없을 것이라면서 남은 것은 땅에 묻어 버리라고 했다.(대반열반경 4, 19) 그날 붓다는 밤새도록 격심한 통증을 겪었고 피를 토하기도 했다. 그래도 여정을 멈추지 않았고, 룸비니 남쪽의 쿠시나가라 근방에 이르렀다. 더는 걸을 수 없게 된 붓다는 나무 아래에서 쉬어가자고 하고 고개를 북쪽으로 향해 누웠다.

당시 승가 내에서는 금욕적이고 엄격한 수행을 중시하는 분파와 붓다가 설파한 '중도'에 충실한 분파 간에 분열과 대립이 있었다. 그렇다면 붓다가 독살되었을 가능성도 있을까? 초기 팔리어 경전에는 독살설이 언급되어 있지만, 그런 가능성을 즉각 부인한다. 그리고 해석이 난해한 이런 내용이 언급되어 있다. 붓다는 춘다가 최후의 공양을 베풀어 준 덕에 반열반에 들어 최고의 경지에 이를 수 있게 되었으니, 공덕에 고마움을 전해야 한다며 일부 비구들을 왔던 길로 되돌려 보냈다.(대반열반경 4, 56)

붓다는 나무 아래에서 오른쪽으로 돌아누워서 마치 사자 같은 자세로 마지막 설법을 했다. 그러다가 아난다가 없어진 것을 알고 의아해했다. 아난다는 나무 뒤에서 눈물을 흘리고 있었다. 붓다는 여느 때처럼 아난다를 나무라고는 오랜 벗에게 처음으로 고마움을 표했다. "아난다여, 그대는 오랫동안 자애와 친절이 한없이 우러나는 말과 행동, 그리고 생각으로 여래를 섬겼다."(대반열반경 5, 35) 전해지는 이야기에 따르면, 동이 트기 직전에 붓다가 마지막 숨을 거두자 대지가 울부짖듯 굉음을 내며 몹시 흔들렸다고 한다.

기원전 399년경(소크라테스의 전기에 제시된 연도이지만 확실한 시점은 아니다), 아테네 시민 세 명이 소크라테스를 법정에 세웠다. 소크라테스를 고소한 3인은 웅변술로 유명한 부유한 상인이자 민주주의의 열렬한 옹호자인 아니토스와 두 명의 동조자, 시인 멜레토스와 수사학자 리콘이다. 세 사람은 소크라테스가 아테네 사회 질서를 심각하게 위협하는 인물이라고 단정했고, 주된 죄목으로 플라톤의 『소크라테스의 변론』에 언급된 두 가지 사유를 꼽았다. "소크라테스는 젊은이들을 타락시키고, 국가가 인정하는 신들 대신 새로운 신적인 존재를 믿는 죄를 저질렀다." 두 번째 죄목으로 언급된 '새로운 신적인 존재'란 다름 아닌 소크라테스가 자주 언급했던 다이몬이다.(소크라테스의 변론 24b~c)

소크라테스는 법이 허락하는 대로 친구 리시아스가 준비해 준 수려한 변론문을 읽어 내려갈 수도 있었지만, 법정에 모인 배심원 500명 앞에서 자기 자신을 직접 변호하는 편을 택했다. 이 재판 과정은 플라톤의 『소크라테스의 변론』에서 상세히 다루고 있으며, 그 외에도 『에우튀프론』이나 크세노폰의 『소크라테스 회상』에도 언급되어 있다. 아테네의 민중법원 헬리아이아에서 소크라테스는 유려한 말로 포장된 기소문에는 진실이 한마디도 들어 있지 않다고 반박하면서 변론을 시작한다. "하마터면 내가 누구인지 마저 잊을 뻔했습니다."(소크라테스의 변론 17a) 그리고 자신은 수십 년간 아테네 거리에서 써온 일상의 말로 변론하겠다고 말한다. 배심원들에게는 연설의 형식을 고려하지 말고 "내가 하는 말이 옳은지 그른지만을 신중히 판단해 주시기 바랍니다. 그래야만 올바른 판결이 이루어질 수 있기 때문입니다"라고 말한다.(소크라테스의 변론 18a) 소크라테스는 아테네 안에서 자신의 평판이 좋지 못하다는 점과 고발자 세 명 외에도 얼굴을 직접 드러내지 않고 자신을 비방하는 수많은 '유령들'과도 싸워야 한다는 점을 잘 알았다. 그런데도 원칙을 지켜 성실히 재판에 임하겠다는 뜻을 변론 시작부터 분명히 밝힌다. "어떻게 될지는 신의 뜻에 맡기고, 법에 따라 변론할 것입니다."(소크라테스의 변론 19a) 그러고는 자신에게는 최고의 증인이 있다고 조심스럽게 덧붙인다. 델포이의 신탁을 통해 소크라테스를 가장 지혜로운 자로 지목했던 아테네의 신 아폴론이다. 소크라테스는 자신이 신들을 공경하지 않는다는 비난을 겨냥하듯 이렇게 말한다. "아폴론은 결코 거짓말을 하지 않습니다. 신은 거짓말을 하지 않으니까요."(소크라테스의 변론 20e)

그리고 소크라테스는 지력과 아이러니를 동원해 자신에게 적용된 두 가지 혐의를 반박한다. 아테네 젊은이들을 타락시켰다는 혐의에 관해서, 자신은 소피스트들처럼 부잣집 젊은이들로부터 수업료를 받은 적이 없다는 사실을 언급한다. 그리고는 고발자들, 특히 멜레토스에게 다음과 같은 질문을 던진다. "멜레토스여, 말해 보시오. 누가 젊은이들을 더 훌륭하게 만들고, 누가 이들에게 미덕을 가르칠 수 있겠소?" 멜레토스는 애매한 대답밖에 하지 못했고, 소크라테스는 단도직입적으로 모순을 지적한다. "그대는 자신이 젊은이들에게 관심이 없었음을 제대로 보여주었고, 나를 법정에 세운 사건에도 사실상 전혀 관심이 없었음을 드러내고 말았소." 소크라테스는 멜레토스의 주장을 반박하고, 거짓말을 지적하여 배심원들을 설득하고, 고발자의 무지를 조롱했으며, 자신에게 적용된 혐의의 진실을 낱낱이 파헤친다. 그리고 배심원들을 향해 돌아서서 자신의 도덕관을 함축하는 말을 한다. "최상의 명예 때문이건 타인의 명령에 따라서건 상관없이, 어떤 직책을 맡은 사람은 절대로 흔들려서는 안 된다고 생각합니다. 명예 외에는 죽음이나 위험도 생각하지 말아야 합니다."(소크라테스의 변론 28d)

그리고는 배심원들이 잠시 후 내릴 결정에 연연하지 않고 대뜸 이렇게 선언했다. "숨을 쉬고 힘이 남아 있는 한, 지혜를 추구할 것이며, 여러분에게 조언하는 일도, 내가 만나는 모든 사람과 평소처럼 대화하는 일도 멈추지 않을 것입니다."(소크라테스의 변론 29d) 배심원들이 놀라 법정이 술렁거렸다. 소크라테스는 변론을 계속하게 해 달라고 요청했다. "여러분에게 또 다른 이야기를 하려고 합니다. 제 말이 야유를 부를 수도 있겠지만 부디 자제해 주시면 좋겠습니다."(소크라테스의 변론 30c) 소크라테스는 배심원들에게 삶을 가치 있게 만드는 유일한 방법은 정신을 함양하는 것이라고 말한다. 그리고 자신이 살아 온 삶, 투쟁과 갈등, 철학자라는 직업에 관해 이야기한다. "한 번도 누군가의 스승이 되어 본 적이 없습니다. 하지만 노소를 막론하고, 나와 대화하고 싶어 하거나 내가 사명을 실천하는 방법을 궁금해하는 사람의 요청을 거절한 적이 없습니다."(소크라테스의 변론 33a) 소크라테스는 배심원단의 감정에 호소하거나 간청하지 않았고, 자녀들이 법정에 오는 것도 거부했다. "배심원에게 애원하여 무죄를 받는 것도, 간청하는 것도 정당하지 못한 일입니다. 진실을 알리고 설득해야 합니다. 배심원의 역할은 정의를 희생해 선심을 쓰는 것이 아니라, 무엇이 옳은지 양심적으로 판단하는 것이기 때문입니다. 배심원은 사사로운 감정으로 호의를 베푸는 자가 아닙니다. 법에 따라 판결하겠다고 맹세한 사람입니다.(소크라테스의 변론 35b~c)

소크라테스는 사형 판결을 받을 수 있다는 사실을 알았지만, 도발적인 발언으로 변론을 마친다. 그는 자신의 공적에 들어맞는 형벌은 아테네에서 사회, 종교적으로 가장 중요한 관청 프리타네이온에서의 식사 또는 본인이 직접 제안하는 최소한의 벌금이라고 말한다.(소크라테스의 변론 36e~37a) 배심원들은 소크라테스의 오만한 언행을 괘씸히 여겼다. 소크라테스는 두 가지 혐의에 대한 자신의 무죄를 배심원들에게 증명해 냈을까? 배심원단은 기소의 근거가 없다고 확신했을 것이다. 그런데도 배심원들은 감정에 휩쓸려 불경죄로 사형을 선고한다. 디오게네스 라에르티오스에 따르면 남편이 부당한 재판 결과로 죽게 된 것을 한탄하는 아내 크산티페에게 소크라테스는 재치 있게 대꾸했다고 한다. "그럼 내가 정당한 재판 결과로 처형되길 바라오?"

당시에는 사형 선고가 내려지면 속히 형을 집행하는 것이 관례였다. 하지만 소크라테스는 헴록hemlock(독초로 만든 사약)이 든 독배를 건네받기까지 거의 한 달을 감옥에서 보냈다. 소크라테스에 대한 존경의 표시나 사형을 선고한 배심원들의 죄책감 때문에 형 집행이 늦어진 것은 아니다. 훨씬 무미하고 형식적인 관례 때문이었다. 사형이 선고된 다음 날, 사제들을 태운 배 한 척이 아테네 항구를 떠나 델로스섬으로 향했다. 아테네의 왕자 테세우스가 크레타섬에서 괴물 미노타우로스를 퇴치하게 해준 아폴론신에게 연례 감사 의례를 올리기 위해서였다. 그런데 신성한 의례를 치르는 사제들이 아테네로 안전히 돌아오기 전까지는 어떠한 처형도 집행할 수 없도록 법으로 정했던 것이다.

판결일부터 사형이 집행되기까지 한 달의 시간 동안 소크라테스는 홀로 시간을 보내지 않았다. 소크라테스에게 질문을 던지고 그의 가르침에 귀 기울이려는 지인과 가까운 친지, 제자들이 매일같이 찾아왔다. 소크라테스는 이미 재판장에서 살아 있는 한 대화를 멈추지 않겠다고 선언하지 않았던가? 소크라테스의 제자 플라톤은 당시 내용을 기록한 두 편의 저술을 남겼다. 사형 집행일에 영혼의 불멸에 관해 오간 대화를 기록한 『파이돈』과 소크라테스의 오랜 친구 크리톤이 탈옥을 권하고 소크라테스가 이를 거부하는 대화를 담은 『크리톤』이다. 이 두 대화편과 크세노폰이 남긴 기록은 마지막까지 죽음을 두려워하지 않는 소크라테스의 용기 있는 모습을 전한다. 그는 오히려 눈물 흘리는 친구들을 위로하고 안심시킨다. 아내 크산티페는 소크라테스의 죽음을 또다시 한탄했을까? 소크라테스는 얼마 남지 않은 시간을 조용히 보내고 싶다며 크산티페를 방 밖으로 내보내 달라고 한다. 크리톤은 어느 사형수들처럼 독배를 몇 시간이라도 늦게 들자고 간청했다. "독약을 조금 늦게 마신다고 해서 무슨 이득이 있겠는가? 아무것도 남지 않은 삶에 집착하여 목숨을 아껴 봤자 나만 우스워질 뿐일세."(파이돈 65)

소크라테스가 독배를 입에 가져가자 친구들은 비통해하며 눈물을 흘렸다. 파이돈은 이렇게 한탄했다. "그분의 불운 때문이 아니라 그런 동반자를 잃게 될 나의 불운을 한탄한 것이라오."(파이돈 66) 소크라테스는 눈물과 탄식이 부질없다고 나무라고는 독배를 가져온 노예의 권유대로 일어나 몇 걸음을 걷다가 다리가 무거워지자 등을 대고 누워 천으로 얼굴을 가렸다. 그리고 눈을 뜬 채로 죽음을 맞았다.

유월절이 일주일 앞으로 다가왔다. 매년 유월절이 되면 팔레스타인과 각지에 흩어져 있던 수만 명의 유대인이 예루살렘에 모여들었다. 예수 역시 예루살렘을 찾았다. 유대인과 로마의 집권자들로서는 경각심을 높여야 하는 시기였다. 예언자와 민족지도자뿐 아니라 선동가들까지 가세해 기존의 사회 질서를 뒤흔들려 하기 때문이다. 이때 중대한 사건이 일어난다. 예수는 성전에서 장사하는 상인들과 제물용 짐승을 살 수 있게 '이교도' 화폐를 유대 화폐로 교환해 주는 환전상들을 나무랐다. 그러고는 성전이 '강도의 소굴'로 전락했다고 했고(마르코 11:17), '사람의 손으로 지은 성전'의 파괴를 예언하기도 했다.(마르코 14:58) 사제들은 불안해했다. 성전은 유대인 공동체에서 사회, 경제적으로 중요한 역할을 할 뿐 아니라 사제들의 권력과 권위를 보장해 주는 장소였기 때문이다. 이런 성전을 '나의 집'이라고 부르는 이 예수라는 자는 대체 누구란 말

인가?(마르코 11:17)

　예수를 따르는 사람이 계속 많아지자 사제들은 더 불안해했다. 사제들은 성전에서 일어난 소동을 계기 삼아 예수의 설교 활동을 저지하기로 했을 가능성이 크다. 사제들의 적개심이 점점 더 커지고 있다는 것을 예수도 알았지만, 물러설 생각은 없었다. 체포를 피할 수 없으리라는 사실도 직감하고 있었다. 사복음서는 모두 어느 목요일에 예수가 가장 가까운 열두 제자를 불러 마지막 식사를 하는 장면을 다룬다. 식사 자리에는 엄숙한 분위기가 감돌았다. 예수는 스승으로서 유대 전통의 가부장 역할을 맡아 빵을 축성해 자르고, 포도주를 축성해 제자들에게 건네면서 예사롭지 않은 이야기를 했다. 「마르코의 복음서」, 「마태오의 복음서」, 「루가의 복음서」는 기독교와 예배 의식에 길이 남을 장면을 다음과 같이 기록한다. "예수께서 또 빵을 들어 감사 기도를 올리신 다음 그것을 떼어 제자들에게 주시며 '이것은 너희를 위하여 내어 주는 내 몸이다.' 하고 말씀하셨다. 음식을 나눈 뒤에 또 그와 같이 잔을 들어 '이것은 내 피로 맺는 새로운 계약의 잔이다. 나는 너희를 위하여 이 피를 흘리는 것이다'라고 하셨다."(마태오 26:26~27, 마르코 14:22~24, 루가 22:19~20) 바울로는 「고린토인들에게 보낸 첫째 편지」에서 이 의식 중에 예수가 했던 말을 이렇게 전한다. "'이것은 너희들을 위하여 주는 내 몸이니 나를 기억하여 이 예를 행하여라'

라고 하셨습니다. (...) 그러므로 여러분은 이 빵을 먹고 이 잔을 마실 때마다 주님의 죽음을 선포하고, 이것을 주님께서 다시 오실 때까지 하십시오."(고린토 11:24~26) 이 성만찬(聖晩餐)은 '주님의 만찬'을 의미하며, 2천여 년 동안 기독교 신앙의 핵심 의식으로 자리매김했다.

그 자리에서 예수는 여기 모인 사람들 가운데 한 명이 자신을 배신할 것이라고 말한다. 그러자 제자들은 저마다 "저는 아니겠지요?" 하고 묻는다. 유다도 똑같이 묻자 예수는 "그것은 네 말이다"라고 답했다. 식사가 끝나자 일동은 올리브산으로 올라갔다. 제자들이 스승 예수에게 충성을 다짐하자 예수가 베드로에게 "내 말을 잘 들어라. 오늘 밤 닭이 울기 전에 너는 세 번이나 나를 모른다고 할 것이다." 하고 말했다.(마태오 26:34) 그리고 예수는 제자들과 멀리 떨어진 곳에서 기도했다. 하지만 마음이 평온하지 않았다. '근심과 번민'에 휩싸인 채 땅에 엎드려 간절히 기도했다. "이 잔을 저에게서 거두어 주소서."(마태오 26:37~39) 그때 사제들과 보낸 경비병 무리가 몰려왔다. 유다도 예수에게 다가가 인사하며 입을 맞추었다. 무리에게 예수가 누구인지 알려 주기로 미리 약속한 신호였다. 예수는 체포되어 대제사장 가야파 앞으로 끌려갔다. 멀찍이서 예수를 뒤따라간 베드로는 경비병들 틈에 끼여 앉아 있었다. 예수의 재판에서 증인 노릇을 할 생각이었다.

졸속으로 끝난 이 심판은 사실 재판이라고 부르기는 어렵다. 종교, 행정, 사법의 절대적인 권한을 가진 유대 최고 법원 산헤드린에서 대사제 가야파는 예수에게 그가 구세주messiah라는 주장을 들어 물었다. "내가 살아 계신 하느님의 이름으로 명령하니 분명히 대답하여라. 그대가 과연 하느님의 아들 그리스도인가?" 예수가 대답했다. "그것은 너의 말이다." 가야파는 화가 치밀어 자기 옷을 찢으며 외쳤다. "이 사람이 하느님을 모독했소!" 그러자 자리에 모여 있던 사람들이 "사형에 처해야 합니다." 하고 아우성쳤다.(마태오 26:63~67) 그러나 사형을 선고하고 치안을 유지하는 권한을 가진 것은 로마가 파견한 총독뿐이었다.

날이 밝자 사제들과 원로들은 예수를 결박해 총독 빌라도에게 끌고 가서 넘겨주었다. 빌라도는 구세주라는 예수의 주장은 신경 쓰지 않았고, 오로지 정치적 지위에만 관심을 가졌다. "네가 유다인의 왕인가?" 단도직입적인 빌라도의 질문에 예수는 "그것은 네 말이다." 하며 시종일관 같은 답을 하고는 더 이상 아무 말도 하지 않았다. 빌라도는 사제들의 보복으로부터 예수를 구제해 보려고 했다. 명절이 되면 군중이 요구하는 대로 죄수 한 명을 풀어 주는 관례가 있었기 때문이다. 그래서 군중에게 "누구를 놓아주면 좋겠느냐? 바라바냐 아니면 그리스도라고 하는 예수냐?" 하고 물었다. 사제들의 선동에 넘어간 군중은 "바라바요"라고 외쳤다. 예수는 사형 중에서도 가장 가혹한 형을 선고받았다. 그것은 다름 아닌 선동적 정치범이나 탈출한 노예에게만 구형되는 십자가형이었다. 사형은 명절이 시작되기 전에 즉각 집행되었다. 그날은 안식일과 유월절(니산월 14일) 전날 금요일이었다. 천문학 자료를 활용한 계산법에 따르면 이 일련의 사건은 서기 30년이나 33년에 일어난 것으로 추정한다. 역사가들은 대부분 30년설을 지지한다.(24)

복음서의 내용대로라면 예수는 로마인에 의해 정치적인 이유로 사형 선고를 받은 것이 아니라 신성 모독죄로 사제들의 모함을 받아 처형된 것이다. 그렇게 판단하는 근거가 있다. 당시 로마는 민중을 선동하는 설교자들뿐 아니라 그 추종자들까지 탄압했다. 하지만 예수의 제자들은 이 일에 연루되어 빌라도의 심판을 받지 않았고 경비병에게 쫓기지도 않았으며, 예수가 죽은 후에도 스승을 기리며 결속을 유지할 수 있었기 때문이다. 요컨대, 물을 가져다가 군중 앞에서 손을 씻어 보이며 책임을 부인한 빌라도는 단지 산헤드린의 요청에 따르기 위해 사형을 내렸을 것이다.

이 대목에서 수 세기 동안 계속되어 온 기독교의 반유대주의를 짚고 넘어가고 싶다. 반유대주의자들은 유대인들이 모두 예수의 죽음에 책임이 있고, '신을 죽인 민족'이라는 잘못된 주장을 내세운다. 그러나 복음서에는 그런 내용이 전혀 언급되어 있지 않고 암시되어 있지도 않다. 예수의 사형을 바라던 이들은 당시 요직에 있던 사제들뿐이었다. 게다가 모든 사제가 모두 예수의 죽음을 바란 것은 아니다. 니고데모는 산헤드린에서 예수를 정죄하는 것은 부당하다고 반박했다. 당시 예루살렘의 유대인 사회는 예수의 제자나 예수에게 우호적인 사람들, 예수를 적대시하고 군중을 선동하는 소수의 종교 지도자, 그리고 이런 문제와는 무관한 대다수 민중, 이렇게 크게 세 부류였던 것으로 보인다. 예수의 죽음을 유대 민족 전체의 탓으로 돌리는 것은 그릇된 일반화다. 불행히도 이런 잘못된 해석은 기독교 역사를 난폭하고 과격한 박해로 얼룩지게 했고, 현대에 들어서도 반유대주의의 탄생에 적지 않은 영향을 미쳤다. 가톨릭교회는 제2차 바티칸 공의회(1962년)에서 미사 전례에서 비로소 성금요일 기도문을 삭제했다. 예수를 죽음으로 몰고 간 '믿을 수 없는 민족perfidis'의 개종을 기원하는 기도였기 때문이다.

빌라도가 내린 사형 선고에 따라 형을 집행한 것은 로마 병사들이었다. '유대인의 왕' 예수는 가시관을 쓰고 예루살렘 시내가 내려다보이는 언덕 골고다로 끌려갔다. 사람들은 예수를 야유하고 침을 뱉었다. 예수는 십자가에 못 박혔고 십자가 맨 위에는 '이 자는 유대의 왕 예수다'라는 죄목이 적혀 있었다. 강도 두 명이 예수의 함께 십자가형을 받았는데, 한 명은 예수의 오른편에, 다른 한 명은 왼편에 있었다. 예수는 장시간 신음하다 극심한 고통 속에서

숨을 거두었다. 예수는 그날 해가 저물 때, 안식일이 시작되기 전에 땅에 묻혔다. 그때 예수 나이는 서른다섯 혹은 서른여섯이었다.

죽음에 이르기까지 가르침에 전념하다

붓다는 평소 추구했던 존재론에 따라 극도로 평온하게 죽음을 맞았다. 소크라테스와 예수는 앞서 언급한 극적인 상황을 피할 수도 있었지만, 진리와 평소 신념에 따라 죽음을 거부하지 않았다.

소크라테스가 감옥에서 처형을 기다리는 동안, 소크라테스의 친구들은 탈출 계획을 세웠다. 크리톤이 탈출 계획을 주도했고 테베 출신 심미아스와 케베스를 비롯해 여러 부유한 지인들이 소크라테스가 여유 있게 망명 생활을 하도록 재정 지원을 맡기로 했다고 전한다. 크리톤은 소크라테스가 테살리아뿐 아니라 어디를 가든 환영을 받을 것이라고 단언했다.(크리톤 45) 하지만 이런 말로는 소크라테스의 마음을 도저히 바꿀 수가 없었다. 그래서 크리톤은 도덕적 측면을 강조해 설득을 시도한다. "소크라테스, 목숨을 구할 길이 있는데도 포기하는 것은 옳지 않은 행동일세." 그리고 아버지를 잃게 될 아들들을 생각해서라도 목숨을 포기하지 말라고 간청한다. "자네와 자네 친구인 우리에게도 수치스러운 일이라네. 우리가 안일하게 처신해서 자네에게 이런 일이 생겼다고 비난하는 사람이 있을지도 모르니까." 그리고 거듭 "깊이 고민할 시간은 이미 지났네. 내 말을 듣고 내가 하자는 대로 하게!"(크리톤 45) 그러나 소크라테스에게 중요한 것은 도망칠 수 있는지가 아니라 도망치는 것이 옳은지였다. 답을 찾기 위해 소크라테스는 평소 따르던 단 하나의 목소리, 다름 아닌 이성의 목소리에 호소했다. 그리고 '최선이라고 생각'하는 것이 아니면 따르지 않는다면서 크리톤과 '의무'를 주제로 심오한 대화를 나눈다.(크리톤 46) "나쁜 일이 생겼다고 해서 평생 일관되게 설파해 온 원칙을 버릴 수는 없다네."(크리톤 45) 세상 사람들이 무슨 말을 해도 상관없다는 것이다. 소크라테스는 몸이 아픈 사람을 예로 든다. 아픈 사람이 과연 주변 모든 이의 충고에 귀를 열어야 할까, 아니면 의사의 조언에 귀 기울여야 할까? "사람들의 비난과 칭찬이 아니라 의사의 질책을 걱정하고 칭찬은 반겨야 하겠지."(크리톤 47) 정신의 건강도 마찬가지다. 소크라테스는 "중요한 것은 사는 것이 아니라 잘 사는 것이다"라면서 정의의 원칙에 따라 살아야 한다고 역설했다.(크리톤 48) 그러나 탈출이나 망명은 소크라테스가 누구보다 사랑했던 아테네의 정의인 법을 어기는 일이다. 소크라테스는 한 치도 물러서지 않았다. "국가가 명하는 바를 따르거나 법이 허용하는 수단으로 국가를 설득해야 하네."(크리톤 51) 따라서 도망을 택하면 자신이 뒤집어쓴 혐의에 신빙성을 부여하게 된다고 했다. 법을 어기는 자는 젊은이나 약자들을 타락시키는 자로 여겨지기 때문이다. 소크라테스는 자신이 아니토스와 멜레토스가 꾸민 음모와 불의에 희생되었다는 사실을 알았다. 소크라테스는 재판 직후에 "이들은 나를 사형에 처할 수는 있지만 나를 꺾을 수는 없습니다"라고 말했다.(소크라테스의 변론 30c) 아테네의 법을 따르겠다는 소크라테스의 결의는 흔들리지 않았다.

파이돈은 소크라테스가 생애 마지막 날에 자신의 믿음과 종교적 경험에 따라 "때로는 삶보다 죽음이 낫다"(파이돈 62)라고 했으며, "행복해 보였다"라고 회고했다. "저승에 가서 지혜롭고 선한 다른 신들, 그리고 이승 사람들보다 나은 사람들을 만날 수 있다는 믿음이 없다면 죽음을 슬퍼해야 마땅하겠지. 하지만 나는 저승에서 좋은 사람들을 만날 수 있다는 희망이 있다네. 이 희망이 이루어지리라고는 단언할 수 없지만, 저승에 선한 신들이 있다는 것만은 장담할 수 있다네."(파이돈 63b~c) 그리고 소크라테스는 늘 표명해 온 신념을 다시 말한다. "철학에 매진하고 전념한 사람은 죽음 외에는 아무것에도 관심이 없다네."(파이돈 64a) 사형 판결이 났을 때 소크라테스는 이렇게 말했다. "이제는 헤어질 시간입니다. 나는 죽으러, 여러분은 살러 갈 것입니다. 그러나 삶과 죽음 중 어느 쪽이 더 나을지 아는 것은 신뿐입니다."(소크라테스의 변론 42a)

예수가 제자들과 함께 예루살렘에 갔을 때, 사제들의 적대감은

극에 달했다. 예수는 영문을 알 수 없는 이야기를 세 번이나 했다. "우리는 지금 예루살렘으로 올라가고 있다. 거기에서 사람의 아들은 대사제들과 율법학자들의 손에 넘어가 사형 선고를 받을 것이다. 그리고 이방인들의 손에 넘어가 조롱과 채찍질을 당하며 십자가에 달려 죽었다가 사흘 만에 다시 살아나게 될 것이다."(마태오 20:17~19) 복음사가들은 한 가지 중요한 사실을 강조한다. 예수가 죽음이 임박했음을 알았고, 죽음을 초연하게 받아들였다는 점이다. 하지만 제자들은 예수의 죽음을 받아들이지 못했다. 베드로는 예수를 붙들고 이렇게 부인했다. "주님, 안 됩니다. 결코 그런 일이 있어서는 안 됩니다." 그러자 예수는 훗날 가톨릭교회의 초대 교황이 되는 베드로를 이렇게 꾸짖었다. "사탄아, 물러가라. 너는 나에게 장애물이다. 너는 하느님의 일을 생각하지 않고 사람의 일만을 생각하는구나!"(마태오 16:22~23) 베드로는 예수를 세 번 부정하게 되지만, 스승의 체포를 막으려고 칼을 뽑아 들고 대사제가 보낸 경비병을 공격해 상처를 입히기도 했다. 그러자 예수는 베드로에게 "네 칼을 도로 칼집에 꽂아라. 아버지께서 내게 주신 고난의 잔을 내가 마시지 않겠느냐?"라고 말했다.(요한 18:11)

일전에 필자의 다른 저작에도 언급했지만, '고난의 잔', 즉 십자가형은 고난과 희생을 강조하는 일부 종파의 관행과는 상관이 없다. 따라서 예수의 죽음을 아버지의 노여움을 가라앉히기 위해 하느님의 아들 예수가 치른 희생으로 해석해서는 안 된다.(25) 그런 해석은 그리스도의 어떤 가르침과도 맞지 않고, 사랑의 하느님에 관한 계시에도 모순된다. 당시 고위 사제들은 예수의 가르침을 묵인하지 않았고, 예수는 자신의 가르침을 몸소 실천하기 위해 죽음을 받아들였다. 예수는 침묵하고 예루살렘을 떠나거나 자신의 가르침을 부정하지 않는 이상, 끝까지 믿음과 뜻을 관철해 대가를 치를 수밖에 없었다. 복음서를 주의 깊게 읽어 보면 다음과 같은 사실을 알 수 있다. 예수는 하느님이 내린 고난 때문에 죽은 것이 아니다. 예수가 죽은 것은 변함없는 사랑으로 이른바 '아버지의 뜻'을 따랐기 때문이다. 예수는 자신이 세상에 선포한 진리를 증명하고자 했다. 그런 까닭에, 소크라테스와 마찬가지로, 예수가 세상을 떠난 지 2천여 년이 지난 지금도 그가 남긴 가르침이 진리로 받아들여지고 마음에 생생히 와닿는 것이다.

마지막 말

붓다는 의식을 잃고 반열반에 들어가기 직전에 주위에 모인 수행자들에게 말했다. "이제 마지막 말을 전하겠다." 그리고 말을 이었다. "잘 듣고 숙고해라. 만들어지고 조건 지어진 현상의 모든 존재는 결국 사라져 소멸한다. 올바르게 정진하여라."(대반열반경 6,

8) 이 마지막 가르침은 붓다가 녹야원에서 다섯 명의 제자에게 설법한 이후 45년간 계속된 가르침을 요약한 것이다. 마지막 숨결과 함께 전한 이 말에는 붓다가 걸어온 길의 정수가 담겨 있다. "모든 것은 소멸하니 무엇에도 집착하지 말라." 그렇게 하면 고통은 사라진다는 것이다. 이 말에 앞서 붓다는 아난다에게 승가 전체를 위한 최후의 당부를 전했다. "이렇게 말하는 사람이 있을지도 모른다. '스승의 말씀은 이제 존재하지 않는구나. 우리에겐 이제 스승이 없구나.' 하지만 그렇게 생각해서는 안 된다. 나는 설할 수 있는 법(法)dharma을 아낌없이 모두 전했다. 내가 떠난 후에는 법이 너희의 스승이 될 것이다."(대반열반경 6, 1)

소크라테스의 마지막 말은 수수께끼 같기로 유명해서 많은 해석을 낳았다. 소크라테스가 독배를 들려 하자 친구들과 제자들은 몹시 슬퍼했고, 소크라테스는 이들을 나무란다. "이런 모습을 안 보려고 여자들을 돌려보냈거늘. 자고로 죽음을 맞을 때는 덕담이 오가야 한다고 했네."(파이돈 117d~e) 소크라테스는 이렇게 말한 뒤 등을 기대고 누워 얼굴을 천으로 가렸다. 팔다리가 점점 차가워졌다. 그런데 갑자기 손을 얼굴로 가져가 천을 들어 올리더니 크리톤에게 말했다. "크리톤, 우리는 아스클레피오스에게 수탉 한 마리를 빚지고 있네. 잊지 말고 빚을 꼭 갚도록 하게." 크리톤은 다소 당황했지만 소크라테스를 안심시켰다. "그렇게 하겠네." 그리고 이렇게 물었다. "우리에게 할 말은 더 없나?"(파이돈 118a) 하지만 너무 늦었다. 소크라테스가 이미 숨을 거둔 후였다.

이 마지막 말은 소크라테스식 반어법이었을까? 아스클레피오스는 고대 그리스의 의술의 신이다. 당시에는 관례에 따라 병의 치유를 기원하면서 제물을 바쳤다. 병이 나았을 때도 감사의 표시로 제물을 바쳤다. 죽음이 눈앞에 닥친 순간에 제물을 걱정하는 소크라테스의 모습은 자못 실소를 자아내기도 한다. 앞서 언급한 소크라테스식 대화에 비춰 볼 때, 생애 마지막 순간도 아이러니로 마무리했을 것이라는 가설은 일견 그럴듯해 보인다. 하지만 필자는 그렇게 생각하지 않는다. 정작 본인은 부인했지만 소크라테스로부터 지대한 영향을 받은 것으로 보이는 니체는 소크라테스의 마지막 말에 관심을 가졌다. 니체는 삶에 지친 소크라테스가 삶은 질병이며 죽음은 해방, 즉 치유라고 여겼기 때문에 이런 말을 남겼다고 해석했다. 죽음과 영혼의 불멸에 관해 소크라테스가 했던 여러 가지 말을 되짚어 보면, '제물'은 '육신의 삶'을 치유해 준 신에 대한 감사의 표시라는 니체의 가설이 타당해 보인다. 그렇다면 소크라테스는 크리톤에게 신에 대한 감사를 잊지 말라고 부탁한 셈이다. 게다가 플라톤의 『소크라테스의 변론』에서 소크라테스는 죽음은 '좋은 것'이며 혼이 이승에서 저승으로 옮겨 가는 것이라고 단언하고는(소크라테스의 변론 40c), 자신에게 사형을 내린 배심원들을 향해 유달리 차분하고 밝은 어조로 덧붙였다. "나는 이제 죽어서 삶의 근심에서 해방되는 것이 더 낫다고 확신하게 되었습니다."(소크라테스의 변론 41d)

그리스도가 십자가에 못 박혀 남긴 마지막 일곱 가지 말은 영적으로, 그리고 신학적으로 수많은 해석을 낳았다. 그뿐만 아니라 수세기에 걸쳐 요제프 하이든, 샤를 구노, 올리비에 메시앙, 하인리히 쉬츠 등의 위대한 서양 작곡가들에게도 영감을 주었다. 십자가에 못 박혀 긴 고난을 겪으며 했던 일곱 가지 말은 참으로 깊은 감동을 주며 예수의 가르침의 본질을 정확히 보여 주기도 한다.

예수가 첫 번째 말을 한 것은 십자가에 못 박힌 직후였다. 군중의 조롱과 야유를 받아 예수는 완전히 지쳤고, 죽음은 불가피했다. 예수는 하느님을 '아버지'라고 부르며 말했다. 이번에는 간청하지 않고, 자기 자신이 아닌 다른 사람들, 자신을 죽음에 이르게 한 이들을 위한 기도를 한다. "아버지, 저 사람들을 용서하여 주십시오! 그들은 자기가 하는 일을 모르고 있습니다."(루가 23:34) 예수는 자신이 맹목적인 증오에 희생되었음에도 용서만큼 중요한 덕목이 없다는 점을 강하게 피력하며, 소크라테스의 가르침처럼 무지가 모든 악의 근원임을 일깨워 주었던 것이다. 이어서 예수는 양옆의 십자가에 못 박힌 두 죄수에게 고개를 돌렸다. 그중 한 명은 예수를 모욕하면서 "당신은 그리스도가 아니오? 한번 당신도 살리고 우리도 살려 보시오!"라고 말했다. 그러자 다른 죄수가 "우리는 이런 벌을 받아 마땅하지만, 저분이야 무슨 잘못이 있단 말이냐?"하고 꾸짖고는 예수를 향해 "예수님, 예수님께서 왕이 되어 오실 때 저를 꼭 기억하여 주십시오"라고 간청했다. 그러자 예수는 "오늘 네가 정녕 나와 함께 낙원에 들어갈 것이다"라고 답했다.(루가 23:39~43) 그 죄수는 기독교 역사 최초의 '성인'이자 예수가 직접 성인품에 올린 유일한 사람인 셈이다. 그러나 그 죄수는 독실한 신자도, 오래도록 덕을 쌓은 사람도, 평생을 하느님에게 헌신하며 금욕적인 삶을 산 수도사도 아니었다. 범죄를 저질러 십자가형을 받은 강도였다. 하지만 회개하고 정의를 인정했으며, 그리스도와 그의 관대함을 믿었다. 예수가 가르침을 통해 늘 강조했듯이, 구원에 이르는 길은 종교 계율과 덕목이 아니라 믿음과 사랑이다.

예수는 세 번째 말을 어머니에게 건넸다. 예수의 어머니 마리아는 늘 아들 곁을 지켰고, 형장에서는 슬픔을 깨물어 삼키면서도 십자가 발치를 떠나지 않았다. 마리아 옆에는 그녀의 자매와 막달라 마리아, 그리고 예수와 가장 가깝고도 가장 어린 제자 요한이 있었다. 예수는 아끼는 제자 요한을 가리키며 "그가 어머니의 아들입니다"라고 했고, 요한에게는 "보라, 네 어머니시다"라고 말했다. 요한은 이 이야기를 복음서에 전하면서 "이때부터 그 제자가 예수님의 어머니를 자기 집에 모셨다"라고 기록했다.(요한 19:26~27) 이처럼 예수는 죽어가는 와중에도 어머니와 가장 가까운 제자의 앞날을 걱정했고, 자신의 고통보다는 자신을 사랑하는 이들의 고통을 더 염려했다.

예수는 그다음에야 비로소 자기 자신과 자신에게 주어진 운명을 생각했다. 예수는 큰소리로 아버지를 부르며 "엘로이, 엘로이, 레마 사박타니?(Élôï, Élôï, lema sabachthani)" 하고 부르짖었다. 이 말은 "나의 하느님, 나의 하느님, 어찌하여 나를 버리셨나이까?"라는 뜻이며(마르코 15:34), 예수의 고통과 하느님으로부터 버림받은 심정을 드러낸다. 예수의 수난에서 신성을 강조하는 후세의 일부 해석대로, 예수는 육신이나 정신적 고통을 겪지는 않은 듯하다. 반대로, 복음서에서 예수는 가장 심한 고통이라 할 법한 '하느님께 버림받은 심정'이었다고 말한다. 이런 말은 『구약성경』의 「시편」 22장 서두에도 나온다. 해당 구절은 예수 탄생 수 세기 전에 글로 기록된 다윗의 긴 기도문으로, 손과 발에 못이 박히는 고통과 병사들이 예수의 옷을 가져가는 상황 등, 마치 예수의 고난을 예고하는 듯한 내용이 묘사되어 있다. 그중 한 구절은 다음과 같다. "나는 사람도 아닌 구더기, 세상에서 천더기, 사람들의 조롱거리, 사람마다 나를 보고 비쭉거리고 머리를 흔들며 빈정댑니다. '야훼를 믿었으니 구해 주겠지. 마음에 들었으니, 건져 주시겠지.' 당신은 나를 모태에서 나게 하시고, 어머니 젖가슴에 안겨주신 분, 날 때부터 이 몸은 당신께 맡겨진 몸, 당신은 모태에서부터 나의 하느님이시오 니 멀리하지 마옵소서. 어려움이 닥쳤는데 도와줄 자 없사옵니다. 황소들이 떼 지어 에워쌌습니다. 바산의 들소들이 에워쌌습니다. 으르렁대며 찢어발기는 사자들처럼 입을 벌리고 달려듭니다. 물이 잦아들듯 맥이 빠지고 뼈 마디마디 어그러지고, 가슴 속 염통도 촛 물처럼 녹았습니다. 깨진 옹기 조각처럼 목이 타오르고 혀는 입천 장에 달라붙었습니다. 개들이 떼 지어 나를 에워싸고 악당들이 무 리 지어 돌아갑니다. 손과 발이 마구 찔려 죽음의 먼지 속에 던져 진 이 몸은 뼈 마디마디 드러나 셀 수 있는데, 원수들은 이 몸을 노 려보고 내려다보며 겉옷은 저희끼리 나눠 가지고 속옷을 놓고서는 제비를 뽑습니다. 야훼여, 모르는 체 마소서. 나의 힘이여, 빨리 도 와주소서."(시편 22:7~20) 「요한의 복음서」에는 예수가 십자가에서 한 다섯 번째 말이 기록되어 있다. 완벽히 일치하지는 않지만 「시 편」의 "혀는 입천장에 달라붙었습니다"라는 구절을 떠올리게 한 다. 예수는 이렇게 말했다. "목이 마르다."(요한 19:28) 단순히 물이 마시고 싶다는 뜻이었을까? 사마리아 여인에게도 물을 달라고 했 던 것처럼(요한 4:10) 예수는 더 깊은 갈증, 즉 하느님의 사랑을 갈 구하는 영혼의 갈증을 암시했을지도 모른다.

요한은 예수가 경비병들이 해면에 적셔서 내민 신 포도주를 맛 본 다음 "이제 다 이루었다"라고 하고는 "고개를 떨어뜨리시며 숨을 거두셨다"라며 예수의 죽음을 전한다. 루가는 예수가 모든 것을 하느님의 뜻에 맡기고자 "아버지, 제 영혼을 아버지 손에 맡깁니다!"라고 외치고 숨을 거뒀다고 전한다.(루가 23:46)

예수는 부활했는가

붓다나 소크라테스처럼 예수도 죽음으로 끝을 맺었다면 어땠을까? 아마 제자들은 예수의 죽음을 몹시 슬퍼하고, 묵묵히 예수의 가르침을 세상에 전했을 것이다. 하지만 가장 오래전에 기록된 여러 기독교 문헌(바울로의 서한인 「로마서」, 「사도행전」, 「복음서」)에 따르면 예수는 죽음으로 끝을 맺지 않았다. 이들 문헌에는 예상치 못했던 사건이 기록되어 있다. 희망을 걸었던 스승의 비극적인 최후로 망연자실해 있던 제자들이 매우 놀라 저마다 제 눈을 의심한 사건이다.

유월절 전날에 예수는 예루살렘에서 십자가형으로 죽음을 맞고 바로 땅에 묻혔다. 예수를 따르던 막달라 마리아, 요안나, 야고보의 어머니 마리아를 비롯한 여러 여인은 시신에 향유를 바르는 의식을 이튿날인 안식일 바로 다음 날로 미뤘다. 그런데 일요일 새벽에 다시 무덤을 찾았을 때 예수의 유해는 사라지고 없었다. 제자들에게 달려가 이 사실을 알렸지만, 그 말을 "믿지 않았다." 베드로가 무덤을 보러 갔다가 "어떻게 된 일인가 하고 이상히 여기면서" 돌아왔다.(루가 24:10~12) 대사제들은 경비병들이 지키고 있는데도 밤중에 누군가 시신을 훔쳐 갔다고 주장했다.(마태오 28:12~13)

그날 낮에 제자들 앞에 예수가 나타났다. 처음에는 막달라 마리아 앞에, 그다음에는 사도들 앞에 나타났다. 예수가 익히 예언했던 대로 사흘 만에 죽은 자들 가운데서 살아났다는 소문이 삽시간에 퍼져 나갔다.

문헌에는 걷고, 먹고, 말하고, 믿지 못하는 제자들에게 상처를 보여 주는 '육신을 지닌 예수'에 관한 이야기와, 닫힌 문을 통과해 제자들이 모여 있는 곳에 기적처럼 나타난 '초인적인 존재'로서의 예수에 관한 이야기가 모두 기록되어 있다. 처음에는 아무도 예수를 알아보지 못했고 막달라 마리아도 처음에는 정원사라고 생각했다. 엠마오에 있던 제자들은 예수가 빵을 나눠 줄 때까지 스승을 알아보지 못했다. 제자들은 이후 40일 동안 예수가 다양한 모습으로 부활했다고 주장했다. 「사도행전」에 따르면 부활한 예수는 하늘로 올라가 전에 이런 말을 남겼다. "성령이 너희에게 오시면 너희는 힘을 받아 예루살렘과 온 유다와 사마리아뿐만 아니라 땅끝에 이르기까지 어디에서나 나의 증인이 될 것이다."(사도행전 1:8) 마태오는 예수가 제자들에게 맡긴 사명을 언급한다. "나는 하늘과 땅의 모든 권한을 받았다. 그러므로 너희는 가서 이 세상 모든 사람을 내 제자로 삼아 아버지와 아들과 성령의 이름으로 그들에게 세례를 베풀고 내가 너희에게 명한 모든 것을 지키도록 가르쳐라. 내가 세상 끝날 때까지 항상 너희와 함께 있겠다."(마태오 28:18~20)

예수의 부활은 기독교 신앙의 핵심이자 중요한 근간으로 꼽힌다. 역사가들은 이 불가사의의 진위를 가리지 못하며, 오직 세 가지 내용에 주목할 뿐이다. 첫째, 모든 고대 기독교 문헌은 예수의 부활을 언급하고 있다는 점, 둘째, 초기 기독교인에게는 이 문제가 전혀 논쟁거리가 아니었다는 점이다. 진실이든 아니든 모두가 예수의 부활을 굳게 믿었으며, 제자들은 그런 확신으로 예수에 관한 기억과 그의 가르침을 열성적으로 전파했다. 그렇지 않았다면 그 시대의 수많은 유대 분파처럼 예수의 제자들 역시 십자가형이라는 비극적 사건 이후에 뿔뿔이 흩어져 세상에 아무런 흔적도 남기지 않았을 것이다. 셋째, 예수는 제자들이 부활을 목격한 유일한 영적 스승이자 현자며, 종교의 창시자로 꼽힌다는 점이다. 조로아스터, 모세, 붓다, 공자, 피타고라스, 소크라테스, 마니, 무함마드의 추종자들은 스승의 부활을 주장하지 않았다. 고대 이집트의 신 오시리스가 죽음에서 부활했다는 내용의 신화는 있지만, 역사에 실존했고, 육신을 지닌 영적 스승의 부활이 입증된 적은 없다. 『구약성경』에는 '하느님이 데려가신' 에녹과 엘리야가 나온다. 하지 이 두 인물이 실존 인물이 아닐 수도 있다는 점은 차치하더라도, 이들이 죽어서 부활했다는 언급은 찾아볼 수 없다. 역사가들은 세 가지 가설을 제시한다. 예수의 제자들이 거짓말을 했을 가능성, 망상이나 집단 환각을 겪었을 가능성, 제자들이 진실을 말했으며 예수가 죽은 자들 가운데서 살아난 것을 정말로 목격했을 가능성이다. 세 번째 가설은 인간의 이성에 비추어 생각하면 그저 불가사의라고밖에 말할 수 없다.

자기 평가

지금까지 세 사람의 생애를 번갈아 살펴봤다. 그런데 두 가지 중요한 의문이 남는다. 초기 기록에서 붓다, 소크라테스, 예수는 자기 자신을 어떻게 평가했는가? 그리고 후대의 기록에서는 이들을 어떻게 묘사했는가? 이 두 가지 의문은 특히 붓다와 예수와 관련이 깊다. 붓다와 예수라는 인물을 중심으로 형성된 불교와 기독교는 두 인물의 초인적인 면을 늘 강조했기 때문이다. 하지만 한 번도 신격화되거나 종교적 숭배 대상이 된 적이 없는 소크라테스의 인물상도 여러 세기가 지나면서 크게 달라졌다. 우선 첫 번째 의문점부터 짚어 보자. 세 사람은 자기 자신을 과연 어떻게 평가했을까?

신탁받은 무지자, 소크라테스

　앞에서 보았듯이 소크라테스는 아테네의 여러 광장을 다니며 "크든 작든 아무런 지혜가 없다"라며 자신을 낮춰 말하기를 좋아했고, "내가 아는 유일한 것은 나는 아무것도 모른다는 사실입니다"라는 말을 되풀이했다.(소크라테스의 변론 21d) 그런데 소크라테스는 정말로 자신이 무지하다고 생각했을까?

　잘 살펴보면 알 수 있지만 소크라테스는 자신의 진가를 잘 알았다. 그러면 왜 아무런 지식이 없다고 말했을까? 『고르기아스』에서 소크라테스는 긴 대화 끝에 폴로스가 "정의에 관한 소크라테스의 주장을 논박하기 어렵겠다"라고 하자 소크라테스는 이렇게 딱잘라 말한다. "어려운 게 아니야, 폴로스. 불가능하지. 진실한 것은 논박할 수 없는 법이니까."(고르기아스 473b) 공개적으로는 소크라테스는 산파 역할을 하면서 지혜를 낳게 하는 산파술을 쓴다고 말했다. 그리고 플라톤의 『테아이테토스』에서 산파는 육신을 낳을 수 있게 하지만, '신과 소크라테스 자신'은 지혜를 낳게 해주기 때문에 산파 역할보다 자신의 역할이 우월하다고 말한다.(테아이테토스 150d)

　이 점은 사실 소크라테스의 수수께끼다. 자신은 이치와 지각만을 따른다고 말하면서도 신이 자신에게 사명을 내렸다고 확신했던 것이다. "신은 나 자신과 타인을 탐구하며 철학자의 삶을 살도록 하셨습니다."(소크라테스의 변론 28e) 구체적으로 어떤 신인지는 밝히지 않았지만, 소크라테스는 재판 중에 자신은 오로지 이 신의 의지에 따라 행동한다고 말했다. "앞서 말했듯이, 나는 신의 명령대로만 행동합니다. 신은 나에게 신탁과 꿈에서의 목소리뿐 아니라 이제껏 인간에게 뜻을 전할 때 한 번도 시도한 적 없는 온갖 방식으로 명령을 내렸습니다."(소크라테스의 변론 33c) 게다가 자신의 가르침의 결과도 오로지 신의 뜻에 달려 있다고도 주장한다. "나와 대화를 나눈 사람들 가운데 일부는 처음에는 아무것도 모르는 것처럼 보였지만, 대화를 거듭할수록 신이 허락하신 자들은 모두 자신이 보기에나 남이 보기에나 굉장한 발전을 이뤘네."(테아이테토스 150d) 그런데도 소크라테스는 결국 사형을 선고받지 않았던가? 그는 배심원들 앞에서 자신이 신이 보낸 마지막 인간은 아마 아닐 것이라고 꼬집어 말한다. "여러분은 아무런 가책도 없이 나를 죽이게 될 것입니다. 신께서 여러분을 염려하여 나를 대신할 누군가를 보내 주시지 않는 한, 여러분은 영원히 잠에서 깨어나지 못할 것입니다."(소크라테스의 변론 31a)

소크라테스의 사회적 지위는 어땠을까? 그는 자신이 철학자라고 자부했다. "숨을 쉬고 힘이 남아 있는 한, 나는 지혜를 추구할 것이며, 여러분에게 조언하는 일도, 내가 만나는 모든 사람과 평소

처럼 대화하는 일도 멈추지 않을 것입니다."(소크라테스의 변론 29d)
하지만 주저 없이 자신이 누군가의 스승이라고 말하지는 않는다.
"한 번도 누군가의 스승이 되어 본 적이 없습니다. 하지만 노소를
막론하고, 나와 대화하고 싶어 하거나 내가 사명을 실천하는 방법
을 궁금해하는 사람의 요청을 거절한 적도 없습니다."(소크라테스
의 변론 33a) 소크라테스는 자신을 '신탁의 해석자'로 여겼으며, 아
테네 시민들이 '지혜롭지 않다'라는 것을 알게 해주는 것이 자신의
임무라고 생각했다. 신탁을 해석하는 소크라테스는 평범한 인간이
었을까? 재판 중에 소크라테스는 다음과 같이 설명했다. "나는 여
러 해 동안 내 일은 돌보지 않은 채, 아버지나 형처럼 여러분 한 사
람 한 사람을 대하며 덕에 관심을 기울이라고 조언했습니다. 평범
한 인간이 이렇게 행동할 수 있을까요?"(소크라테스의 변론 31a~b)

소크라테스는 자신이 평범한 인간이지만 신의 명을 받았다고
생각했는데, 그 사명은 초인적인 성격을 띤다. 소크라테스는 무엇
보다도 자신이 아테네 시민임을 자부한다. 잠시도 아테네를 떠날
수 없을 정도로 조국을 사랑했던 소크라테스는 자신이 아테네를
위해 모든 것을 헌신하는 둘도 없는 시민이라고 생각했다. 크세노
폰의 저서에서 안티폰은 소크라테스에게 이렇게 묻는다. "집회장
에 나타나지도 않고, 정치적인 일에도 전혀 관여하지 않으면서 어
떻게 자신이 정치에 제대로 참여하는 유일한 아테네 시민이라고

말합니까?" 그러자 소크라테스가 자랑스럽게 말했다. "지도자가 될 유능한 인재를 양성하기 때문입니다."(소크라테스 회상 1, 6, 15)

깨달음을 얻은 자, 붓다

초기 불교 경전에 따르면 싯다르타는 깨달음을 얻은 후 새로 도달한 경지에 아무런 의심을 하지 않았던 것으로 보인다. 그는 붓다이며, 과거의 붓다와 미래의 붓다 가운데 하나일 뿐이다. 붓다는 신이 아니지만, 깨달음을 얻어 윤회에서 벗어났다는 점에서는 신들을 초월한 존재다. 불교에서는 신들도 윤회의 굴레를 벗어나지 못하기 때문이다. 신들은 더 높은 차원의 세계에 살면서 전생에서 쌓은 공덕으로 인간보다 더 뛰어난 능력을 갖추고 속박 없는 삶을 살지만, 인간으로 환생해야만 언젠가 생명의 영적 진보의 궁극적인 단계인 깨달음에 이를 수 있는 것이다.

붓다란 정확히 무엇인가? 붓다bouddha라는 말은 '깨닫는다'라는 뜻의 산스크리트어 '부드budh'에서 유래했다. 따라서 붓다는 윤회에서 벗어나 순수한 지혜인 보리(菩提)bodhi, 즉 깨달음, 이해, 심오한 지식에 도달한 사람을 뜻한다. 완전히 깨어난 존재인 붓다는 깨달음을 얻어 궁극적인 '붓다의 본질'을 알게 되었다. 다시 말해, 윤회에서 해방되어 고통을 초월한 완전한 자유의 경지인 열반에 이른 것이다.

심오한 내면세계의 변화를 경험한 붓다는 새로운 경지를 자각했다. 하지만 깨달음을 얻은 붓다는 초월적 존재로 여겨지거나 숭배의 대상이 되는 것을 거부했다. 평생 자신의 가르침은 경험에서 나온 것이며, 오직 경험을 통해서만 윤회에서 벗어날 수 있었다고 거듭 설명했다. '갈애의 부숨에 관한 큰 경'에서, 붓다는 명상을 통해 마음을 정화해야만 새로운 존재로 발전할 수 있다고 말한다.(맛지마 니카야 38) 다시 말해 깨달음을 얻으려면 제자들은 붓다가 걸었던 길을 그대로 따라가기만 하면 된다. 이 길은 붓다가 만들어낸 것이 아니라 "아주 먼 옛날에 사람들이 답파한 아주 오래된 길"이다. 과거의 붓다는 사람들에게 이 길을 가르쳤다. 하지만 훗날 완전히 잊히고 말았다.(상윳타 니카야 12, 65) 그 길에는 초월적인 존재의 개입은 전혀 필요하지 않다.

불교 경전에 따르면 붓다는 개인숭배를 일절 금했다. 하지만 한 가지 의외로운 일화가 전해진다. 첫 설법 며칠 전, 승가가 아직 형성되지 않았을 때, 양곤에서 온 상인 형제 타푸사와 발리카는 나무 아래에 앉아 있는 붓다를 만났다. 두 사람은 지극히 높은 지혜의 경지에 이른 붓다의 모습을 보자마자 깊은 인상을 받았다. 형제는 붓다와 이야기를 나눈 뒤 최초의 재가 수행자가 되었다고 전해진다. 이들은 여정 도중에 잠시 휴식을 취할 때 붓다에게 이렇게 물었다. "집으로 가서 어느 때나 경배를 올릴 수 있도록 징표로 머리카락 몇 가닥을 주실 수 있을지요?" 붓다는 머리카락 여덟 가닥을 건넸다. 이 유물은 오늘날 미얀마 양곤에 있는 장엄한 슈웨다곤 파고다에 보관되어 있다. 이 거대한 탑은 전체가 금판으로 뒤덮여 있고, 머리카락이 봉안된 사리탑의 둥근 황금 지붕에는 4,350개의 다이아몬드와 76캐럿의 커다란 에메랄드가 세공되어 있다. 미얀마의 정치 상황이 허락하는 시기에는 전 세계의 불교도와 다양한 불교 종파가 몰려들어 '성스러운 유물'을 경배한다. 상좌부 불교 경전에서 강조되는 붓다의 말은 이 일화만큼이나 놀랍다. 「상윳타 니카야」에서는 붓다의 설법을 이렇게 전한다. "여래(如來, 붓다)를 보면 법(法)을 보고, 법을 보면 여래를 본 것이다." 붓다는 자기 자신과 불도(佛道)를 동일시함으로써, 다른 존재와는 다른 특별하고도 전 우주적인 권세가 있음을 암시한 것은 아닐까? 이 부분에 관해서는 불교 내에서 여전히 의견이 엇갈린다. 이 말은 토마의 질문에 예수가 내놓은 답을 연상하게 한다. "주님, 저희는 주님이 어디로 가시는지도 모르는데 어떻게 그 길을 알겠습니까?" 예수는 이렇게 대답했다. "나는 길이요 진리요 생명이다. 나를 거치지 않고서는 아무도 아버지께 갈 수 없다. 너희가 나를 알았으니 나의 아버지도 알게 될 것이다. 이제부터 너희는 그분을 알게 되었다. 아니 이미 뵈었다."(요한 14:6~7)

사람의 아들, 예수

사복음서에서 예수가 자기 자신에 관해 언급한 내용에는 다양한 정체성이 반영되어 있다. 제자들은 "여러 촌락으로 두루 다니시며 가르치는" 예수를 스승으로 삼고, 존경을 담아 '랍비rabbi(스승)'이라고 불렀다.(26) 예수는 이 칭호를 전적으로 수용했을 뿐 아니라 "너희의 스승은 오직 나 하나"라고 분명히 밝혔다. 예수는 예언이라는 개념이 언급된 성경에 따라 자기 자신을 '예언자'라고 지칭하기도 했다. 예언자란 이스라엘 백성에게 하느님의 말을 전하고, 그들을 가르치고, 바른길로 인도하는 하느님의 사람이다. 예수가 나사렛으로 돌아갔을 때 사람들은 그를 믿으려 하지 않았다. 그들에게 예수는 이렇게 말했다. "어디서나 존경받는 예언자라도 자기 고향과 친척과 집안에서만은 존경받지 못한다."(마르코 6:4) 나중에 바리사이파 사람들이 헤로데가 그를 죽이려고 한다고 경고했을 때, 예수는 "예언자가 예루살렘 아닌 다른 곳에서야 죽을 수 있겠느냐?"라며 길을 계속 가야 한다고 말했다.(루가 13:33) 예루살렘에 대해서는 이렇게 말했다. "예루살렘아! 예루살렘아! 너는 예언자들을 죽이고 하느님께서 보내신 사람들을 돌로 치는구나! 암탉이 병아리를 날개 아래 모으듯이 내가 몇 번이나 네 자녀들을 모으려 했던가! 그러나 너는 응하지 않았다."(루가 13:34)

예수는 유대인들에게 랍비나 예언가보다 더 중요한 칭호를 자처했다. 바로 '메시아'다. 예수가 메시아임을 간파한 것은 예수에게 쫓겨난 악귀들이었다. 「루가의 복음서」에는 다음과 같은 일화가 기록되어 있다. "그러나 예수께서는 그들을 꾸짖으시며 아무 말도 하지 못하게 하셨다. 악마들은 예수가 그리스도라는 것을 알고 있었기 때문이다."(루가 4:41) 그리스도는 그리스어 크리스토스 Χριστός에서 유래했는데, 이 말은 기름 부음을 받은 자, 즉 축성된 영도자라는 뜻의 히브리어 '마샤흐(מָשִׁיחַ)Mashia'h'를 그리스어로 옮긴 것이다.

　　『구약성경』에서 메시아는 다윗의 후손으로, 온 세상에 평화와 행복의 시대를 열어 주는 사람으로 그려진다. 예수가 살던 시대에는 메시아가 나타나 로마의 점령에서 이스라엘을 해방해 줄 것이라는 희망이 있었기 때문에 메시아에 대한 열망과 기대가 매우 컸다. 예수는 아주 가까운 제자들 앞에서 자신이 메시아라고 말했다. 가이사리아에서 어느 날, 예수가 제자들에게 물었다. "사람들이 나를 누구라고 하더냐?" 베드로는 예언자들의 이름을 언급하며 "대개는 세례자 요한이라고 합니다마는 엘리야(이스라엘 왕국 초기의 예언자)라고 하는 사람들도 있고 옛 예언자 중의 하나가 다시 살아났다고 하는 사람들도 있습니다." 하고 대답했다. 예수가 다시 물었다. "그러면 너희는 나를 누구라고 생각하느냐?" 그러자 베드로가

"하느님께서 보내신 그리스도이십니다"라고 큰소리로 대답했다. 이 일화는 「마르코의 복음서」, 「마태오의 복음서」, 「루가의 복음서」에 모두 실려 있다. 이때 예수는 자신이 메시아(그리스도)라는 것을 아무에게도 말하지 말라고 하지만, 유대인들이 최상으로 꼽는 이 칭호를 거부하지는 않았다.(루가 9:18~21) 예수는 제자들에게 다음과 같이 선언할 때도 자신을 지칭하며 이 칭호를 썼다. "나는 분명히 말한다. 너희가 그리스도의 사람이라고 하여 너희에게 물 한 잔이라도 주는 사람은 반드시 자기의 상을 받을 것이다."(마르코 9:41) 그리고 나중에 예수가 유대 최고 법원 산헤드린에 출두했을 때 대사제가 "그대가 과연 찬양을 받으실 하느님의 아들 그리스도인가?"하고 묻자 예수는 이렇게 대답했다. "그렇다. 너희는 사람의 아들이 전능하신 분의 오른편에 앉아 있는 것과 하늘의 구름을 타고 오는 것을 볼 것이다."(마르코 14:61~62) 사복음서에서 메시아라는 칭호는 예수의 이름 뒤에 따라오며, 그 밖의 『신약성경』에서는 '그리스도', '예수 그리스도' 혹은 '주 예수 그리스도'처럼 부활한 예수만을 지칭하는 사실상의 고유명사처럼 쓰인다.

예수가 숨을 거두는 순간, 백인대장은 "이 사람이야말로 정말 하느님의 아들이었구나!"라고 말했다.(마르코 15:39) 이런 말을 한 것이 그가 처음은 아니었다. 예수가 설교를 시작했을 때 사람들의 몸에서 쫓겨난 악귀들은 "당신은 하느님의 아들이다"라고 외치며 도망쳤다. 이처럼 예수는 하느님을 거리낌 없이 아버지abba라고 불렀다. 하느님에 의해 이 땅에 보내졌을 뿐 아니라 특별한 능력까지 부여받았기 때문이다.(27) 예수는 제자들 앞에서 이렇게 기도한다. "아버지께서는 모든 것을 저에게 맡겨주셨습니다. 아버지밖에는 아들을 아는 이가 없고 아들과 또 그가 아버지를 계시하려고 택한 사람들밖에는 아버지를 아는 이가 없습니다."(마태오 11:27) 성경에서 베니 엘로힘Beni Elohim이라는 말은 문자 그대로 '하느님의 아들들'이라는 뜻으로, 하느님과 가장 가까운 피조물인 천사들의 품계를 나타내기도 한다.

예수는 자신을 '신랑'이라고 부르면서 하느님과 특히 가까운 관계를 강조했다. 요한의 제자들과 바리사이파 사람들이 단식할 때, 예수의 제자들은 단식하지 않는 것을 보자 사람들은 이를 비난했다. 예수는 이렇게 대답했다. "잔칫집에 온 신랑 친구들이 신랑이 함께 있는 동안에야 어떻게 단식을 할 수 있겠느냐? 신랑이 함께 있는 동안에는 그럴 수 없다. 그러나 이제 신랑을 빼앗길 날이 온다. 그때 가서는 그들도 단식을 하게 될 것이다."(마르코 2:19~20) 아가서에 훌륭하게 묘사된 성경구절처럼 신랑은 성도들과의 하느님의 사이를 나타낸다. 그러나 대다수의 성경 해석자들은 예수가 신랑이라는 말로 신성한 지위를 나타내려 했다는 설을 인정하지 않는다. 복음서 전반에 걸쳐 예수는 자신이 하느님이 아니라 하느님이 보낸 사람이라고 주장하기 때문이다. "나를 받아들이는 사람은 나만을 받아들이는 것이 아니라 곧 나를 보내신 이를 받아들이는 것이다."(마르코 9:37) 그러나 앞에서 살펴보았듯이, 예수가 사람들을 하느님과 구원으로 이끄는 유일한 중재자임에는 변함이 없다. 그래서 예수는 이렇게 말했다. "나는 길이요 진리요 생명이다. 나를 통하지 않고는 아무도 아버지께로 가지 못한다."(요한 14:6)

그런데 예수가 자신을 지칭할 때 가장 많이 사용한 말은 '사람의 아들'이다. 수수께끼 같이 들리는 예수의 이 말은 사복음서에 70회나 반복된다. 복음서 이외의 『신약성경』에는 오직 한 번밖에 나오지 않는다.(사도행전 7:56) 그 말의 의미를 이해하려면 『구약성경』을 살펴봐야 한다. 『구약성경』에는 '사람의 아들'이라는 말이 상당히 자주 언급된다. 여기에는 적어도 세 가지 의미가 있다. 「시편」에 나오는 '사람의 아들'은 다음과 같은 한계를 지닌 보통의 인간을 가리킨다. "당신의 작품, 손수 만드신 저 하늘과 달아 놓으신 달과 별들을 우러러보면 사람이 무엇이기에 이토록 생각해 주시며 사람이 무엇이기에 이토록 보살펴 주십니까?"(시편 8) 「에제키엘서」에서 사람의 아들은 예언자를 의미한다(복음서에서처럼 '아들'의 첫 글자가 대문자로 표기되어 있다). "'너 사람아, 일어서라. 내가 너에게 할 말이 있다.' 그는 나에게 기운을 불어넣으시어 일으켜 세우시고 말씀을 들려주셨다. '너 사람아! 나에게 반항하는 역적의 무리, 이스라엘 백성에게 내가 너를 보낸다. 그들은 조상 때부터 오늘까지 나를 거역하기만 하였다. 그 낯가죽이 두꺼운 자들, 그 고집이 센 자들, 그런 자들에게 내가 너를 보낸다. '주 야훼께서 이렇게 말씀하신다.' 하고 내 말을 전하여라.'"(에제키엘 2:1~4) 끝으로 「다니엘서」에는 하느님으로부터 만국을 다스릴 모든 권세를 부여받은 '사람의 아들'에 관한 언급이 있다. 이는 메시아의 지위에 해당한다. "나는 밤에 또 이상한 광경을 보았는데 사람 모습을 한 이가 하늘에서 구름을 타고 와서 태곳적부터 계신 이 앞으로 인도되어 나아갔다. 주권과 영화와 나라가 그에게 맡겨지고 인종과 말이 다른 뭇 백성들의 섬김을 받게 되었다. 그의 주권은 스러지지 아니하고 영원히 갈 것이며 그의 나라는 멸망하지 아니하리라."(다니엘 7:13~14)**(28)** 그렇다면 예수는 무슨 의미로 자신을 '사람의 아들'이라고 불렀을까? '사람의 아들'이라는 말에 성경에 나오는 위의 세 가지 의미를 모두 담았을 가능성이 매우 크다. '사람의 아들'은 보통 인간이자, 예언자며, 다니엘이 예고한 구원자이기도 하다. 그렇긴 해도 예수가 '사람의 아들'이라고 자칭하며 했던 말은 메시아로서의 소명과 하느님 왕국이 도래함을 알리는 사명과 연관이 있다. 요컨대, 사람의 아들이 '죄를 용서하는 권한'이 있다고 말하거나(마르코 2:10), '안식일의 주인'이라고 칭하기도 했고(마르코 2:28), "구름을 타고 권능을 떨치며 영광에 싸여 오는 것을 보게 될 것이다"(마르코 13:26)라고 세상의 종말을 선포하기도 했으며, "죽었다가 사흘 만에 다시 살아나시게 될 것"이라고 예언하기도 했다.(마르코 8:31)

10.

후대로 전해진 가르침

서양 철학, 불교, 기독교 기록에서 소크라테스, 붓다, 예수의 인물상은 시간이 지나면서 어떻게 변했을까?

붓다의 삼신(三身)

붓다가 80세를 일기로 열반에 들었을 때, 수많은 제자와 가르침을 따랐던 이들이 모여 7일에 걸쳐 붓다의 공덕을 기렸고, 유해는 다비(茶毘, 불교식 화장 의식)되었다. 붓다는 명성이 높았고 그 가르침도 매우 널리 전파되었기 때문에 붓다의 다비식은 긴장을 고조시켰다. 자칫하면 '유골 전쟁'으로 치달을 수도 있었다. 물론 붓다는 개인숭배를 경계하라고 제자들에게 거듭 당부했다. "내가 죽고 나면 그대들은 스스로 섬이 되고, 자신의 의지처가 되어 머물되,

남을 의지처로 삼지 말아라." 팔리어 경전 『대반열반경』에 따르면 붓다는 동반자이자 제자인 아난다와의 마지막 대화에서 다비 방식을 미리 알려 주었다. "다비가 끝나면 교차로 가운데에 탑을 세워라. 그 탑에 꽃이나 향, 백단향을 공양하거나, 무릎을 꿇고 마음의 고요를 찾는 사람은 누구나 안위와 행복을 얻을 수 있을 것이다." 『대반열반경』은 붓다의 유골을 분배하는 과정에서 이해관계의 충돌이 생겼다는 내용도 전한다. 붓다의 유골은 결국 여덟 등분하여 여덟 왕국으로 보내졌다. 각 왕궁에서는 사리탑을 세워 유골을 봉안했고, 사람들은 이곳을 찾아 붓다에게 참배했다. 후대에 전해지는 이야기에 따르면, 기원전 3세기에 아소카 왕은 탑에 봉안되었던 사리를 한데 모았다 다시 분배하여 8만 4천 개의 불탑을 세웠다고 한다.

붓다의 입멸 후에 제자들은 스승의 말과 생애에 관한 증언을 모아 정리하기 시작하였다. 그렇게 해서 방대한 자료를 수집했다. 번뇌를 끊고 가장 높은 수행의 경지에 오른 500명의 아라한(阿羅漢) Arahant이 경전을 만들기 위해 칠엽굴(七葉窟)에 모여 제1차 결집을 했다. 하지만 해당 경전은 오늘날 남아 있지 않고, 종파별로 서로 다른 판본만 전해진다. 승가에는 이단에 대항해 보루 역할을 할 구심력이 없었지만, 가르침의 통일성을 유지하고 지속시키고자 애썼다. 그런데 급격한 분열이 일어났다. 특히 아라한에 이르는 경지가 지나치게 엄격하다는 지적이 나왔다. 아라한이란 모든 번뇌에서 벗어나 투철한 직관으로 깨달음을 얻은 이상적인 성자를 뜻한다. 그만큼 아라한의 경지에 이를 수 있는 사람은 극소수뿐이었기에 불법을 널리 전파하려면 승가의 요구 조건을 완화해야 하지 않겠냐는 목소리가 나왔다. 기원전 4세기 중반에 바이샬리와 파탈리푸트라에서 제2차와 제3차 결집이 있었다. 이때 비구 마하데바라는 완벽한 아라한의 경지가 환상일 뿐이라고 주장해 다수의 호응을 얻었다. 마하데바는 그 근거로 몽정을 언급하면서, 아라한의 경지에 이른 이들의 욕망이 완전히 사라지지 않았다는 증거라고 했다. 이를 첫 번째 교단의 분열이라는 의미에서 근본 분열이라고 한다. 그 결과 승가는 두 분파로 분열되었고, 그 이후에도 수많은 분파가 생겨났다.

완벽한 아라한이라는 이상을 원칙대로 고수하는 '보수적'인 소수파는 '장로(長老)들의 길'이란 의미로 상좌부(上座部, 테라바다)라고 불렀다. 한편 다수파에 해당하는 대중부(大衆部, 마하상기카Mahasamghika)는 자칭 '큰 수레'라는 의미로 대승(大乘, 마하야나Mahayana)이라고 불렀고, 상좌부를 가리킬 때는 다소 경멸적인 의미를 담아 소승(小乘, 히나야나Hinayana), 즉 '작은 수레'라고 했다. 이 말은 지나치게 엄격하고 개인의 해방만을 목표로 하는 좁은 길을 지칭한다.

상좌부에서는 붓다를 깨달음에 도달한 현인이자 8만 4천 가지 법문(法文, 깨달음의 문으로 들어가는 붓다의 지혜)을 펼 정도로 대화자에게 알맞는 가르침을 전할 줄 아는 뛰어난 교육자로 묘사했다. 그리고 붓다의 구도와 수행을 따르는 사람은 누구나 붓다처럼 윤회에서 벗어날 수 있다고 봤다.

한편, 서기 1세기 초에 크게 꽃을 피우고 기반을 확립한 대승 불교는 덜 엄격한 수행을 제안하면서, 명상과 자비를 실천하면 재가 수행자도 깨달음에 이를 수 있다고 했다. 이런 교리는 붓다가 전한 가르침에 기초하지만, 후대의 문헌에도 바탕을 둔다. 대승 불교의 이상은 아라한이 아니라 보살(菩薩)이다. 보살이란 보디사트바Bodhisattva를 음역한 보리살타(菩提薩陀)의 준말로, 열반이 아니라 '완전한 깨달음'을 추구하면서 윤회의 굴레에 머물며, 끝없이 고통받는 중생을 교화하는 구도자를 뜻한다. 이처럼 '수많은 중생'을 포용해 자비를 실천한다는 뜻에서 '큰 수레', 즉 대승이라는 명칭을 부여한 것이다. 대승 불교에서 붓다는 단 한 명의 스승이 아니다. 여러 세대에 걸쳐 갠지스강의 모래알만큼이나 많은 붓다가 있었다. 이렇듯 이미 수많은 사람이 도달한 목표에 따라 세상 사람들은 저마다 붓다가 되기 위해 최선을 다해 정진해야 한다고 말한다.

그렇다면 붓다란 무엇인가? 더 정확히는 역사적 관점에서 붓다는 누구인가? 상좌부에서는 이단으로 간주하는 주장이지만, 대승 불교에서 고타마는 단순한 인간이 아니다. 그는 '응신(應身)'으로 나타난 우주적 붓다다. 이 '신(身)'을 이해하려면 대승 불교에서 발전한 삼신(三身, 트리카야trikaya), 즉 붓다의 '세 개의 몸'이 무엇인지 알아야 한다. 고타마는 다른 모든 붓다와 마찬가지로 이 세 가지 몸을 지녔다. 가장 미묘하고 어떠한 형태도 없는 첫 번째 몸은 법신(法身, 다르마카야dharmakaya)이다. 말 그대로 법(法, 다르마dharma)의 몸을 뜻하며, 영원하고, 고유하며, 우주적인 몸이다. 공(空)의 차원을 나타내는 원초적인 붓다라고도 할 수 있으며, 윤회에서 완전히 해방된 자만이 비로소 인식할 수 있다. 둘째는 보신(報身, 삼보가카야sambhogakaya)이다. 법신이 반영되어 상(相)으로 나타난 몸이며, 문자 그대로 '공덕을 쌓아 얻은 몸'을 뜻한다. 보신은 바라밀(波羅蜜, 피안의 경지에 이르는 수행법)을 완성해 얻은 완전 원만한 몸으로, 이 몸을 볼 수 있는 사람은 누구나 윤회의 굴레에서 벗어날 수 있고, 보살은 성불(成佛)에 이를 수 있다. 셋째는 응신(應身, 니르마나카야nirmanakaya)이다. 화신(化身)이라고도 하는데, 특정한 시대와 지역에 출현하는 붓다의 몸(불신佛身)을 뜻한다. 한 가지 예가 바로 고타마가 된 싯다르타이며, 붓다가 다른 존재에 대한 자비심으로 선택한 몸에 해당한다. 보신과 응신은 근본적인 붓다에 해당하는 법신에 비해 더 '물질적'이며, 이 둘은 지각할 수 있는 몸에 해당해 색신(色身, 루파카야rupakaya)이라고 한다. 한편, 상좌부 경전에도 법신이 자주 언급되는데, 여기서 말하는 법신이란 우주적인 몸이 아니라 입멸한 붓다가 세상에 남기고 간 가르침의 총체를 나타낸다. 그러므로 상좌부 불교에서는 붓다에게서 인간적인 측면을 배제하거나, 이 세상에 속하지 않는 자질을 부여한다는 것은 이론적으로 불가능하다.

오늘날, 전통적인 불교 국가에서는 대부분 붓다를 종교적으로 추앙하고, 신격화하여 숭배한다. 대승 불교뿐 아니라 소승 불교 사원에서도 수많은 신과 수호신, 보살을 모신다. 그런데 여러 신상 중에서도 붓다의 형상을 표현한 불상 밑에는 유달리 제물이 많이 쌓이고, 신자들은 그 앞에서 초월적인 힘을 바라며 가호를 빈다. 불교계는 이러한 참배에 관용적이다. 불교 신자들이 깨달음의 길로 나아가는 데 버팀목이 된다고 보기 때문이다. 고타마는 우상숭배를 바라지 않았다. 그러나 인간의 본성에 따라 붓다에 대한 숭배와 신격화는 피할 수가 없었다.

하느님의 사람

『신약성경』에는 예수가 부활한 후 50일째 되던 날, 그리고 제자들 앞에 모습을 드러내지 않은 지 열흘째 되던 날에 결정적인 일이 일어났다고 기록되어 있다. 제자들이 모두 한곳에 모여 있었는데 갑자기 벽이 흔들릴 만큼 큰소리가 났고, 불길 같은 혀가 나타나서 제자들 위에 내렸다. "그들의 마음은 성령으로 가득 차서 성령이 시키시는 대로 여러 가지 외국어로 말하기 시작하였다."(사도행전 2:4) 몰려든 군중에게 베드로는 이렇게 말했다. "여러분이 십자가에 못 박아 죽인 이 예수를 하느님께서는 우리의 주님이 되게 하셨고 그리스도가 되게 하셨습니다."(사도행전 2:36) 곧이어 제자들은 세상 사람들에게 "아버지와 아들과 성령의 이름으로" 세례를 베풀었다.(마태오 28:19) 이렇게 해서 예루살렘에 교회가 탄생했다. 초기에는 유대인만 모이던 교회는 사람들이 하느님의 아들인 예수의 가르침을 배우고 예수를 직접 만난 사람들을 통해 그의 생애를 전해 듣는 장소였다. 이곳에서 사람들은 예수의 재림을 기다렸다. 예수는 '머릿돌'이 되었고(마르코 12:10), '예수는 주님'이라는 말은 신앙의 고백이 되었다.(필립비 2:11, 로마 10:9)

제자들이 우러러보는 예수는 인간 이상의 존재, 하느님의 독생자였다. 바울로는 「갈라디아인들에게 보낸 편지」에서 이렇게 밝혔다. "하느님께서 당신의 아들을 보내시어 여자의 몸에서 나게 하시고 율법의 지배를 받게 하시어, 율법의 지배를 받고 사는 사람을 구원해 내시고 또 우리에게 당신의 자녀가 되는 자격을 얻게 하셨습니다."(갈라디아 4:4~5) 바울로는 예수가 이 세상의 죄에 대해 속죄하기 위해 죽었다고 주장했고, 이 주장은 지배적인 견해로 자리

잡았다. "그리스도께서 성경에 기록된 대로 우리의 죄 때문에 죽으셨습니다."(고린토 15:3) 그러다 '그리스도인'이라고 불리게 되는 안티오키아의 신도들은(사도행전 11:26) 예루살렘 성전의 파괴와 유대사회와의 단절이라는 결정적인 사건을 계기 삼아 새로운 방향으로 생각을 전개한다. 다름 아닌 "예수가 하느님의 성육신(成肉身)은 아닐까?" 하는 의문이다.

한편 요한은 복음서 1장에서 그리스도론의 중요한 전환점을 열었다. 예수가 메시아이자 하느님의 아들임을 주장했을 뿐 아니라 그리스도의 신성을 언급했기 때문이다. 요한은 복음서에서 천지가 창조되기 전부터 로고스Logos, 즉 하느님의 말씀이 있었고, 모든 것은 말씀을 통해 생겨났으며(요한 1:1~3), 말씀은 '사람이 되었다'(요한 1:14)라고 했다. 예수는 하느님의 아들로 세상에 오기 전에도, 이 세상이 창조되기 전에도 영원히 존재했기에 본질적으로 신성한 존재라는 것이다. 그리스 철학자들은 로고스를 신의 계획에 따라 세상을 다스리는 합리성이라고 정의했다. 2세기 말 알렉산드리아에서 그리스 문화권의 기독교인들에게 로고스란 친숙한 개념이었기에 쉽게 받아들여졌다. 당시 아주 유명했던 알렉산드리아 교리학교(디다스칼리움Didascalium)에서는 이 개념을 수용했고, 빠르게 발전시켰다. 판타이노스의 뒤를 이어 이 학교의 교장이 된 알렉산드리아의 클레멘스는 분명히 밝혔다. "성자는 성부 안에 있고, 성부

는 성자 안에 있으며", 하느님과 그리스도(로고스)는 "하나이며, 동일한 신"이라고 덧붙였다.(29)

이처럼 예수에 대한 기독교 사상가들의 인식은 몇 세대 만에 급속히 발전한다. 하지만 그리스도가 인간성과 신성을 모두 갖추었다는 알렉산드리아 학파의 주장은 파문을 일으켰다. 사실상 파문이라는 말로는 부족할 만큼, 5세기에 걸친 초기 기독교의 역사는 잇따른 논쟁, 중상, 이단설, 배척, 분열로 점철되었다.

다시 2세기 말로 돌아가 보자. 알렉산드리아 학파가 로고스의 개념을 주장했을 때, 여기에 이의를 제기하는 몇 가지 교리가 생겨났다. 영지주의에 가까운 가현설(假現說)이 대표적이다. 예수는 신적인 존재이기 때문에 사람의 육신으로 태어난 역사 속의 예수는 외관상의 형태를 취하였을 뿐, 실제가 아니라는 주장이다. 알렉산드리아의 클레멘트는 가현설을 강하게 반박하였다. 가현설과는 정반대로, 예수는 완전한 인간으로 태어났으며, 이후 신의 선택을 받아 양자가 되었다는 그리스도 양자론(養子論)도 제기되었다. 같은 논리에서 비잔틴의 테오도투스 교파는 예수가 세례를 받아 성령을 얻었지만 신성을 획득한 것은 부활 이후라고 주장했다(198년에 교황 빅토르 1세는 이 주장을 이단으로 단죄했다). 아울러 양태론(樣態論) 혹은 단일신론(單一神論)이 대두되어 일부 주교들과 대중들로부터 많은 지지를 얻었다. 이 교리는 하느님과 예수는 하나이며 십자가에 못 박힌 것도 하느님이라고 본다. 교부 테르툴리아누스(AD 160~240년) "아버지를 십자가에 못 박아서" 마귀를 섬긴다고 비난했다.(30) 70년 예루살렘 교회가 파괴된 후 다른 교회로부터 최고 권위를 공인받은 로마 교회는 이 시기에 기독교 신앙 고백문을 정립했다. 325년 니케아공의회에서도 이 내용을 거의 그대로 채택했다. "전능하신 하느님 아버지를 믿습니다. 그 외아들 주 예수 그리스도, 성령으로 동정 마리아께 잉태되어 나시고 본티오 빌라도 통치 아래서 십자가에 못 박혀 돌아가시고 묻히셨으며, 사흗날에 죽은 이들 가운데서 부활하시고, 하늘에 올라 전능하신 성부 오른편에 앉으시며, 산 이와 죽은 이를 심판하러 오시리라 믿습니다. 성령을 믿으며, 거룩한 교회와 육신의 부활을 믿습니다."(31)

로마 제국이 기독교인을 가혹하게 박해하던 3세기 무렵에 신학 논쟁은 더 과열되었다. 그리스도의 신성과 인성을 넘어 성부와 성령이라는 다른 두 신격 간의 신비로운 관계에 관해서도 논의가 이뤄졌다. 그리고 알렉산드리아의 사제 아리우스의 이름을 딴 아리우스파의 교리는 공인된 교리를 위협할 만큼 널리 전파되었다. 아리우스의 교리는 기록으로 퍼졌을 뿐만 아니라 아리우스가 만든 속요의 형태로 뱃사람과 여행자 사이에서 구전으로 전해졌다. 필로스토르기우스는 한 세기 후에 『교회사』에서 이렇게 밝혔다. "흥겨운 노래로 무지몽매한 이들을 꾀어 신성 모독으로 끌어들였다."

(32) 아리우스에 따르면, 성자, 즉 로고스는 하느님이 아니라 세상의 창조에 앞서 하느님이 만든 창조물이며, 성부의 뜻으로 세상을 창조한 중개자다. 아리우스가 만든 가사는 이렇다. "성자는 성부와 다릅니다. 하느님의 동격도 아니며, 하느님의 본질도 없습니다." 그럼에도 아리우스는 예수가 인간이라고 주장하지는 않았다. 말씀이 육신에 결부되긴 했지만, 인간처럼 육신에 정신이 깃들지 않고 제2의 위격이 깃들었기 때문이다. 알렉산드리아 교회에서 파문된 아리우스는 가이사리아로 피신했고 에우세비우스 주교를 비롯한 여러 주교의 지지를 받았다. 한편 아리우스를 비방한 이들 가운데는 서방의 성직자들이 많았다. 이들은 알렉산드리아의 주교 아타나시우스를 따랐다.

325년에 콘스탄티누스 황제는 사회의 안정을 도모하고 삼위일체 교리를 통일하고자 니케아에 주교들을 소집해 제1차 공의회를 열었다. 수주의 격론 끝에 황제는 이른바 니케아 신경을 채택했다. 이 신경은 예수 그리스도가 "하느님의 외아들이시며, 아버지에게서 나셨으며, 곧 아버지의 본질에서 나셨다. 하느님에게서 나신 하느님이시며, 빛에서 나온 빛이시다"라고 규정했다. 아리우스와 신경에 서명을 거부한 주교 두 명은 이단으로 파문되었다.

379년에 콘스탄티누스 황제의 후계자 테오도시우스 1세는 아리우스파로 의심되는 동방 주교들을 파문하고 381년에 콘스탄티노플에서 다시 한번 공의회를 소집했다. 테오도시우스 1세는 성령에 관한 내용을 추가해 니케아 신경을 채택했다. 삼위일체 교리의 채택은 알렉산드리아 교회의 승리를 의미했다. "오직 한 분이신 주 예수 그리스도는 모든 세대에 앞서 성부로부터 나신 하느님의 외아들이시며, 참 하느님으로부터 나신 참 하느님이십니다. 성령은 성부에서 발하시며, 성부와 성자와 더불어, 숭배와 영광을 받으십니다." 이렇게 해서 하느님과 세 위격은 각각 다른 두 위격과의 관계에서만 존재하며 불가분하게 작용한다. 따라서 삼위일체의 두 번째 위격인 예수는 신성과 인성을 모두 지닌다. 완전한 인간인 동시에 완전한 신이다.

하지만 기독교계의 혼란은 여기서 끝나지 않았다. 그리스도에 대한 다양한 해석은 신학자뿐 아니라 신자들 사이에서도 논란을 초래했고, 하느님의 아들의 '본질'에 관한 격론, 공방, 갑론을박이 잇따랐다. 성육신한 로고스가 신성과 인성을 모두 갖추었다는 것을 어떻게 설명할 것인가? 삼위일체에 관한 해묵은 논쟁이 다시 수면 위로 떠올랐다. 성자는 정말 성부와 같은 본질을 지녔는가? 성자는 성부와 동등한 존재인가? 428년에 콘스탄티노플의 대주교로 임명된 페르시아 출신 수도사 네스토리우스는 첫 번째 성탄절 설교에서 마리아가 하느님의 어머니가 아니라 '성자이며 주님'인 예수의 어머니라고 단언해 논란의 불씨를 지폈다. 예수의 신성을 부인한 셈이기 때문이다. 네스토리우스는 하느님의 아들은 인성과 신성이라는 두 가지 본질을 겸비했으며, 신격과 인격이라는 두 위격이 서로 연합해 하나로 작용한 것이 그리스도라고 설명했다. 알렉산드리아 학파는 단성론(單性論)Monophysitism을 내세워 네스토리우스의 이성설(二性說)을 반박했다. 그리스도가 수태될 때 인성은 신성에 흡수되어 하나의 본성인 신성만 남았다는 주장이었다.

431년 6월, 동로마 제국의 황제 마르키아누스는 알렉산드리아의 총대주교 키릴로스의 요청으로 에페소스에서 공의회를 소집했다. 그 배경에는 신학적인 이유뿐 아니라 경쟁과 정치적인 이유도 있었다. 키릴로스는 의회장에 가장 먼저 도착해 융단, 서적, 금, 상아 의자 등의 값비싼 선물을 신의 가호라는 명목으로 황제의 측근들에게 나눠주었고, 네스토리우스와 안티오크 학파 주교들이 도착하기도 전에 공의회를 열고 끝내 버렸다. 공의회는 네스토리우스의 주장을 이단으로 몰아 배격하며 마무리되었다. 다음날 도착한 안티오키아의 요한 주교는 다시 공의회를 열어 키릴로스의 그리스도론이 로마 교회의 정통에서 벗어나 있다고 논박했다. 사제나 수도사를 비롯한 두 진영의 지지자들이 대립하다 주먹다짐까지 오갔다. 결국 에페소 공의회는 아무런 선언도 결의도 없이 '그리스도라는 이름으로' 서로를 배척하는 가운데 기독교계에 깊은 분열의 그림자만 남긴 채 끝났다. 451년 칼케돈에서 열린 공의회에서는 네스토리우스파의 주장과 단성론 양쪽을 모두 이단으로 단죄하고 다음과 같이 결정했다. "우리는 모두 한목소리로 우리 주 예수 그리스도가 한 분이시고 같은 성자이심을 고백하도록 가르칩니다. 그분은 신성에서도 인성에서도 완전하시며, 참 하느님이시며 이성적 영혼과 육체로 이루어진 참 인간이십니다. 같은 분이 신성에 따라서는 성부와 본질이 같으시고 인성에 따라서는 우리와 본질이 같으시며, 죄를 제외한 모든 점에서 우리와 같으십니다. 두 본성이 섞이지도, 변화하지도, 분리되지도, 나뉘지도 않으십니다. 두 위격으로 나뉘거나 분리되지도 않으십니다. 한 분이시고 같은 분은 외아들이시며, 주 예수 그리스도십니다. 이전에 예언가들이 말한 대로, 주 예수 그리스도가 가르치신 대로, 교부의 신경이 우리에게 전해 준 내용 그대로입니다." 칼케돈 공회의에서는 그리스도가 완전한 신이자 완전한 인간임을 확인했으며, 오늘날 기독교인 대다수가 이 신앙고백을 따른다.

이 정통파 선언으로 기독교는 처음으로 대분열을 맞는다. 알렉산드리아의 총대주교 디오스콜로스는 이 칼케돈 공회의에서 단성론을 옹호했다는 이유로 이단으로 규정되어 면직되었다. 이후 알렉산드리아 교회는 단성론을 계속 유지하고 정통파 교회에서 갈라져 나와 콥트 교회라고 이름을 바꾸었다. 시리아 정교회로 불리는 안티오키아의 야고보 교회, 아르메니아 교회, 인도의 시로말라

바르 교회도 이 대열에 합류했다. 잘 알려지지는 않았지만 네스토리우스의 추종자들은 네스토리우스파 교회를 형성해 수 세기 동안 명맥을 유지했으며, 오늘날에도 이라크를 비롯한 중동 지역에 소수의 공동체가 남아 있다.

철학의 아버지

디오게네스 라에르티오스는 당시의 소문에 따르면, 소크라테스가 죽은 후 고발자들은 아테네에서 추방되었고 아테네 시민들은 "폼페이온에 그리스의 청동 조각가 뤼시포스가 만든 청동상을 세워 소크라테스를 기렸다"라고 전한다. 그리고 비극 작가 에우뤼피데스가 소크라테스를 기리며 지었다는 시의 한 구절을 인용하기도 한다. 이 시는 오늘날에는 남아 있지 않은 『팔라메데스』라는 작품에 수록되었다. "당신들이 죽였소, 당신들이 죽였소. 참으로 현명한 자를. 뮤즈들의 무고한 나이팅게일을." 하지만 현실은 이렇게 영광스럽지 않았을 것이다. 소크라테스의 제자들을 향한 아테네 권력가들의 적대감은 수년이 지나도록 쉽게 가시지 않았다. 가까운 친지나 이른바 '지식층'에 속하는 이들을 제외한 아테네의 시민에게 소크라테스의 처형은 그다지 중대한 사건이 아니었을 것이다. 소크라테스의 추종자들에게는 비범한 위인이 불의의 제단에서 희생된 사건이었겠지만, 대다수의 시민은 질서를 회복하기 위한 정치 재판쯤으로 여겼을 것이다. 하지만 이 죽음으로 소크라테스의 명성이 높아진 것만은 부인할 수 없다. 소크라테스의 뒤를 이은 모든 철학자는 소크라테스의 사상을 지지하거나 발전시키거나 영감을 얻었으며, 비평하거나 논박하기도 했다. 소크라테스는 철학의 아버지로 여겨진다. 인간을 진리와 지혜의 탐구로 인도했기 때문이다. 소크라테스는 이성의 수련과 자기성찰을 통해서만 탐구를 완성할 수 있다고 보았다. 이처럼 소크라테스는 '현인'이자 자기 자신을 통제하고 지행합일의 삶을 실천한 인물의 전형이 되었다. 소크라테스는 대다수의 고대 그리스와 로마 철학자뿐 아니라 중세의 유대교, 기독교, 이슬람교 신학자들에게도 상당한 영향을 미쳤다. 몽테뉴부터 루소와 니체를 거쳐 푸코에 이르기까지 수많은 사상가가 소크라테스의 영향을 받았으며, 오늘날에도 영감을 얻고 있다. 소크라테스는 그야말로 서구 인본주의 사상의 초석이라고 할 수 있다.

오늘날 예수와 붓다는 각각 기독교와 불교의 창시자로 불린다. 하지만 현대 철학 사조는 소크라테스의 종교적 측면은 과소평가하거나 은폐하고, 유독 합리적인 철학자로서의 면모만을 드러내려 한다. 오로지 인간의 이성에만 기대어 대화 상대를 진리로 인도했던 철학자로서의 면모만을 부각하기 때문이다. 물론, 소크라테스는 동시대인들에게 종교의 신화를 넘어 지식의 열쇠를 찾을 것을 촉구했다. 이런 점에서 소크라테스는 이성의 힘을 확신한 진정한 인본주의 철학자다. 그러나 최근 몇 세기 서양에서 흔히 그러하듯이 소크라테스를 신화나 종교를 꺼리는 순수한 합리주의자나 종교의 적, 혹은 물질을 중시한 그 이전 세대의 자연철학자로 단정 지어서는 안 된다.

그러한 관점에서 본다면 소크라테스에게 철학적 소명을 가져다준 델포이의 신탁은 어떻게 받아들여야 할까? 그가 자주 언급하던 다이몬이나 주변 사람들을 놀라게 한 황홀경은 또 어떠한가? 종교적 믿음과 영혼의 불멸을 논한 장광설은 또 어떻게 이해할 것인가? 소크라테스는 이성에 의존했지만 존재의 불가사의하고 초월적인 측면을 부정하지는 않았다. 소크라테스는 합리적이었지만 합리주의자는 아니었다. 그는 독단주의에 매몰되지 않은 신비주의자였다. 근현대에 들어 강조된 소크라테스의 '탈신화화(脫神話化)' 또한 붓다의 신격화만큼이나 문헌 해석에 의문의 여지를 남긴다.

2부

그들이 우리에게 남긴 말

Socrate, Jésus, Bouddha, Trois maîtres de vie

그대는 영원 불멸의 존재다

죽음은 끝이 아니라 과정이다. 붓다뿐 아니라 소크라테스와 예수도 현세의 삶은 사후의 삶을 아우르는 더 넓은 관점에서 이해해야 한다고 보았다. 이런 시각은 세 인물의 가르침 가운데 가장 중요한 공통점이다. 이점을 고려해야만 내면세계의 심화와 진리 추구, 지혜와 정의, 사랑의 필요성을 거듭 강조한 세 스승의 가르침을 이해할 수 있다. 하지만 이런 공통점에도 엄연히 차이가 있다. 소크라테스, 예수, 붓다가 말하는 불멸이라는 개념은 서로 정확히 일치하지는 않기 때문이다. 세 사람 모두 인간이 영원불멸한다고 보았지만, 각 인물이 살았던 문화와 영적 경험에 따라 불멸이라는 개념은 서로 다른 양상을 띤다.

윤회의 사슬을 끊어라

구도의 길을 택한 싯다르타 왕자는 숲으로 들어가 고명한 알라라를 스승으로 삼고 수행을 시작했다. 알라라는 제자 싯다르타의 발전 속도에 놀라 함께 교단을 이끌자고 제안했다. "제자를 많이 거느리게 될 것이오."(33) 아직 붓다가 되지 못한 싯다르타는 훗날 붓다가 되어서 가르침의 목표로 삼게 될 구도의 궁극적인 목적을 요약해 이렇게 말했다. "저는 제자를 거느릴 생각이 없습니다. 윤회를 끊고 영원한 평온을 얻고자 할 뿐입니다." 현세의 물질이 가져다주는 덧없는 행복을 넘어 현세와 내세에서 모두 지속되는 행복, 즉 존재의 수수께끼를 푸는 열쇠다. 싯다르타는 이 해답이 존재하며 그 열쇠는 현생에서 얻을 수 있으리라고 확신했다. 그리고 마침내 깨달음에 이르렀을 때 붓다는 그 열쇠를 얻었다.

붓다는 인생이란 출생으로 시작해 '노화, 질병, 죽음, 슬픔, 악'으로 이어지는 고통의 굴레일 뿐이라고 봤다.(맛지마 니카야 26) 붓다는 이 굴레에서 벗어나는 길로 세 가지 개념, 업(業), 윤회(輪廻), 열반(涅槃)을 제시했다. 산스크리트어로 카르마karma, 삼사라samsara, 니르바나nirvana라고 한다. 이 개념은 붓다가 직접 고안한 것이 아니라, 힌두교와 자이나교를 창시한 수행자들이 베다 경전에서 정립한 개념을 붓다가 참고해 재정의한 것이다.

이러한 개념을 이해하려면 붓다의 가르침에서 자아(自我)가 무엇인지부터 알아야 한다. 붓다는 자아로 인해 업이 쌓이고, 업에 따라 윤회가 결정되며, 윤회에서 벗어나지 못하면 열반에 이를 수 없다고 했다. 힌두교에서는 영구적인 자아인 아트만atman(영혼의 근원)이 있다고 믿었다. 아트만은 윤회에서 벗어날 때까지 환생을 거듭한다. 녹야원에서 했던 첫 설법에서 붓다는 아트만을 실체가 아닌 마음의 허상이라고 정의하고 아나트만anatman, 즉 무아관(無我觀)을 제시했다. 붓다에 따르면 살아있는 존재는 모두 육신(색온, 色蘊), 감각(수온, 受蘊), 지각(상온, 想蘊), 의식의 작용(행온, 行蘊), 마음의 작용(식온, 識蘊)과 같이 끊임없이 변하는 다섯 가지 요소의 집합체(오온, 五蘊)에 지나지 않는다. 그러므로 자아는 영원하지 않고, 매 순간 변하며, 타오르는 불꽃이나 흐르는 물처럼 덧없고 일시적이다. 비구 나가세나와 기원전 2세기에 인도 북서부를 통치한 밀린다왕 메난드로스 1세가 나눈 유명한 대화는 이러한 개념을 더 잘 이해할 수 있게 해준다. 승려는 왕에게 마차가 무엇인지 묻는다. 그러고는 마차를 구성하는 요소를 하나씩 열거한다. "바퀴가 마차입니까? 차축이 마차입니까? 밧줄이 마차입니까? 이 모든 것을 합친 것이 마차입니까? 아니면 이것들을 제외한 다른 것이 마차입니까?" 왕은 아니라고 하며, 정해진 순서대로 앞서 열거한 모든 요소를 조립한 집합체가 바로 마차라고 답한다. 그러자 승려는 조건(緣)으로 생겨나는 개인의 존재(자아) 또한 유일한 실체가 없다고 설명한다.

이어서 업(業, 카르마karma)에 관하여 이야기해 보자. 힌두교에서 카르만karman이라고 부르는 업은 행위, 의도, 결과 간의 인과법칙이며, 아트만의 환생을 좌우한다. 붓다는 행위 자체가 아니라 행위의 의도가 업을 결정한다고 보았다. 반면, 업이 쌓이지 않는 순수하거나 중립적인 행위가 있다고 했다. 바로 수면이나 목욕처럼 긍정적이거나 부정적인 의도가 없는 일상적인 행위다. 그러나 자아라는 신념과 개인의 갈망으로 이루어지는 의도적인(몸, 말, 생각에 의한) 행위도 있다. 개인의 호불호에 좌우되는 행위, 즉 자신에게 바람직한 것은 취하고, 불쾌한 것은 거부하는 행위다. 이런 행위가 타인에게 이로운지 혹은 해로운지에 따라 업은 소멸하기도 하고 쌓이기도 한다. 업이 계속 쌓이면 윤회의 굴레에 머물게 된다. 그리고 선악의 응보(應報)에 따라 여섯 가지 존재의 영역(육도六道) 중 하나에서 다시 태어난다. 각각 영역은 여러 '의식 상태'에 따라 더 세분되지만, 기본적으로는 1만 년 단위의 생을 받는 천상의 세계(天), 교만과 시기가 많은 악신의 세계(阿修羅), 인간의 세계(人), 축생의 세계(畜生), 아귀의 세계(餓鬼), 그리고 지옥(地獄)으로 나뉜다. 이 중에서 유일하게 깨달음에 도달할 수 있는 인간의 세계를 가장 바람직한 세계로 꼽는다. 그러나 앞서 언급했듯이 불변의 자아란 존재하지 않으며, 환생에서도 마찬가지다. 사람이 죽으면 업의 무게로 자아를 이루던 오온은 제각각 분리되었다가 업의 무게로 다시 합쳐진다. 그렇다면 소멸 전과 후의 자아는 서로 같다고 볼 수 있는가? 불교에서는 꺼졌다가 다시 켜진 촛불을 예로 든다. 분명 같은 양초, 같은 밀랍, 같은 심지이지만 타오르는 불이 바람에 꺼진 불과 같다고 할 수 있는가? 윤회의 수레바퀴에서 벗어나는 유일한 길은 힌두교에서 완전한 해방의 상태(모크샤Moksha)라고 하는 열반(涅槃, 니르바나nirvana)이다. 붓다는 이 궁극적인 해방의 경지가 '최고의 행복'이라고 했다.(법구경 204) 하지만 인간의 경험과 이해의 한계를 초월하는 경지인 까닭에 더 자세히 언급하지는 않았다. 추측이 무의미하기 때문이다. 하지만 제자들의 간청에 열반에는 해당하지 않는 것들을 예로 들어 설명했다. "수행승들이여, 그곳에는 땅도 없고, 물도 없고, 불도 없고, 바람도 없고, 무한한 의식의 영역도 없고, 무의 영역도 없고, 지각이 없는 영역도 없고, 지각하지 않는 영역도 없고, 이 세상도 없고, 저세상도 없고, 태양도 없고, 달도 없다. 수행승들이여, 그곳에는 오는 것도 없고, 가는 것도 없고, 계절도 없고, 죽는 것도 없고, 다시 태어나는 것도 없다. 토대도 변화도 대상도 없기 때문이다. 이것이 바로 괴로움의 종식이다."(대반열반경 자설경 8, 1) 열반은 소멸이지만 무(無)는 아니다. 고통의 초월이다. 제자들이 입멸 후에는 어떻게 되는지 물었을 때도 붓다는 우회적인 답만 했다. "사후에 여래는 동시에 존재하는 것도 아니고 존재하지 않는 것도 아니다. 사후에 여래는 존재하는 것도 아니고 존재하지 않는 것도 아니다. 이것만이 진리다."(앙굿타라 니 카야 10, 95)

불멸하는 영혼의 여정

플라톤의 대화편 『파이드로스』와 『파이돈』에서 소크라테스가 전개하는 불멸론을 보면 소크라테스와 붓다의 견해가 매우 유사하다는 사실에 놀라게 된다. 물론 소크라테스가 영구불멸의 영혼이 있다고 주장한 것과 달리 붓다는 무아론을 바탕으로 불멸의 영혼을 부정했다. 하지만 두 사람 다 생이 반복된다는 명제를 받아들였고 전생이 다음 생을 결정하며, 과보를 씻고 더 높은 경지에 이르기 위해 환생을 반복한다고 여겼다. 붓다가 인도 베다의 영향을 받았다면, 소크라테스는 앞세대 철학자 피타고라스 견해의 영향을 받았다. 피타고라스는 철학자이자 수학자였으며, 자신의 학설과 신조를 신봉하는 학파를 세우기도 했다.

피타고라스는 붓다와 동시대 사람이다. 그렇다면 피타고라스는 인도에 간 적이 있을까? 그랬으리라는 설은 있지만 확실한 증거는 없다. 그러나 외국과의 왕래가 잦았던 시대였던 만큼 피타고라스가 인더스 현인들을 만나 내세 사상에 매료되었을 가능성도 무시할 수 없다. 피타고라스는 영혼이 육신보다 먼저 존재한다고 보았고, 육신을 지닌 존재로 태어나는 것은 상이 아니라 벌이라고 했다. 허물이 많은 영혼이 행복의 세계로 가려면 의식과 금욕적인 생활로 자신을 정화해 지상에서의 삶을 선한 목적으로 이끌어야 한다는 것이다. 대다수의 경우 정화되지 못한 영혼은 인간으로 환생한다. 더 나쁜 경우에는 식물이나 동물로 환생하기도 한다. 영혼의 불멸에 대한 소크라테스의 견해는 인도와 피타고라스 사상에 매우 가깝고, 오늘날 우리가 알고 있는 현대적 시각과는 거리가 멀다. 따라서 필자는 소크라테스의 말을 전하는 문헌을 십분 활용해 이 주제를 다루고자 한다. 그러면 플라톤을 읽지 않은 독자도 현대인의 마음을 어지럽히는 영혼의 불멸이라는 주제를 스승의 가르침을 전달하는 제자들의 설명을 듣듯이 분명히 이해할 수 있을 것이다.

소크라테스는 이렇게 말했다. "영혼은 신적이고, 불멸하며, 지성으로 이해할 수 있을뿐만 아니라, 단순하면서 분해되지 않으며, 변치 않는 것으로서 늘 자신을 닮는다. 하지만 육신은 인간적이고, 소멸하며, 감각에 의존하는 것으로, 여러 요소로 이루어져 쉽게 분해되고, 늘 변하며, 진정한 자신을 닮지 않았다."(파이돈 80b) 아울러 육신은 소멸하지만 영혼은 불멸한다고 주장하면서 운동 이론을 바탕으로 증명을 시도한다. "항상 움직이는 것은 소멸하지 않기 때문이네. (...) 그러니 움직이는 것이 영혼의 본질이자 원칙이라고도 말할 수 있지."(파이드로스 245c) 그리고 이렇게 결론짓는다. "영혼에는 탄생도 소멸도 있을 수 없다네."(파이드로스 246) 이 신념이 확고하였기 때문에 소크라테스는 죽음도 두려워하지 않았다. 플라톤에 따르면 소크라테스가 사형을 선고받고서도 평온을 잃지 않자, 곁에서 비통해하던 친구들은 몹시 놀랐다고 한다. 게다가 소크라테스는 농담조로 이런 말을 하기도 했다. "이제는 헤어질 시간입니다. 나는 죽으러, 여러분은 살러 갈 것입니다. 그러나 삶과 죽음 중 어느 쪽이 더 나을지 아는 것은 오직 신뿐입니다."(소크라테스의 변론 42a) 소크라테스는 마지막 대화에서 죽음과 영혼의 불멸을 설명했다. 당시 플라톤은 그 자리에는 없었지만 훗날 주변인들의 회고를 바탕으로 『파이돈』을 집필해 소크라테스의 말을 다음과 같이 전한다. "평생을 철학 연구에 전념한 사람이 어째서 죽음을 평온하게 맞이하고, 죽은 뒤에는 무한한 선을 얻으리라고 낙관하는지 지금부터 설명해 주겠네. 보통 사람들은 잘 모르겠지만, 진정한 철학은 죽음을 알아가고 준비하는 과정일 뿐이라네. 그렇게 오직 죽음만 생각하며 평생을 보냈는데, 정작 죽음이 다가왔을 때는 두려워하고 주저한다면 참으로 이상한 일이 아니겠는가?(파이돈 63e~64a) 그래서 소크라테스는 이렇게 거듭 충고한다. "한평생 육체의 쾌락과 즐거움이 무익하다고 여기고 멀리했던 사람은 자기의 영혼을 걱정하지 않아도 된다네. 배우는 즐거움에 열중하고, 영혼에 이질적인 장식을 두르는 대신 절제, 정의, 힘, 자유, 진리 같은 미덕으로 영혼을 가꾼 사람은 운명의 부름을 받을 때 이승을 떠날 수 있게 차분히 저승으로 갈 준비를 하는 법이지."(파이돈 114ᵉ~115a)

그리고 이렇게 우리를 일깨운다. "여러분의 몸과 재산보다는, 영혼을 돌보고 함양하는 데에 마음을 쏟아야 합니다."(소크라테스의 변론 30b) 소크라테스는 이상하리만큼 붓다와 유사한 말로, 육신의 욕망을 탐닉하다 보면 영혼이 피폐해진다고 경고한다. "우리에게 육신이 있고 육신이라는 타락에 영혼이 빠져 있는 한, 절대로 목표하는 진리를 얻지 못한다네. 육신을 유지하기 위한 수천 가지의 장애물이 우리를 방해하기 때문이지."(파이돈 66b) 그리고 이렇게 강조한다. "육신은 결코 우리를 지혜로 이끌지 못한다네. 무엇이 전쟁과 분쟁과 불화를 일으키는지 생각해 보게. 바로 욕망을 지닌 육신이지. 전쟁은 모두 부를 쌓으려는 욕망에서 비롯되니까. 결국 우리는 몸을 섬기는 노예처럼 육신의 필요에 응해야 한다네."(파이돈 66c~d) 하지만 소크라테스는 엄격한 금욕이나 육체의 고행을 권하지는 않았다.(파이돈 82e) 소크라테스가 제시한 방법은 붓다가 권한 방법과도 같다. "사람들이 절제라고 부르는 이 미덕은 욕망의 노예가 되지 않고 욕망을 초월해 절도를 지키며 사는 것이다."(파이돈 68c), "모든 고통과 쾌락은 영혼을 육신에 고정하는 일종의 못과도

같다네. 그렇게 해서 몸이 말하는 것 외에는 아무것도 사실이 아니라고 믿게 만들지."(파이돈 83d)

아울러 "잠은 깨어 있는 것에서 생기고 깨어 있는 것은 잠에서 생기네."라고 환생을 설명하면서 죽음은 삶에서 태어나고 삶은 죽음에서 태어난다고 말한다.(파이돈 71d) 이 말에 케베스가 의구심을 보이자 소크라테스는 피타고라스와 오르페우스의 말을 인용한다. "전해져 내려오는 이야기에 따르면, 이승을 떠난 영혼은 저승에 갔다가 다시 이승으로 돌아온다고 하네. 영혼은 죽음을 통과한 후 다시 살아나고 말이야. (...) 산 사람은 죽은 사람에게서 다시 태어나는 것이지."(파이돈 70c~d) 소크라테스는 이 말에 담긴 진리를 부정할 수 없다고 강조하면서(파이돈 72d) 환생의 과정은 결코 우연의 결과가 아니라고 설명한다. 그리고 선한 영혼은 더 선하게, 악한 영혼은 더 악하게 환생한다고 말한다. "영혼이 아무것도 남기지 않은 채로 몸을 떠나면, 요컨대 살아 있는 내내 육신을 멀리해 육신에 얽매이지 않고, 성찰과 명상으로 철학에 매진해 죽음을 연습한다면, 그 영혼은 자신과 비슷한 존재, 즉 신성하고 불멸하며, 지혜로 가득 찬 존재에 가까워진다네. 그리하여 실수, 무지, 두려움, 불가항력적인 사랑, 그리고 인간 본성에 수반되는 모든 악에서 해방되어 비로소 행복을 누릴 수 있지." "반면, 더럽고 불순한 상태로 육신을 떠나는 영혼도 있다네. 육신에 얽매여 종처럼 육신을 섬기고 사랑하고 도취하여 살다 보면, 몸으로 만지고 보고 먹고 마시거나 성적 쾌락을 주는 것들만 실재한다고 믿게 되니까. 게다가 난해하고 눈에 보이지 않고 철학으로만 이해할 수 있는 모든 것을 꺼리고 두려워하고 피하면 영혼은 육신에 물들어 더럽혀진 채로 이승을 떠날 수밖에 없다네. 육신과 떨어져 본 적이 없고, 육신에만 몰두해 영향을 받고 지나치게 얽매이다 보면 육신의 때를 당연하게 여기기 마련이니까. 육신의 때는 무겁고 가시적이며 세속적이라네. 이러한 무게를 짊어진 영혼은 눈에 보이지 않는 세계를 두려워하기에 결국에는 다시 눈에 보이는 세계로 이끌려 가지."(파이돈 81b~c) "그렇게 해서 영혼은 순수하고 신적인 단순함에서 멀어지고 만다네."(파이돈 83e) 소크라테스는 몇 가지 구체적인 환생의 예를 들기도 한다. "수치심과 절제를 모르고 무절제만 일삼은 영혼은 당나귀 같은 동물의 몸으로 들어갈 테지."(파이돈 81e-82a) "불의와 폭정, 약탈밖에 모르던 영혼은 늑대, 매, 솔개의 몸으로 들어갈 테고 말이야."(파이돈 82a) 반면, 정의롭고 절제할 줄 아는 영혼은 가장 행복한 운명을 맞는다고 말한다. "그런 영혼은 평화롭고 유순한 동물이나 인간의 몸으로 들어가 덕이 있는 사람이 될 것이네."(파이돈 82a~b) 그러나 죽음 이후에 신들에게 가까이 다가가는 것은 '육신의 모든 욕망을 버리고', '정념에 휩쓸리지 않고', '파산이나 가난을 두려워하지 않으며', '순수한 상태로 영혼이 육신을 떠난' 철학자뿐이다.(파이돈 82c) 철학자는 "사슬에 묶인 영혼을 육신에 더 단단히 옭아매는 것이 바로 정념이라는 사실"을 자각할 뿐 아니라, 감각은 '환영으로 가득 차 있고', '느낄 수 있고 눈에 보이는 것'만 감지하지만, 영혼은 '눈에는 안 보이고 관념적인 것을 꿰뚫는다'라는 사실도 안다. 철학자는 "육신과의 관계에서 영혼을 떼어내려고 다른 이들보다 더 특별히 노력하는 사람"이며(파이돈 64e~65a) 죽음을 절대로 두려워하지 않는다. 죽음은 '육신의 광기에서 해방해 주며', 마침내 '사물의 순수한 본질'을 알게 해주기 때문이다.(파이돈 67a~b)

죽음을 앞뒀을 때 소크라테스는 희망에 차 있다고 말한다. '좋은 벗과 좋은 스승'을 만날 생각에 '아주 즐거운 마음으로' 죽음으로 향한다고 말하기도 한다.(파이돈 68b, 69e) 소크라테스는 일평생 "모든 정념을 누르고 완전한 평정을 유지하면서 항상 이성을 지침으로 삼고 따랐다"라고 자부했다. 그리고 철학자의 영혼은 필연적으로 죽음 후에 "인간을 괴롭히는 모든 악에서 벗어나 자신과 같은 본질로 돌아간다"라고 확신한다.(파이돈 84a~b) 죽기 몇 시간 전에는 자신이 가게 될 사후 세계를 설명하기도 한다. 그리고 다이몬에 해당하는 말을 한다. "전해지는 이야기에 따르면 사람이 죽으면 생전에 함께했던 수호신이 나와서 죽은 자들이 모여 심판을 받는 곳으로 데려간다고 하지. 그리고 안내자를 따라 저승으로 가는데, 죽은 자들은 공과에 상응하는 상과 벌을 받으면서 얼마 동안 그곳에 남아 있다가, 길고 긴 시간이 흐른 뒤에 또 다른 안내자를 따라 다시 이승으로 온다네." 그리고 이렇게 덧붙인다. "분별 있고 지혜로운 영혼은 다가올 자신의 운명을 예상하면서 기꺼이 안내자를 따라가지. 하지만 정념에 이끌려 육신에 얽매인 영혼은 육신과 눈에 보이는 세계를 쉽게 벗어나지 못한다네. 그래서 심하게 저항하고 괴로워하지만, 결국에는 수호신에게 억지로 끌려가고 말지. 육신에 매인 영혼은 지옥의 고통을 맛보지만 '분별 있고 지혜롭게 일생을 산 영혼'은 신들 곁에서 천상에 있는 '순수한 땅의 아름다움'을 맛본다네."(파이돈 107c-108, 110a) "이제 자네들도 살아 있는 동안 미덕과 지혜를 얻기 위해 최선을 다해야 한다는 것을 이해하겠지. 노력의 보상은 훌륭하고, 희망도 크니까."(파이돈 114c)

그러다가 불쑥 이런 의문을 제기한다. 플라톤의 『소크라테스의 변론』에서는 "죽음이 무엇인지 아는 사람은 아무도 없습니다"라고 지적하고(소크라테스의 변론 29a), 『파이돈』에서는 이렇게 말한다. "만약 죽음과 함께 존재가 사라진다면 악인들에게는 참 좋은 일이지. 죽음으로 육신과 영혼뿐 아니라 악에서도 해방되니까." (파이돈 107c) 하지만 사후 세계만큼은 그렇게 단정적으로 설명하지 않는다. "사후 세계가 내가 말한 그대로라고 못박아 이야기하는 것은 참으로 교만하고 분별없는 행동이겠지."(파이돈 114d) 그리고 자조적으로 역설을 드러낸다. "내 말이 반드시 진실이라고 다른 이들을 설득하려는 것은 아니라네. 사실 나 자신을 설득하는 것이 주된 목적이니까. 타산적으로 득실을 따져 보자면, 내 말이 참이라면 신념을 지키는 편이 유리하지만, 설령 사후 세계가 없다고 해도 나쁠게 없다네. 죽기 전까지 탄식을 쏟아내면서 여기 있는 사람들을 불편하게 만들지 않아도 되니까." 그리고 우회적으로 결론을 내린다. "무엇이 참인지 곧 알게 될 테니, 그때 바로 답을 내리도록 하지."

(파이돈 91b)

여기서 소크라테스는 매우 중요한 사실을 제시한다. 철학자에게는 두 가지 다른 지식 체계가 있다. 한 가지는 오늘날 과학이라고 부르는 합리적인 지식이고 다른 하나는 믿음, 직감, 감정, 전통과 같이 이성의 틀을 넘어서는 지식이다. 전자는 지식 체계에서 불변하는 '확실성'을 따르지만, 후자는 몽테뉴가 말한 '내적 확신'을 따른다. 철학자는 자신과 인간, 그리고 세상에 대해 확신을 주는 지식을 사유와 이성의 힘에서 얻는다. 이 지식은 보편타당하다. 하지만 불확실한 지식을 얻기도 한다. 이성뿐 아니라 '내적 확신'에서 나온 지식이다. 이런 지식은 삶을 비추고 인생을 풍요롭게 만들기도 한다. 비록 보편적인 진리는 아니지만, 확신을 가진 사람에게는 진리로 통한다. 영혼 불멸에 관한 소크라테스의 가르침은 내적 확신에서 나온 지식의 전형이다.

부활과 영생

그리스와 인도의 사상은 영혼과 육신을 명확하게 구분했지만 유대 사상에서는 사람을 총체로 파악했고, 영혼과 육신을 나누는 사고방식은 존재하지 않았다. 따라서 예수는 소크라테스가 말한 '불멸의 영혼'이나 인도의 '자아'처럼 사후에 육신에서 분리된 영혼에 관해서는 거론하지 않았다. 하지만 '영원하지 않은 세상' 너머에 삶이 있으며, 그곳에서 선한 사람은 상을 받고 악한 사람은 벌을 받는다고 늘 강조했다. 유대교에서 죽은 자의 부활에 대한 믿음은 상당히 뒤늦게 생겨났다. 사두가이파의 귀족이나 신전을 관리하던 사제들과 달리 예수와 자주 접촉했던 바리사이파 사람들은 영혼이 부활한다고 굳게 믿었다.(마태오 22:23, 사도행전 23:8)

예수는 산상설교에서 여덟 가지 참행복(진복팔단, 眞福八端)을 이야기하면서 사후 하느님의 심판을 감동적으로 묘사했다. "마음이 가난한 사람은 행복하다. 하늘나라가 그들의 것이다. 온유한 사람은 행복하다. 그들은 땅을 차지할 것이다. 슬퍼하는 사람은 행복하다. 그들은 위로를 받을 것이다. 옳은 일에 주리고 목마른 사람은 행복하다. 그들은 만족할 것이다. 자비를 베푸는 사람은 행복하다. 그들은 자비를 입을 것이다. 마음이 깨끗한 사람은 행복하다. 그들은 하느님을 뵙게 될 것이다. 평화를 위하여 일하는 사람은 행복하다. 그들은 하느님의 아들이 될 것이다. 옳은 일을 하다가 박해를 받는 사람은 행복하다. 하늘나라가 그들의 것이다."(마태오 5:3~10) 미움받고, 배척받고, 오명을 쓴 모든 사람에게 예수는 이렇게 말한다. "너희는 행복하다. (...) 그럴 때 너희는 기뻐하고 즐거워하여라. 하늘에서 너희가 받을 상이 클 것이다."(루가 6:20~23)

'하늘'이나 '하느님 나라'는 눈에 보이지 않고 어디 있는지 알 수 없는 내세를 가리킨다. 기독교에서는 선한 사람들이 하느님 곁에서 '천사처럼' 살며, 신비롭고 정의할 수 없는 그곳을 낙원이라고 부른다. 예수는 새로 도래할 세상을 '하느님 나라'라고 부르기도 했다. 하지만 이 표현은 더 모호하다. 맥락에 따라서 예수가 있는 현세나 천국을 뜻하기도 하고, 종말 이후의 새로운 지상 세계를 가리키기도 한다. 「마르코의 복음서」에서 '하느님 나라'라는 주제는 예수의 설교에서 처음 언급된다. 요르단강에서 요한으로부터 세례를 받은 예수는 요한이 체포된 이후 40일 동안 광야에 들어가 사탄의 유혹에 맞선다. 다시 갈릴래아에 돌아온 예수는 이렇게 말한다. "때가 다 되어 하느님 나라가 다가왔다. 회개하고 이 복음을 믿어라." 당시 팔레스타인에서는 세상의 종말을 예언하는 묵시론적 풍조가 고조되었고, 독실한 유대인들 가운데 구원자를 기다리는 이들이 점점 많아졌다. 플라비우스 요세푸스는 『유대 고대사』와 『유대 전쟁사』에서 이러한 흐름이 예루살렘 몰락의 원인이 되었다고 지적했다.

한편 예수는 하느님 나라의 도래에 관해서는 다소 모호한 태도를 보였다. 시기가 임박했다고 주장하면서도 "도래 여부는 미리 알 수 없다"라고 했다. 그리고 막연한 미래를 상정하며, 하느님 나라가 도래하기 전에 여러 재앙이 불어닥칠 것이라고 했다. "곳곳에서 기근과 지진이 일어날 터인데, 이런 일들은 다만 고통의 시작일 뿐이다.", "서로 배반하고 서로 미워할 것이며 거짓 예언자가 여기저기 나타나서 많은 사람을 속일 것이다.", "하늘나라의 복음이 온 세상에 전파되어 모든 백성에게 밝히 알려질 것이다. 그리고 나서야 끝이 올 것이다."(마태오 24:7~14), "그 재난이 다 지나면 해는 어두워지고 달은 빛을 잃고 별들은 하늘에서 떨어지며 모든 천체가 흔들릴 것이다.", "그러면 사람들은 사람의 아들이 구름을 타고 권능을 떨치며 영광에 싸여 오는 것을 보게 될 것이다.", "그때 사람의 아들은 천사들을 보내어 땅끝에서 하늘 끝까지 사방으로부터 뽑힌 사람들을 모을 것이다."(마르코 13:24~27)

종말, 그리스도의 재림, 최후의 심판에 관한 묵시론적 이야기는 세 공관복음서에 나온다. 요한묵시록에는 이런 내용이 전장에 걸쳐 기록되어 있다. 요한묵시록은 사도 요한이 계시에 따른 환시 광경을 기록한 예언서로, 악의 세력과의 격렬한 전투가 끝난 뒤에 '천상의 예루살렘'이 도래하는 광경을 다음과 같이 전한다. "그 뒤에 나는 새 하늘과 새 땅을 보았습니다. 이전의 하늘과 이전의 땅은 사라지고 바다도 없어졌습니다. 나는 또 거룩한 도성 새 예루살렘이 신랑을 맞을 신부가 단장한 것처럼 차리고 하느님께서 계시는 하늘로부터 내려오는 것을 보았습니다. 그때 나는 옥좌로부터 울려 나오는 큰 음성을 들었습니다. '이제 하느님의 집은 사람들이 사는 곳에 있다. 하느님은 사람들과 함께 계시고 사람들은 하느님의 백성이 될 것이다. 하느님께서는 친히 그들과 함께 계시고 그들의 하느님이 되셔서 그들의 눈에서 모든 눈물을 씻어 주실 것이다. 이제는 죽음이 없고 슬픔도 울부짖음도 고통도 없을 것이다. 이전 것들이 다 사라져버렸기 때문이다.'"(요한묵시록 21:1~4)

「요한의 복음서」에서는 '하느님 나라'와 '하늘나라'라는 말이 거의 나오지 않는다. 하지만 죽음 이후에 삶이 있다고 강조한다. 「요한의 복음서」에는 더 직접적으로 '영원한 생명'과 '부활'을 이야기한다. 바리사이파 사람 니고데모와의 대화에서 예수는 "하느님이 아들을 세상에 보내신 것은 세상을 단죄하시려는 것이 아니라 아들을 시켜 구원하시려는 것이다"라고 말한다.(요한 3:16~17) 요한은 복음서에 이런 일화도 언급한다. 예수는 한참을 걸은 후에 사마리아 지방에 있는 야고보의 우물가에 멈추어 섰다. 마침 그때 물을 길러 나온 사마리아 여인에게 물을 좀 달라고 청했다. 그렇게 해서 물을 두고 대화를 주고받던 중에 예수는 여인에게 이렇게

말했다. "이 우물물을 마시는 사람은 다시 목마르겠지만 내가 주는
물을 마시는 사람은 영원히 목마르지 않을 것이다. 내가 주는 물
은 그 사람 속에서 샘물처럼 솟아올라 영원히 살게 할 것이다."(요
한 4:13~14) 예수는 인류에게 가져다준 영원한 생명을 물에 비유했
듯이 그 상징을 빵에 부여하기도 했다. "나는 하늘에서 내려온 살
아 있는 빵이다. 이 빵을 먹는 사람은 누구든지 영원히 살 것이다."
(요한 6:51) 제자 여럿이 "말씀이 어려워서야 누가 알아들을 수 있겠
는가?" 하며 예수를 떠나자 열두 제자 가운데 시몬 베드로가 나서
서 말했다. "주님, 주님께서 영원한 생명을 주는 말씀을 가지셨는
데 우리가 주님을 두고 누구를 찾아가겠습니까?"(요한 6:68)

　여기서 '영원한 생명'은 '부활'과 관련이 있다. 예수는 최후의
심판을 언급하며 분명히 말했다. "그렇다. 아들을 보고 믿는 사람
은 누구나 영원한 생명을 얻게 하는 것이 내 아버지의 뜻이다. 나
는 마지막 날에 그들을 모두 살릴 것이다."(요한 6:40) 죽은 자의 부
활에 관한 예수의 가장 확실한 말은 「요한의 복음서」 11장에 나온
다. 예수는 친구 라자로의 누이 마르타에게서 라자로가 죽었다는
말을 듣고 이렇게 말한다. "네 오빠는 다시 살아날 것이다." 마르타
가 마지막 날 부활 때에 다시 살아나리라는 것은 알고 있다고 하자
예수는 이렇게 답한다. "나는 부활이요 생명이니 나를 믿는 사람
은 죽더라도 살겠고 또 살아서 믿는 사람은 영원히 죽지 않을 것이

다."(요한 11:25~26) 라자로의 다른 누이 마리아가 우는 모습을 보자 슬픈 마음이 북받치고 친구의 죽음을 애통히 여긴 예수는 신적인 능력을 보여준다. 마리아가 "죽은 지 나흘이나 되어서 이미 냄새가 난다"라고 하는 라자로를 무덤에서 되살아나게 한 것이다.

앞에서 언급했듯이, 제자들은 예수가 죽음에서 부활한 것을 보았다고 말한다. 예수는 깜짝 놀라 자기 앞에 엎드린 마리아에게 이렇게 말했다. "내가 아직 아버지께 올라가지 않았으니 나를 붙잡지 말거라."(요한 20:17) 『신약성경』에서는 이 결정적인 부활로 예수를 '죽음으로부터 제일 먼저 살아나신 분'이라고 부른다. 그리고 모든 사람이 예수를 통해 다시 살아날 것이며, 천국의 기쁨 속에서 사는 이도 있고 지옥의 고통을 맛보는 이도 있을 것이라고 말한다. 그러나 『신약성경』은 저자에 따라 영원한 형벌에 대한 설명이 다소 차이를 보인다. "성령을 모독하는 사람은 용서를 받지 못한다"(루가 12:10)처럼 특정한 죄에 대한 처벌을 언급한 구절도 있고, 신은 인간의 모든 죄를 용서한다고 하는 구절도 있다. 복음사가들이 전하는 예수의 말에 따르면, 그리스도를 의지하고 믿는 사람들은 '영원한 생명'을 얻는다고 한다. 넓은 의미에서는 이웃을 사랑할 줄 아는 모든 선한 사람을 포함하는 말일 것이다.(마태오 25)

인간의 사후에 관한 붓다, 소크라테스, 예수의 견해는 차이를 보이지만, 한 가지 중요한 공통점이 있다. 세 사람 모두 현세의 행동이 다음 생에 영향을 미친다고 설파했다는 점이다. 이러한 관점은 삶을 대하는 방식과 윤리적 선택, 자기 자신에 대한 인식에 지대한 영향을 미친다. 달리 믿음이 없다면, 합리적인 사고만으로 내세와 눈에 보이지 않는 세계가 존재한다고 확신하기는 어렵다. 하지만 블레즈 파스칼이 신의 존재에 관한 변증론 '파스칼의 내기Pari de Pascal'를 말하기 훨씬 이전에, 소크라테스는 신념에 따라 살면 달리 잃을 것이 없다고 해학 섞인 조언을 했다. 물론 그러한 믿음이 현세의 삶을 저해하고, 우리를 두려움과 운명론에 가둬, 죽은 것과 다를 바 없는 삶을 살게 해서는 안 된다. 하지만 분명한 점은 붓다, 소크라테스, 예수는 그런 삶을 살지 않았다는 것이다.

진리를 추구하라

빌라도가 예수에게 물었다. "진리가 무엇이오?" 참으로 의미심장하고 중요한 질문이다. 빌라도가 물었듯이 '진리가 무엇인가'라는 답은 쉽게 얻을 수 없기 때문이다. 이 문제에 관한 앙드레 콩트 스퐁빌의 지적은 매우 합당해 보인다. "빌라도는 로마 점령군의 총독이며, 이 질문을 한 직후에 무고한 예수의 처형과 자신은 아무런 관련이 없다는 것을 사람들에게 보여주려고 손을 씻었다. 이 점을 잘 생각해 보아야 한다. 진리가 없거나 전혀 알 수 없다면 죄인과 무고한 사람, 재판과 위선, 의인과 사기꾼을 무슨 수로 구분하겠는가?"(34)

소크라테스, 예수, 붓다의 가르침은 진리를 향한 탐구를 바탕으로 한다. 따라서 세 사람은 진실과 거짓, 선과 악, 정의와 불의의 구분을 매우 중요하게 여겼다. 이러한 분별 없이는 바른 삶을 영위할 수 없다고 보았다. 그리고 특정한 사실에 대한 진리를 탐구하는 데서 그치지 않고, 모든 사람에게 적용되는 보편적인 진리를 추구했다. 소크라테스는 인간이라면 누구나 인간의 이성을 지녔기에 보편적인 진리 탐구가 가능하다고 생각했다. 붓다 역시 정신의 보편성을 믿었고, 자신이 내적 성찰로 깨달은 진리를 다른 이들도 모두 터득할 수 있다고 믿었다. 예수는 보편적 진리의 근원인 절대적인 진리가 있다고 했다. 바로 하느님이다.

분별력과 소크라테스식 산파술

델포이의 신탁을 통해 아폴론은 소크라테스만큼 지혜로운 자가 없다고 했지만, 소크라테스 자신은 플라톤의 대화편 내내 "내게는 아무런 지혜가 없다"라는 말을 되풀이한다. 그리고 아무런 지식도 없다고 공언한다. "내가 아는 유일한 것은 나는 아무것도 모른다는 사실입니다." 이렇듯 지혜와 지식이 부족하다고 말하긴 했지만 사실 소크라테스는 야심 찬 목표가 있었다. 그는 지식을 통해서 도달할 수 있는 진리를 추구했다. 여기에서 지식은 물리나 수학, 이성의 한계를 초월하는 형이상학적 문제와는 관련이 없다. 소크라테스가 중시한 유일한 지식은 바로 인간에 관한 지식이다. 더 구체적으로는 인간의 행위, 즉 도덕에 관한 지식이다. 소크라테스에게 보편적인 진리란 그릇된 생각에 반대되는 '진실'이며, 악에 반대되는 '선'이다. 높은 권위나 다수의 뜻으로도 보편적 진리는 왜곡할 수 없다. 『고르기아스』에서 폴로스와 정의를 논하는 가운데 소크라테스는 자신의 주장을 논박해 보라며 "참된 것은 절대 논박당하지 않는 법"이라고 말한다.(고르기아스 473b) 진실은 이성의 노력과 합리적인 신념의 결실이기에 개인이 자신의 본성을 깊이 탐구하고 '자기 자신'을 알고자 할 때 비로소 얻을 수 있다. 이러한 진실은 혼란을 야기하고 망상의 근원이 되는 선입견, 감정, 두려움, 정념을 모두 초월한다. 그렇게 해서 진정한 정의, 진정한 아름다움, 진정한 선의, 진정한 용기와 같은 '진리'에 도달할 수 있다. 이 모든 진리는 복잡하면서도 단순하다. 정의가 쉽지 않을 뿐, 매우 순수한 개념이기 때문이다. 대화편 『라케스』에는 철학자 니키아스와 라케스가 용기라는 개념의 정확한 정의를 내려 보려 하지만 실패하는 일화가 여러 번 등장한다. 소크라테스는 용맹함, 대담함 같은 일반적인 용기의 정의를 논박하면서 무엇이 용기에 해당하지 않는지를 먼저 밝히고는 "니키아스여, 우린 용기가 무엇인지 밝혀내지 못했습니다"라고 시인한다.(라케스 199e)

그렇다면 어떻게 진리를 밝히고 사물의 '본질과 본성'을 파악할 수 있을까?(테아이테토스 148d) 소크라테스는 사물과 인간의 진정한 본질에 대한 이해라고 할 수 있는 진리는 우리 내면 깊은 곳에 있다고 보았다.『파이돈』에서 소크라테스는 '절대적인 평등, 절대적인 아름다움, 절대적인 선, 그리고 모든 존재의 근원'이 '순수하고 단순한' '본질'로써 태어나기 전부터 인간의 내면에 새겨져 있지만, 세상에 태어나면서 기억에서 지워진다고 설명한다. 어떻게 보면 소크라테스는 이런 본질을 단순히 찾아내는 것이 아니라 되찾아야 한다고 했다. 배운다는 것은 육신을 지닌 인간으로 태어나기 전에 영혼이 머물던 지고한 세상의 기억을 되살리는 과정일 뿐이다.(파이돈 72e) 소크라테스는 이런 본질이 순수한 상태로 존재한다고 확신했다. 아테네 법의 심판으로 독배를 마시게 된 소크라테스는 자리에 모인 제자들에게 말한다. "만약 이런 것들이 존재하지 않는다면 우리의 논의는 무의미하겠지."(파이돈 76e)『테아이테토스』에서 그는 이런 지식이 누구에게나 씨앗처럼 깃들어 있어서, 다른 이의 도움만 있으면 지식을 꽃피울 수 있다고 말한다. 그래서 "처음에는 완전히 무지해 보이지만" 자신과 대화를 나누면서 '신이 허락해' '대단한 발전'을 이루는 젊은이들도 있다고 설명한다. 그러나 "나쁜 스승을 만나면, 원래 지녔던 씨앗을 전부 유산해 버리고, 내가 조산술로 거둔 싹도 양분을 얻지 못해 시들어 버린다네. 그래서 진리보다는 거짓과 눈에 보이는 무상한 것들만 좇을 따름이지."(테아이테토스 150d~e) 소크라테스가 소피스트들을 멀리한 이유도 여기에 있다. 소피스트는 직업으로 웅변술을 가르치던 이들로, 찬반의 내용과는 상관없이 오로지 반론과 설득으로 상대방을 이기는 기술만을 가르쳤다. 이런 웅변술은 민주정이 발달한 아테네에서 상당히 인기가 많았다. 특히 소크라테스가 살던 시대에는 대중을 선동한다는 우려가 나올 만큼 웅변술이 정점에 달했다. 하지만 소크라테스는 옳고 그름의 차이를 고려하지 않는 웅변술의 상대주의를 정면으로 반대했다. 상대주의는 무익할 뿐 아니라 영혼을 해친다는 것이 이유였다. 모든 진리의 상대화는 철학적 탐구의 궁극적인 목표인 진리 탐구를 포기하는 것과 다를 바 없기 때문이다.

소크라테스는 진리에 도달하기 위해 대화 상대에게 질문 공세를 폈고, 상대는 그 과정에서 이치를 깨닫고 판단력을 길렀다. 소크라테스는 이런 대화 방식이 지식에 이르는 유일한 길이라고 여겼다. 그래서 거리에 나가 상대를 가리지 않고 행인, 장인, 장군, 웅변가 누구에게나 '산파술'을 써서 질문을 던졌다. 산파술로는 무엇을 낳았는가? 바로 대화자 자신이다. 대화 상대는 잠재된 자신의 본성과 개인을 넘어선 인간의 본질을 마주하게 된다. 각 개인을 통해 소크라테스가 밝히고자 한 것은 다름 아닌 인간의 고유한 속성이다. 그래서 그는 이렇게 토로하기도 했다. "내가 티폰(그리스 신화에 등장하는 거대한 괴물)보다 더 까다롭고 사나운 짐승인지, 아니면 맑고 신적인 품성을 갖춘 더 온화하고 단순한 동물인지 알아내고자 나를 고찰한다네."(파이드로스 230) 진리가 보편적인 것은 신성을 일부나마 간직한 인간 본성 자체가 보편적이기 때문이다. 그러나 육안에 보이는 세계에 갇혀 있는 인간은 진리를 바로 보지 못하기 때문에, 처음에는 진리의 왜곡된 그림자만 인식한다.

소크라테스의 진리에 대한 탐구를 이해하기 쉽게 설명하기 위해 플라톤은 유명한 '동굴의 우화'를 언급한다.(35) "우화에 따르면 태어날 때부터 동굴 안에서 사슬에 묶여 있는 사람들이 있다. 이들은 앞만 볼 수 있고, 머리를 돌려서 입구에서 불이 타오르는 모습도 볼 수 없다. 이 사람들과 불 사이에 낮은 벽이 세워져 있다. 인형극에서 꼭두각시를 조종하는 사람들을 가려 주는 가림막과 같은 역할을 한다."(국가 514b). 이 벽 뒤에서 다양한 물건을 든 사람들이 지나다닌다. 말을 하는 사람도 있고 조각상을 든 사람도 있다. 하지만 동굴 안에 갇힌 사람들은 볼 수 있는 것은 동굴 벽에 투영된 그림자뿐이다. 평생 실물을 본 적 없는 이 사람들은 벽에 비친 자신들의 그림자와 가공된 형상의 그림자가 현실이라고 여긴다. 플라톤은 이들 중 누군가가 어느 날 결박을 풀고 밖으로 나오는 상황을 상상한다. 빛을 보게 된 그 사람은 '무지를 치유'할 수 있게 된다.(국가 515c) 하지만 처음에는 난생처음 보는 빛이 너무 눈부셔서 벽에 투영된 그림자조차 식별할 수 없을 것이다. "만일 누군가 이 사람에게 전에는 허상만 보았지만, 이제는 더 현실적인 대상으로 눈을 돌리게 되었으니 예전보다 더 정확하게 세상을 보게 되었다고 한다면, 과연 어떤 대답이 돌아오겠는가? 그리고 벽 뒤로 지나는 것을 보여주면서 그것이 무엇인지 말해 보라고 한다면, 뭐라고 하겠는가?"(국가 515d) 사물의 실물을 '진짜'로 받아들이고 그동안 줄곧 보아왔던 그림자가 '가짜'라고 쉽게 인정하지는 못한다. 더군다나 태양 때문에 눈이 부셔서 고통스러워서 시간이 지나야 비로소 밝은 빛에 적응하고 주변 사물을 있는 그대로 바라볼 수 있게 된다. 그리고 태양을 보게 되면 계절과 1년의 시간을 가져다주는 태양이 바로 '동굴 속에서 동지들과 보았던 모든 것의 원인'이었음을 깨닫는다.(국가 516c) 그리고 동굴에서 그림자가 지나가는 것을 예상하거나 가장 빨리 알아채며, 자랑스러워 하고 칭찬하던 동지들을 불쌍히 여길 것이다. "다시 허상 속으로 돌아가 예전처럼 살기보다는 가난한 농부의 노비가 되어 세상의 온갖 고통을 겪는 편이 천백 번 낫다고 여기겠지."(국가 516d)

만약에 이런 사람이 동굴로 돌아가 다시 쇠사슬에 매인 삶을 살아야 한다면 어떻게 될까? 그새 빛에 익숙해진 그는 어둠에 잘 적응하지 못할 테고, 동지들은 그의 어설픈 행동을 비웃을 것이다. 동지들은 아마 그가 했던 경험을 하고 싶어 하지 않을 것이다. "그런데도 누군가가 속박을 풀어 주고 동굴 밖으로 데리고 나가려고 한다면, 사람들은 그 사람을 죽이지 않겠는가?"(국가 517) 플라톤은 이 우화에 빗대 소크라테스의 이야기를 하고 있다. 소크라테스도 아테네 시민들을 무지의 사슬에서 해방하려 했기 때문에 사형 판결을 받은 것이 아닐까? 동굴 우화에서 언급된 빛은 소크라테스가 추구했던 진리며, 험난한 길을 거쳤기에 사람들을 어둠에서 구할 수 있는 사람, 빛의 실체를 알리려고 동굴 속으로 다시 걸어 들어간 그 사람은 분명 철학자 소크라테스다.

"사소한 변동과 변화도 절대 받아들이지 않는" 대부분의 평범한 사람은 세상에 태어나기 전에 자신이 무엇을 알았는지, 자기 안에 잠재된 것이 무엇인지를 스스로 기억해 내지는 못하기 때문이다.(파이돈 78d) 대화와 훌륭한 스승만이 옳은 길을 제시해 주고, 내면에 숨겨진 진리가 세상에 '태어나게' 해준다. 이것이 앞서 여러 차례 언급한 산파술의 진정한 의미다. "두 사람이 함께 탐구하고 검토해야 한다. 말하는 사람과 듣는 사람 사이에dia서 오고 간 말logos이나 논리가 맞게 전달되었는지 확인하려면 두 사람이 필요하다. 이때 유일한 조건은 두 사람 모두 대화와 이성의 미덕을 믿는 것이다."(36) 소크라테스의 제자들은 이 점을 잘 알았다. 그래서 몇 시간 뒤면 임종의 순간을 맞을 소크라테스를 앞에 두고 이들은 절망에 빠졌다. "소크라테스 선생님, 우리 곁을 떠나시면 선생님만큼 대단한 주술사를 또 어디서 찾겠습니까?" 소크라테스는 제자들에게 의미심장한 대답을 했다. 이 말은 오늘날을 사는 우리에게도 여전히 유효하다. "그리스에는 크고 훌륭한 사람도 많네. 노력과 비용을 아끼지 말고, 온 세상을 다 돌며 수소문해서라도 좋은 주술사를 찾도록 하게. 재산을 쓰는 방법으로 이보다 더 적절한 것이 없으니까. 자네들 사이에서도 찾아보게. 결국 자네들보다 더 적합한 사람을 찾아내지 못할 수도 있다네."(파이돈 78a)

네 가지 고귀한 진리와 불교 명상

눈에 보이는 것은 진짜가 아니라고 생각한 싯다르타는 태어나고 자란 궁을 떠나 겉모습을 초월하는 진리를 추구했다. 소크라테스처럼 싯다르타도 처음에는 시행착오를 겪었다. 소크라테스는 아테네에서 가장 지혜롭다는 사람들을 여럿 찾아다녔지만, 그들의 지혜가 깊지 않다는 것을 알게 된다. 붓다는 가장 고명한 고행자들을 차례로 만났으나 그들의 극단적인 수행이 무의미하다는 것을 깨닫는다. 두 사람은 만물의 진리이자 누구나 도달할 수 있는 보편적인 진리가 있음을 직관했다. 직관보다는 내적 확신에 가까울 것이다. 두 사람 모두 온 힘을 다해 진리를 추구했다. 그런데 소크라테스가 자기성찰을 바탕으로 이성이라는 도구를 강조한 것과 달리 붓다는 내적 경험만을 중시했다. 지성과 추론으로 진리를 발견하기보다는 내적 경험으로 진리를 끌어내고자 했던 것이다. 지성과 순수한 사색만으로 진리에 이르는 방법에 대해서는 회의적이었다.

불교의 유명한 경전 「범망경」(梵網經, 브라흐마잘라 숫타Brahmajala Sutta)에서 붓다는 경험을 희생하면서 이론을 고수하는 이들을 근거 없이 '현학적인 진리'만 추구하는 '논리와 이성에 갇힌 수행자'라고 거세게 비판한다.(범망경 2, 13) 존재의 불가사의에 대한 답은 반드시 구체적이어야 한다고 보았기 때문이다. 그 진리는 끝없이 환생해야 하는 고통스러운 윤회의 고통에서 벗어나는 유일한 길이며, 깨달음을 얻고 사물의 본질을 궁극적으로 자각할 수 있는 유일한 길이다.

싯다르타는 괴로움의 원인을 찾아 분석하고 제거하기 위해 가장 먼저 내면의 본성을 탐구했다. 자신의 욕망과 감정을 고찰하고, 오랜 시간 동안 명상에 잠겼다. 기록으로는 남아 있지 않지만 아마 자기 자신을 분석했을 것이다. 붓다는 인간의 지성으로는 풀 수 없는 형이상학적인 의문에는 관심을 두지 않았다. 대신 해탈에 이르는 길을 찾는 데 모든 노력을 쏟았다. 그 수행법은 다음과 같다. "지붕을 잘못 이은 집에 비가 스미듯이, 닦이지 않은 마음에 탐욕이 스민다. 지붕이 잘 이은 집에 비가 스미지 않듯이, 잘 닦인 마음에는 욕망이 스미지 않는다."(법구경 1, 13~14) "열심히 노력해 선정을 닦는 자에게 사물의 진리가 드러나면, 모든 의혹이 사라진다. 만상의 본질과 근원이 무엇인지 깨달았기 때문이다."(율장 대품 1, 3) 싯다르타는 깨달음을 얻을 때까지 명상을 계속했다. 그리고 깨달음을 얻는 순간 진리가 드러났다. 모든 것이 무상하며, 욕망을 부추기는 무상함이 고통의 근원이라는 것이다. 이를 통해 불교에서 해탈이 진리의 탐구와 얼마나 관련이 깊은지 알 수 있다. 자기 자신과 내면에서 비롯된 욕망과 허상에서 벗어나 해탈에 이르면 진리에 더 가까워지는 것이다.

깨달음을 얻은 붓다는 자신의 가르침이자 불교의 핵심을 집약했다. 이것이 바로 네 가지 고귀한 진리 '사성제(四聖諦)'다. 그렇게 해서 붓다는 예전에 만난 다섯 수행자에게 처음으로 가르침을 폈다. 붓다가 처음으로 법(法)의 수레바퀴를 굴렸다고 하여 초전법륜(初轉法輪)이라고도 한다. 산스크리트어로 다르마dharma라고 하는 '법'은 여러 가지 의미가 있다. 불변하는 우주 삼라만상의 질서를 의미하기도 하며, 사물의 본질과 인간의 조건을 밝히는 붓다의 교리를 일컫기도 한다. 자세한 설명으로 들어가기에 앞서, '사성제'는 원문 '차타리 아리야 사차니(팔리어: cattari ariya saccani, 산스크리트어: catvari arya satyani)'를 그대로 옮긴 말이 아니라는 점을 언급하고자 한다. 여기서 '고귀한'이란 뜻의 '아리야arya'라는 단어는 진리 자체가 아니라 진리를 받아들이고 이해하는 사람을 칭한다. 따라서 정확한 의미는 '고귀한 사람들의 네 가지 진리'다. 여기서 '고귀한 사람'은 정신적으로 고귀한 사람들을 뜻한다.

그렇게 해서 붓다는 가장 널리 알려진 설법을 폈다. "수행자는 두 가지 극단을 피해야 한다. 두 가지 극단이란 무엇인가? 하나는 감각적인 쾌락에 빠지는 것이다. 감각적 쾌락은 저속하고, 세속적이고, 하찮고, 유익함이 없다. 다른 하나는 지나친 고행에 몰두하는 것이다. 이것은 고통스럽고, 저속하고, 유익함이 없다. 여래는 이 두 가지 극단에 치우침이 없이 통찰력, 지혜, 평화를 주고, 깨달음과 열반으로 이끄는 중도를 깨달았다." 그리고 이 진리를 네 가지로 집약했다. 여기서 중심이 되는 개념은 '괴로움(두카dhukka)'이다. 앞서 언급했듯이 이 개념은 마음과 정신의 고통을 모두 아우른다. 붓다는 인생은 괴로움이며(苦), 괴로움의 근원은 갈애, 즉 욕망에 대한 집착이고(集), 괴로움의 소멸(滅)로 가는 올바른 여덟 가지 길(道)이 있다고 설파했다. 사성제의 세부적인 개념을 좀 더 자세히 살펴보자. 붓다가 제시하는 분석은 치유에 대한 은유라고도 할 수 있다. 불교학자 앙드레 바로가 말했듯이 불교의 근본 목적은 고통의 치유에 있기 때문이다.

붓다는 첫 번째 진리를 제시했다. "인생은 괴로움이다.(고성제, 苦聖諦)" 붓다는 영혼을 치유하는 의사처럼 이러한 진단을 내리고, 사람의 생애 주기를 포괄하는 일곱 가지 범주로 괴로움을 구분했다. "태어나고, 늙고, 병들고, 죽는 것도 괴로움이요, 싫은 것을 만나는 것도 괴로움이다. 좋아하는 것과 헤어지는 것도 괴로움이고, 원하는 것을 얻지 못하는 것도 괴로움이며, 번뇌의 덩어리가 된 오온(五蘊, 색色·수受·상想·행行·식識)에 대한 집착도 괴로움이다." 따라서 모든 것이 고통이며, 생에서 영원한 행복을 추구하는 것은 헛된 바람이다. 붓다는 이처럼 객관적이고 명료한 진리를 제시했지만, 인생을 염세적으로 바라보지는 않았다. 그래서 괴로움에서 벗어나는 첫 번째 방법을 제시한다. 고통의 첫 번째 근원을 알면 치유의 길로 접어드는 첫발을 내디딜 수 있기 때문이다.

그리하여 붓다는 두 번째 진단을 내린다. "괴로움의 근원은 갈애다."(집성제, 集聖諦) 갈애는 감각과 존재의 쾌락을 향한 끝없는 갈증이다. 붓다는 이러한 괴로움을 치유하는 방법이 있다고 단언한다. "갈애를 완전히 끊어 몰아내고 집착을 버려서 갈애로부터 벗어나는 것이다."(멸성제, 滅聖諦) 물론 그렇다고 노화, 질병, 불행, 죽음에서 온전히 벗어날 수는 없다. 하지만 격렬한 마음의 동요 없이 이러한 고통을 외적인 요소로 바라보는 힘을 얻을 수 있다. 목표는 고통을 부정하는 것이 아니라 적절한 거리를 두고 고통과 자신을 분리하는 것이다. 마지막으로, 붓다는 인간을 치유하는 확실한 처방을 내놓는다. "네 번째 진리는 괴로움의 소멸, 즉 열반에 이르는 길이다.(도성제, 道聖諦) 그 길이 곧 '여덟 가지 바른길(팔정도八正道)'이다. "그것은 바른 견해, 바른 생각, 바른말, 바른 행동, 바른 생활수단, 바른 정진, 바른 마음 챙김, 바른 집중이다." 붓다는 '바른(正)'이라는 말을 반복해 '중도(中道)'의 뜻을 밝혔다. 불교에서는 팔정도를 불도에 들어가는 세 가지 요체인 계정혜(戒定慧, 계율, 선정, 지혜) 삼학(三學)과 연관 짓기도 한다. 그리고 다음과 같은 말로 설법을 마무리한다. "나는 비할 데 없는 궁극의 깨달음에 도달해 깊은 깨달음을 얻었고, 흔들림이 없는 해탈을 얻었다. 이것은 나의 마지막 생이며, 더 이상 윤회는 없다."

붓다는 명상을 사물의 진정한 본질을 깨닫고 열반에 이르는 특별한 길로 삼았다. 붓다는 '대념처경(大念處經, 알아차림의 확립에 관한 큰 경)'에서 제자들에게 명상의 중요성을 강조했다. "수행승들이여, 중생을 정화하고 슬픔과 비탄을 극복하며, 괴로움과 고통을 소멸시키고 바른 행동을 옮기는 것만이 열반에 이르는 길이다. 이것이 '네 가지 알아차림의 확립(사념처四念處)'이다." 이 명상법은 지성의 성찰이 아니며, 휴식의 수단도 바쁜 삶을 쉬어가는 '공백'도 아니다, 붓다의 설명에 따르면 이 명상법은 마음을 가다듬고 마음 안팎에서 생기는 혼란을 '진정'시키는 수행법이다. 수행자는 내면의 생각을 쫓아 버리지 않고 멀리 떨어져서 평온한 상태(사마타samatha)로 관찰하여, 깊은 시야(위파사나vipassana)를 얻고 겉모습 너머에 있는 모든 것을 직관할 수 있게 된다. 이 수행은 만물과 모든 감각의 비 영속성을 이해하거나 자신의 깊은 내면을 체험하는 과정이다. 이 수행 과정을 바바나bhavana라고 불렀다. 문자 그대로는 '생성' 혹은 '발전'을 의미한다. 집착과 망상을 없애고 인간의 궁극적인 해탈로 이끄는 마음의 평화를 기른다는 것이다.

이 수행법은 간단하지만 끈기가 필요하며, 누구나 할 수 있지만 넘어야 할 난관이 많다. 붓다는 「법구경」(담마파다Dhammapada) 제2장 '방일품(放逸品, 깨어 있음)'에서 제자들에게 방심하지 않고 깨어 있는 마음으로 '불사(不死)'에 이르는 길을 설명한다.(법구경 2, 23).(37) 그리고 '충만한 정신과 활력, 자애롭고 사려 깊은 행동, 자제력과 주의력, 그리고 올곧음'을 유지하라고 한다.(법구경 2, 26) "게으르지 말고, 감각의 쾌락에 빠져들지 말라. 부지런히 명상하는 사람은 더 큰 행복을 얻게 되리라."(법구경 2, 29) 그리고 이렇게 단언한다. "깨어 있고, 방심을 두려워하는 수행자는 퇴보할 수 없을 것이며, 해탈의 문턱에 도달한 것이다."(법구경 2, 33) 제3장 '심의품(心意品, 마음)'에서는 이렇게 말한다. "마음을 잘 지켜야 한다. 마음은 완고하고 예측하기 어려우며 내키는 곳으로 옮겨 간다. 잘 지켜낸 마음은 행복을 가져온다."(법구경 3, 37)

앞서 언급한 '대념처경'에서는 '사념처(四念處 네 가지 알아차림의 확립)'의 명상법을 상세히 설명한다. 이 수행에서는 몸(身), 느낌(受), 마음(心), 법(法) 네 가지 영역을 구분한다. 여기서 이 경전의 내용을 자세히 다루지는 않겠지만, 주요한 내용을 간략히 살펴보면 그 내용을 파악하는 데 도움이 될 것이다. 몸을 관찰하는 신념처(身念處)는 호흡의 중요성을 강조한다. 수행자는 숨을 들이쉬고 내쉬는 연습을 하고, 들숨과 날숨을 관찰하면서 호흡을 의식하고 몸으로 느낀다. "이렇게 해서 몸에 대한 인식이 생겨난다."(대념처경 1, 1) 그런 다음 자기 몸의 상태를 있는 그대로 관찰한다. 그렇게 해서 수행자는 세상의 그 무엇에도 집착하지 않고 해방된다.(대념처경 1, 2) 세 번째 단계로 넘어가기 전에 먼저 옷이나 발우 같은 주변의 사물을 생각하고 명확하게 이해한다. 그다음에는 몸이 발바닥부터 머리끝까지 피부로 덮여 있고 여러 가지 부정한 것들로 이뤄져 있다는 점을 상기하고(사념처경 1, 4), 몸은 '본질이 시체와 같으며' 영원하지 않다는 점을 명확히 인식한다.(사념처경 1, 6) 느낌을 관찰하는 수념처(受念處)도 같은 과정을 거친다. 붓다는 유쾌한 느낌은 받아들이고 불쾌한 느낌을 거부하는 것이 아니라, 몸 안팎에서 일어나는 느낌을 관찰하면서 인식해야 한다고 강조한다.(사념처경 2) 마음을 관찰하는 심념처(心念處)도 과정이 동일하다. 욕망, 열정, 허상, 산란함처럼 "마음속에 나타나고 사라지는 현상을 주시한다. 그렇게 해서 수행자는 세상의 그 무엇에도 얽매이지 않고 해방된다."(대념처경 3) 마지막 단계인 법념처(法念處)는 법을 관찰하는 수행법으로, 관찰 대상은 다섯 가지 장애(오개, 五蓋)에 해당하는 탐욕, 성냄, 나태, 동요, 의심과 다섯 가지 쌓임(오온, 五蘊), 시각, 청각, 후각, 미각, 촉각 등이다. 경전에 따르면 이 명상을 다 터득한 수행자는 비로소 사성제를 이해하게 된다. 그 경지에 이르는 데는 수행자의 능력과 의욕에 따라 몇 년, 혹은 평생이 걸릴 수도 있으며, 여러 차례 윤회를 거듭해야 할 수도 있다.

진리를 밝히고 직접 실천한 예수

"나는 오직 진리를 증언하려고 났으며 그 때문에 세상에 왔다." 예수는 자신에게 사형을 선고하려는 로마 총독 본티오 빌라도 앞에서 이렇게 말했다.(요한 18:37) 예수도 붓다나 소크라테스처럼 불확실한 현세와 대조적인 궁극의 진리가 있으며, 도달하고자 하는 자는 누구나 그 진리에 닿을 수 있다고 확신했다. 그러나 예수는 소크라테스와는 달리 그가 이성의 사고로 진리를 깨우쳤다고 하지 않았고, 합리적인 가르침으로 진리를 전수하려고 하지도 않았다. 붓다와도 달리 오랜 자기성찰로 진리를 찾았다고도 하지 않았으며, 명상이라는 방법으로 진리를 얻을 수 있다고 생각하지도 않았다. 예수가 진리를 추구한 방식은 이런 면에서 소크라테스나 붓다와는 사뭇 달랐다.

예수는 진리를 계시할 사명을 띠고 이 땅에 왔다고 했다. 그런 면에서도 두 사람과는 전혀 다른 방식으로 진리에 접근했다. 예수는 궁극적인 진리인 하느님을 계시하려고 왔다. 하느님에게서 왔고, 하느님에 의해 세상에 보내졌기 때문이다. 예수는 신에 대한 합리적인 이해나 신의 존재를 철학적으로 증명하려고 하지 않았다. 자신을 통해 신의 진리를 '계시'하고 증언했다. 요한은 복음서 1장 마지막에 이런 내용을 전한다. "일찍이 하느님을 본 사람은 없다. 그런데 아버지의 품 안에 계신 외아들로서 하느님과 똑같으신 그분이 하느님을 알려 주셨다."(요한 1:18) 사람들은 예수가 배우지도 않았는데 어떻게 이토록 아는 것이 많고 위엄이 있느냐며 놀라워했다. 예수는 그들에게 이렇게 대답했다. "내가 가르치는 것은 내 것이 아니라 나를 보내신 분의 가르침이다."(요한 7:16) 그리고 항상 자신은 진리를 전하도록 하느님이 보낸 '사자(使者)'이며, 진정한 하느님의 외아들이자 구원자인 그리스도라고 말했다. 예수는 네 번째 복음서 「요한의 복음서」에서 다음과 같은 말을 줄곧 되풀이한다. "나를 보내신 분은 정녕 따로 계신다. 너희는 그분을 모르지만 나는 알고 있다. 나는 그분에게서 왔고 그분은 나를 보내셨다."(요한 7:28~29) 예수는 궁극적인 진리를 밝히러 세상에 온 것이다. 예수의 계시에는 두 가지 측면이 있다. 상대방을 가르치기도 하고 자신을 통해 진리를 증명하기도 한다. '말'로 진리와 하느님의 존재를 드러내듯이, 선포한 진리를 삶과 행동으로 '증명'한다. 복음서는 이런 이유로 교훈적일 뿐 아니라 더할 나위 없는 감동도 준다.

그런데 예수가 밝히려는 궁극적 진리는 무엇인가? 그 진리는

"하느님은 사랑이다"라는 단 한마디로 요약할 수 있다. 기독교가 태동한 지 2천여 년이 지난 지금, 이 말은 진부하게 들릴지도 모른다. 하지만 예수 시대에 이 말은 혁명적이었다. 『구약성경』에 신의 사랑과 용서라는 말이 없었던 것은 아니다. 하지만 예수는 하느님의 사랑을 유일함, 정의, 권능, 전지전능과 같은 다양한 신적 속성의 하나로 치부하지 않고, 하느님을 구분하는 고유한 말이자 '본질'이라고 했다. 그렇게 해서 모든 것을 사랑이라는 척도로 가늠하고 판단하고 분별하게 된 것이다. 이런 이유로 예수는 설교를 시작하면서 율법학자들을 맹렬하게까지는 아니더라도, 매우 강하게 비판했다. 예수는 진리란 율법의 형식주의, 정결 의식이나 안식일 같은 무형의 규범을 지키는 것이 아니라고 말했다. 예수는 유대교 전통대로 술 장식이 달린 옷을 입었고(마르코 6:56), 회당을 드나들며 사람들에게 연설했으며, 유월절이 되면 성전을 찾곤 했지만, 필요하다고 생각될 때는 율법을 어기기도 했다. 율법의 경직된 엄숙주의가 불합리하며 무익하다고 보았기 때문이다. 아가페, 즉 하느님의 사랑과 같은 본질적인 가치를 소홀히 하고 망각한다면, 옛사람들이 만든 규범을 비판 없이 지키는 것이 대체 무슨 소용이 있는가? 율법이란 하느님의 사랑을 가르치기 위해 만들었기에 사랑이 없는 율법은 아무런 의미가 없다. 따라서 예수는 율법학자들이 너무 편협한 이해로 율법을 규정했다고 비판하며, 모세가 전한 신성한 율법의 참된 의미를 되살리려고 애썼다. 예수는 새로운 율법을 세워 '눈은 눈으로, 이는 이로'(출애굽기 21:24)와 같은 전통적인 율법을 거부했다. 이웃에 대한 사랑을 설파했을 뿐 아니라 원수나 나에게 해를 끼치는 사람도 사랑하라고 가르쳤다.(마태오 5:38~40) 복음서를 읽으면 예수의 가르침뿐 아니라 가르침을 몸소 실천하는 모습이 감동을 자아낸다. "남을 판단하지 마라"라는 가르침은 간음하다 붙잡힌 여인의 일화를 떠올리게 한다. 이 여인은 율법대로 돌팔매형을 당하게 되었지만, 예수는 비난하지 않고 침묵을 지키다가 이렇게 말했다. "너희 중에 누구든지 죄 없는 사람이 먼저 저 여자를 돌로 쳐라."(요한 8:7)

예수는 소크라테스와 붓다와 달리 자기 자신을 진리의 핵심에 두었다. 앞의 두 사람이 길을 보여주었다면, 예수는 자신이 길이라고 말한다. 인간을 구원하려고 지상에 온 하느님의 사자기도 하다. "하느님은 이 세상을 극진히 사랑하셔서 외아들을 보내 주시어 그를 믿는 사람은 누구든지 멸망하지 않고 영원한 생명을 얻게 하여 주셨다."(요한 3:16) 지혜의 스승 붓다는 자신을 앞세우지 않고 터득한 경험과 가르침을 전하면서 이렇게 거듭 강조했다. "내가 죽고 나면 그대들은 스스로 섬이 되고, 자신의 의지처가 되어 머물되, 남을 의지처로 삼지 말아라."(대반열반경 2, 33) 반면에 예수는 자기 자신을 전적으로 믿고 따르라고 했다. 하느님의 말씀을 전하

는 예수는 말씀 그 자체이자 말씀의 요체이기도 하다. "나는 길이
요 진리요 생명이다. 나를 거치지 않고서는 아무도 아버지께 갈 수
없다."(요한 14:6) 죽기 전날에 예수는 제자들에게 임박한 죽음을 알
리면서 훗날 성령을 보내 그들에게 계속 가르침을 전하겠다고 말
한다. "진리의 성령이 오시면 너희를 이끌어 진리를 온전히 깨닫게
하여 주실 것이다."(요한 16:13)

그렇다면 예수에게는 진실을 추구한다는 것이 무엇을 의미할
까? 상대적인 의미로는 참과 거짓을 밝히는 데 힘을 쏟는 것이다.
절대적인 의미로는 예수를 만나고, 예수를 통해 하느님의 사랑을
경험하는 것이다.

자아를 찾고 자유를 얻어라

진리에 대한 탐구는 참된 자유로 우리를 이끈다. 전통과 권위, 사회의 통념에서 벗어나 개인의 자유를 얻을 수도 있지만, 또 다른 차원에서는 자기 자신을 이해하면서 내면의 자유를 얻을 수 있기 때문이다.

개인의 해방

소크라테스, 예수, 붓다는 서로 다른 방식으로 집단으로부터의 개인 해방을 추구했다. 오늘날에는 이들의 가르침이 사뭇 당연해 보이지만, 당대의 파급력을 제대로 이해하려면 세 사람이 살았던 전통 사회에서는 개인보다 집단을 우선했다는 점을 기억해야 한다. 개인의 이익은 공동체의 이익만큼 중시되지 않았고, 개인은 전통의 권위에 의문을 제기할 수 없었다. 오늘날에도 이른바 '전통 사회'는 이런 방식으로 유지된다. 집단에 우선하는 개인의 자율성은 오늘날 서구 사회의 특징으로 꼽힌다. 그리고 이를 아주 오래전에 주장한 이가 바로 소크라테스와 예수다. 하지만 서양 문화에 깊이 뿌리내린 개인의 자율성을 법으로 인정한 것은 계몽주의 시대에 이르러서다.

곧이어 살펴볼 붓다 역시 개인에게 선택의 자유가 주어져야 한다고 보았고, 집단의 굴레에서 개인을 해방하고자 했다. 하지만 장기적으로 볼 때 붓다의 이런 노력이 동양에 미친 영향은 소크라테스와 예수가 서양에 미친 영향만큼 크지는 않았다. 붓다의 가르침은 동양 전역으로 퍼져나갔지만, 집단에 대한 소속감을 중시하는 풍토는 달라지지 않았다. 그러나 붓다가 개인이 해방되는 길을 제시했으며, 개개인이 더 높은 차원으로 나아가게 하고 구원의 필요성을 인식하게 했다는 점은 부인할 수 없다.

붓다는 부친의 호화로운 궁을 떠나 신분의 특권을 버리고 숲의 탁발 수행자가 되는 극적인 방식으로 아버지의 권위를 탈피했다. 이렇게 해서 각자의 의지로 나아갈 길을 선택하는 것보다 더 중요한 것이 없음을 몸소 증명한 것이다. 따라서 가르침을 구하는 사람에게도 개인의 자유 의지에 따라 재가 수행을 할지, 출가해서 훨씬 까다로운 계율을 따르는 비구가 될지를 스스로 결정하게 했다. 깨달음에 이르는 길은 결국 각자 걸어가야 하기 때문이다. 이런 깨달음은 맹목적인 종교의식이나 제의로 얻어지는 것이 아니라 윤리적인 행위(戒, 실라Sila), 정신적인 수련(定, 사마디Samadhi), 지혜(慧, 판냐Panna)로 요약되는 팔정도를 실천하여 얻을 수 있다.

붓다의 생애에 얽힌 다음의 일화는 그 방법을 잘 설명해 준다. 어느 날 붓다는 탁발하러 가던 중에 기이한 의식을 치르는 젊은이를 보았다. 젊은이는 온몸이 땀에 흠뻑 젖어 동과 서, 남과 북, 하늘과 땅을 향해 차례로 엎드려 절했다. 붓다는 이 의식의 의미를 물었다. 시갈라라는 그 젊은이는 아버지가 돌아가시기 직전에 이 의식을 매일 아침 행하라는 유언을 남기셨다고 했다. 붓다는 "아버지의 유언을 따르는 것은 옳은 일이지만, 아버지께서는 미처 설명을 다 못하고 숨을 거두신 듯하네"라면서 재가자의 규율 중에서 가장 긴 「선생자경」(善生子經, 시갈로바다 숫타Sigalovada sutta)을 설법했다. "여섯 가지 방향은 각각 인간관계의 예를 의미한다네."(육방예경, 六方禮經) 붓다는 시갈라에게 속세에서 지켜야 할 실천 규범을 설명하면서 범죄와 거짓말처럼 근절되어야 하는 악행을 지적하고, 부모, 고용주, 친구 사이에서 지켜야 할 행동을 가르쳤다. 그리고 편협, 적개심, 어리석음, 두려움이 악행을 부르는 원인이라고 했다. 이처럼 붓다는 진정한 구도란 전통의 의식을 수행하는 것이 아니라 자기 자신을 변화시키는 것임을 일깨워 주었다.

소크라테스도 이와 일맥상통하는 가르침을 폈다. 비록 제자들에게는 종교의식, 특히 아테네 신을 기리는 의례를 멀리하라고 하지는 않았지만, 각자 덕을 쌓고 도덕적으로 바른 사람이 되는 것이 가장 중요하다고 끊임없이 설파했고, 붓다와 마찬가지로 영혼을 완성하려면 영적 수련을 실천해야 한다고 강조했다. 그리고 불경죄로 자신에게 사형을 언도하려는 배심원들에게 이런 말을 했다. "다른 직업을 바란 적은 없습니다. 한 명 한 명을 만나서 우연히 속한 대상에 여념 말고, 여러분의 본질이나 여러분을 도덕적이고 현명하게 만드는 것 외에는 아무것도 생각하지 말라고 설득했습니다. 이렇게 하는 것이 가장 크게 이바지하는 길이라고 여겼기 때문입니다." 소크라테스 가르침의 핵심인 주체적 존재로서의 접근을 이보다 더 잘 요약할 수는 없을 것이다. 소크라테스는 대화 상대한 사람 한 사람이 덕과 지혜를 쌓아 성취를 이룰 수 있다고 확신했다. 살펴보았듯이 덕과 지혜로 가는 길이 곧 지식에 이르는 길이기 때문이다. 소크라테스는 지혜를 얻은 사람, '자신을 아는 사람'은 그릇된 선택을 할 수 없다고 확신했다. 이 유익한 지식은 이성의 산물이다. 크리톤이 탈출을 제안하자 소크라테스는 "나는 이성의 목소리에만 귀 기울이는 것을 오래전부터 철칙으로 삼아 왔다네."(크리톤 46b) 앙드레장 페스튀지에르는 이렇게 말한다. "소크라테스는 자율성의 아버지다. 소크라테스 이후로 자신의 원칙을 세워 이성에 따라 행동하는 것이 현자의 가장 중요한 본분이 되었다. 현자에게는 외부의 구속과 제약이 필요 없다. 시민이기 전에 사람이기 때문이다."(38)

그러나 소크라테스가 제안한 자유는 매우 고되며 끈기를 요구하는 길이다. 소크라테스는 확고한 법과 집단의 계율에 기대 '기성'의 양식을 제시하는 대신, 이른바 '회의주의' 계보의 물꼬를 텄다. 그는 상대에게 질문을 던지면서 확립된 신념을 뒤흔들었고, 역설과 아이러니로 이미 다 안다고 생각하는 사람이 사실은 아무것도 모른다는 점을 인정하게 했다. 동시에 지식에 이르는 수단은 자기 내면에 있으며, 숨겨진 지식에 이르려면 자기 자신과 마주해야 한다는 사실도 일깨워 주었다.

예수 역시 제자들에게 자기 내면을 들여다보라고 했다. "하느님 나라는 바로 너희 안에 있다."(루가 17:21)(39) 예수는 제자들에게 종교의식을 실천하는 것이 전부가 아니며, 자기 자신을 돌아보고 마음과 의식의 깊은 곳에서 하느님과 진리를 찾아야 한다고 했다. 예수는 예배할 때 사마리아 산에 가야 하는지 유대인처럼 예루살렘 성전에 가야 하는지 묻는 사마리아 여인에게도 이렇게 말했다. "내 말을 믿어라. 사람들이 아버지께 예배를 드릴 때 '이 산이다.' 또는 '예루살렘이다.' 하고 굳이 장소를 가리지 않아도 될 때가 올 것이다. (...) 하느님은 영적인 분이시다. 그러므로 예배하는 사람들은 영적으로 참되게 하느님께 예배드려야 한다."(요한 4:21~24) 필자의 다른 문헌에서도 자세히 언급한 바 있지만, 당시에는 독실하기로 이름난 사람이 이런 말을 한다는 것은 아주 놀랄 만한 일이었다.(40) 의례와 전통을 충실히 따라야만 구원을 얻을 수 있다고 굳게 믿었던 세계에서 이러한 주장은 가히 혁명적이었을 것이다. 예수가 종교의식의 중요성을 부정한 것은 아니다. 그보다 더 중요한 것이 있다는 점을 강조했을 따름이다. 진정한 신전은 인간의 내면 깊은 곳, 하느님을 만나는 마음과 정신에 있기에, 예수는 사람들에게 자기 내면을 되돌아보라고 했고, 성령으로 깨어난 내면의 소리에 귀 기울여야 참되고 정의롭고 선한 길로 갈 수 있다고 했다.

이런 이유로 예수 역시 개인은 집단의 굴레에서 벗어나야 한다고 보았다. 혈연과 사회적 유대로 모든 사람이 공동체에 묶여 있는 상황에서 예수는 자신을 따르려면 그러한 사슬을 끊어 버리라고 했다. 예수 자신도 당시 사회의 기본 단위인 가족과 부족을 탈피했고, 제자들에게도 자신을 그대로 따르라고 했다. "아버지나 어머니를 나보다 더 사랑하는 사람은 내 사람이 될 자격이 없고, 아들이나 딸을 나보다 더 사랑하는 사람도 내 사람이 될 자격이 없다."(마태오 10:37)

자기 자신을 알고 다스려라

붓다, 소크라테스, 예수가 선택의 자유보다도 더 중시 한 것이 있다. 바로 진정한 자유인 내면의 자유다. 내면의 자유는 자신을 성찰하고, 지식을 쌓고, 영혼의 목소리에 귀를 기울이면서 단계적으로 얻을 수 있다. 이처럼 세 스승은 집단의 굴레와 전통의 무게로부터 인간을 해방하고자 했다. 그 궁극적인 목적은 정치적인 자유를 넘어 인간을 내면의 자유로 인도하는 것이었다. 정치적 자유는 분명히 소중하지만, 가장 뿌리 깊은 예속에서 벗어나지 못한다면 정치적 자유는 아무런 의미가 없다. 여기서 '예속'이란 소크라테스에게는 무지이고, 예수에게는 죄이며, 붓다에게는 집착이다.

붓다는 진정한 자유를 얻으려면 인간을 윤회의 수레바퀴에 옭아매는 정념, 욕망, 갈애에서 벗어나야 한다고 봤다. 이렇듯 붓다의 가르침은 모두 집착과 갈애가 윤회의 근원이라는 깨달음에서 비롯된 네 가지 고귀한 진리 '사성제'를 바탕으로 한다. 붓다는 누가 진리를 말하고 누가 거짓을 말하는지 의심이 들어 혼란스럽다며 가르침을 청하는 케사푸타 마을의 칼라마인들에게도 이 같은 요지의 말을 했다. "진정한 깨달음은 겉으로 보이는 의례가 아니라 자기 자신 안에 깃들어 있다. 누구나 욕심, 탐욕, 갈망이 악하다는 것을 안다. 이런 감정은 악을 행하게 하고, 악행은 불행의 씨앗이 되기 때문이다. 그러므로 전통이나 고행자의 가르침보다는 붓다가 깨달은 진리인 법(法, 다르마dharma)을 따라야 한다."(앙굿타라 니카야 3, 65) 그렇게 함으로써 진정한 해탈에 이를 수 있다. 해탈에 이르면 업보에 따른 윤회의 사슬에서 비로소 해방되어 현세뿐 아니라 내세에서도 행복을 누릴 수 있다.

소크라테스에게 최대의 악은 집착과 갈애가 아니라 무지다. 무지는 모든 악의 근원이다. 그리고 과오, 불의, 악의, 무절제한 삶은 타인뿐 아니라 자기 자신에게도 해를 끼친다. 결국 인간을 불행하게 하는 것은 자기 자신의 무지다. "칼리클레스여, 앞서 보았듯이 절제하는 사람은 의롭고 용감하고 경건하고 완벽하게 선한 사람일 것이며, 이렇게 선한 사람은 모든 일을 바르고 훌륭하게 행할 것이고, 바르게 행하는 사람은 기쁘고 행복하지만, 사악한 행동을 하는 악인은 불행할 수밖에 없다네."(고르기아스 507b~c) 소크라테스는 확고한 신념이 있었다. 사물의 참된 본질을 알면 악과 불행에서 벗어날 수 있고, 진리와 정의와 선을 터득하면 필연적으로 선하고 덕이 있는 사람이 된다는 믿음이었다. 이러한 점에서 소크라테스는 신들이 본질적으로 선하다고 확신했다. "신성한 것은 아름답고 현명하고 선하며, 그에 따르는 모든 자질을 갖췄기 때문에" 지식을 지닌 신들은 지상에서 가장 훌륭한 인간보다도 우월할 수밖에 없다고 했다. 지식을 통해 자유를 얻은 철학자는 세상 사람들의 내면에 깊이 감춰진 보편적인 진리를 찾아 발현하게 하고, 그들이 자유와 진정한 행복을 누리게 돕는다.

예수의 가르침도 소크라테스나 붓다의 가르침과 일치한다. 예수는 자신을 믿는 이들에게 이렇게 약속했다. "너희가 내 말을 마음에 새기고 산다면 너희는 참으로 나의 제자이다. 그러면 너희는 진리를 알게 될 것이며 진리가 너희를 자유롭게 할 것이다."(요한 8:31~32) 그리고 아브라함의 자손이라고 주장하는 이들이 "아무한테도 종살이한 적이 없는데, 우리더러 자유를 얻을 것이라고 하시니 어떻게 된 일입니까?" 하고 묻자 예수는 이렇게 답했다. "죄를 짓는 사람은 누구나 다 죄의 노예다." 그리고 이렇게 약속했다. "그러므로 아들이 너희에게 자유를 준다면 너희는 참으로 자유로운 사람이 될 것이다."(요한 8:33~36) 기독교 태동 후 2천여 년의 세월이 흐른 지금, '죄'라는 말에는 매우 다양한 함의가 더해졌기 때문에 예수가 의도한 본뜻을 정확히 파악하기란 쉽지 않다. 교회는 수 세기 동안 점차 복음서의 원래 정신을 탈피해 단죄를 위해 죄의 목록을 만들었고, 용서받을 수 있는 가벼운 죄와 일곱 가지 근원적인 죄인 칠죄종(七罪宗, 교만, 인색, 질투, 분노, 음욕, 탐욕, 나태)과 같이 지옥으로 떨어지는 대죄를 구분했다. 복음보다는 일반 윤리에 해당하며 마치 철부지를 대하는 듯한 죄의 성격과는 별개로, 예수는 오로지 한 가지 정의만 부여했다는 점을 기억해야 한다. 예수가 말한

죄는 하느님(즉 사랑과 진리)에서 벗어나는 것이다. 죄를 짓는 것은 하느님과의 관계를 끊고, 사랑과 진리를 벗어나 행동하는 것이다.

　'죄'에 해당하는 프랑스어 페셰péché는 '잘못'을 뜻하는 라틴어 페카툼peccatum에서 유래했는데, 그 어원은 결함이나 오류를 의미하는 그리스어 하마르티아hamartia로, 히브리어 하타트hatta't를 그리스어로 옮긴 것이다. 그리고 하타트의 보다 정확한 의미는 '과녁을 빗나간다'다. 이에 따르면, 죄를 짓는 것은 목표를 벗어나거나, 욕망을 잘못된 방향으로 향하게 하거나, 진정한 목적에 도달하지 못하는 것이다. 그릇된 행동은 과오를 빚고, 진리인 하느님과 멀어진다. 물론 칠죄종도 하느님으로부터 멀어지게 하는 죄악이다. 앞서 지적했듯이 예수는 율법을 거부하지는 않았다. 오히려 율법에 개인의 내적인 깊은 성찰과 울림을 더하고자 했다. 예수는 율법을 새로 만들고, 죄를 다시 정의하려고 세상에 온 것이 아니다. 진정한 죄를 판가름하는 척도가 사랑이라는 것을 사람들에게 일깨우고, 죄를 지어서는 안 되는 이유가 단지 지옥이 두려워서가 아니라, 죄를 지으면 하느님과 멀어지고 자신과 타인이 불행해지기 때문임을 일깨우기 위해서다. 죄를 짓지 않으려는 마음은 결국 사랑에서 비롯된다. 그리고 먼 길을 헤매고 비틀거리다 자리에서 일어선 영혼은 죄악의 해로운 본질을 알기 때문에 더 이상 그 유혹에 흔들리지 않는다. 사랑과 진리를 깨달았기에 죄에서 벗어날 수 있다. 그리고 자신의 근본으로 되찾고 더 이상 근본에서 멀어지지 않는다. 과오와 이기심에 갇히지지도 않는다. 따라서 목록으로 나열하고 '명백히' 못 받아 정의할 수 있는 '객관적인' 죄라는 것은 없다. 교만, 탐욕, 음욕과 같은 뿌리 깊은 악덕은 물론 모두 죄지만, 죄를 저지른 사람이 잘못을 깨닫고 행실을 고치면 언제든 죄에서 벗어날 수 있다. 복음서에서 예수가 더 강력하게 비난한 죄는 따로 있다. 바로 종교적 위선과 연민을 모르는 마음이다.

예수, 소크라테스, 붓다의 가르침에는 매우 유사한 점이 있다. 과오 그 자체보다는 행동의 의도와 고의성에 따라 죄의 무게가 달라진다는 점이다. 의식적이며 의도적으로 저지른 잘못일수록 죄가 무거워지고, 죄를 저지른 사람은 충동과 격정, 이기심에서 쉽게 헤어나지 못한다. 반면, 무지나 맹목적인 격정 때문에 잘못을 저질렀을 때는 더 쉽게 용서받을 수 있다. 이것이 바로 십자가에 매달린 예수가 사형 집행인과 자신을 조롱하는 무리에게 연민을 느끼며 했던 감동적인 말의 진정한 의미다. "아버지, 저 사람들을 용서하여 주십시오! 그들은 자기가 하는 일을 모르고 있습니다." 그 사람들이 자신이 무슨 일을 벌이는지, 예수가 누구인지 알았다면 아마 그렇게 행동하지 않았을 것이다.

인간은 태어나면서부터 자유로운 존재가 아니라 자유로워지는 존재라는 점에서 붓다, 소크라테스, 예수의 시각은 서로 일치한다.

인간은 무지에서 벗어나, 진실과 거짓, 선과 악, 정의와 불의를 분별하는 법을 배우고, 자신을 알고, 자신을 통제하고, 지혜롭게 행동함으로써 자유로워진다. 그리고 예수는 윤리, 교육, 경험, 합리적인 지식만으로는 결코 자유를 얻을 수 없으며, 믿음과 더불어 모든 인간을 진리로 인도하는 신의 은혜를 통해서만 자유에 이를 수 있다고 말한다.

14.

정의를 추구하라

자기 자신을 알고 진리를 깨달으면 진정한 내적 자유를 얻을 수 있다. 자유는 중요한 가치지만, 자유 자체가 궁극적인 목적은 아니다. 자유는 모두가 정의롭고 선한 행동을 할 수 있게 해주는 수단이다. 붓다, 예수, 소크라테스도 궁극적으로 진실에 부합하는 삶을 추구했다. 윤리나 생활 방식, 타인과 사회 속에서 살아가는 법은 세 사람이 전한 가르침의 정수를 이룬다.

그렇다면 실천해야 할 윤리적, 종교적 삶의 미덕이란 무엇일까? 최상의 미덕을 소크라테스는 정의라고 보았고, 붓다는 자비, 예수는 사랑이라고 보았다. 서로 매우 밀접한 관련이 있는 사랑과 자비는 마지막 장에서 자세히 언급하고자 한다. 이번 장에서는 무엇 때문에 정의가 소크라테스에게 가장 중요한 미덕이며, 정의가 세 스승의 가르침에서 핵심을 이루는 만인의 평등이라는 문제와 어떻게 직결되는지 살펴보고자 한다.

최상의 미덕, 정의

고대인들은 정의가 최고의 미덕이라고 보았다. 아리스토텔레스는 정의가 '완전한 미덕'이라고 했다.(니코마코스 윤리학 5, 3) 정의가 없다면 그 어떤 미덕도 가치가 없기 때문이다. 용기는 미덕이지만, 폭군의 용기가 대체 무슨 가치가 있겠는가? 부정한 사랑에 대한 윤리적 평가는 또 어떠한가? 그 밖에도 도스토옙스키가 작품을 통해 질문을 던지듯이 인류 구원이라는 명목으로 무고한 아이를 고문할 수 있을까? 정의는 모든 윤리적 행위의 근간이며, 어린아이들도 당연히 여기는 인간의 가장 기본적인 미덕이다. 어린이들도 정당하지 못하다는 생각이 들면 "이건 나빠!"라고 지적할 줄 안다. 정의는 사회에서 가장 중요한 덕목이자, 공동체 생활의 기본 토대이기 때문이다. 넓은 의미에서의 정의가 없어서, 공정하게 적용되는 도덕적으로 올바른 규칙이 없고, 진실과 거짓을 구분할 수 없으며, 그릇된 행동을 제재하지 않는다면 그 사회는 유지될 수 없다. 법의 올바른 적용을 목적으로 삼는 사법 정의는 공정과 진실이라는 두 가지 기본 개념에 기초를 두어야 한다. 사법이 모든 사람에게 똑같이 적용되고 진실을 중시해야 '정의'를 세울 수 있다.

국가를 매우 중시한 소크라테스는 정의를 지고의 덕이라고 여겼다. 사회 집단 전체뿐 아니라 개인에게도 이로운 가치이기 때문이다. 개인은 타인을 대할 때 정의로워야 하며, 국가의 법을 지켜야 한다. 국가의 법 또한 공정해야 하며 최대한 진실을 추구해야 한다. 그래서 소크라테스는 "모든 악 중에서도 최대의 악은 불의를 저지르는 것"이라고 했다(고르기아스 469b) 불의를 저지르는 것은 최악의 범죄다. 사회 풍토를 어지럽힐 뿐 아니라 불의를 저지른 사람의 영혼마저 더럽히기 때문이다. 진리를 터득한 사람, 선한 사람, 덕이 있는 사람은 불의를 행하지 않고 국가의 법을 준수하기 마련이다.

그런데 사법 판결이 잘못되었다면 덕이 있는 사람은 과연 어떻게 행동해야 할까? 통념과는 다르게 소크라테스는 주저함 없이 "불의를 저지르는 것보다 불의를 겪는 편이 낫다"라고 말한다.(고르기아스 509c) 소크라테스는 아테네 법원의 결정에 따라 사형 판결을 받았지만, 크리톤의 권유를 따르지 않고 탈옥을 거부했다. 소크라테스는 그런 결정에 놀란 지인들에게 부당한 결정을 내린 것은 법이 아닌 사람들이며, 불의에 또 다른 불의로 대응해서는 안 된다고 설명한다. 설령 법이 잘못 적용되었다 하더라도 개인이 법 위에 있다고 여기고 국법을 어겨서는 안 된다고 했다. 그래서 소크라테스는 신들의 정의에 자신을 맡기기로 하고 법을 의인화하여 견해를 밝혔다. "소크라테스여, 그대를 가르친 우리를 믿고, 자식이나 목숨, 다른 그 무엇도 정의보다 더 소중히 여기지는 말게. 그러면 그대가 저승에 갔을 때 저승의 지배자들 앞에서 제대로 자신을 변호할 수 있을 테니까."(크리톤 54b)

그리하여 소크라테스는 비록 부당한 결정이지만 국가의 판결을 거부하지 않고 불의를 감내하기로 했다. 그리고 내세에서 자신을 어긋남 없이 심판할 신들에게 영혼을 맡겼다.

소크라테스와 예수의 죽음은 놀라울 정도로 유사하다. 두 사람은 죽음을 면할 수도 있었지만 그렇게 하지 않았다. 그리고 도덕적 불의와 부당한 제재를 감내하면서도 국가의 사법 정의를 따랐다. 두 사람은 모두 진정하고 유일한 심판자인 신에게 모든 것을 맡겼다.

소크라테스는 법을 무척이나 소중히 여겨서 법이 내린 결정을 그대로 따랐을 뿐 아니라 자신을 모함한 적에게 앙갚음할 생각조차 하지 않았다. 친구를 위한 앙갚음이 합법이었을 뿐만 아니라 영광으로까지 여겨지던 당시 그리스에서 소크라테스의 이런 생각은 또다시 사회 통념을 깼다. "불의한 행동을 했다고 해서 똑같이 앙갚음해서는 결코 안 되네."(크리톤 49c) 앞에서 보았듯이, "눈은 눈으로, 이는 이로"라는 탈리오 법칙lex talionis을 거부한 예수처럼(출애굽기 21:24) 소크라테스도 악을 악으로 되갚지 않는 것을 신성한 의

무로 여겼다. 하지만 당시 그리스 사람들은 탈리오 법칙이 정당하다고 봤다. 기원전 8세기에 헤시오도스는 "행한 대로 갚으면 정의를 바로 세우는 것이다"라고 했다.(단편 174)

그러나 소크라테스는 정당한 판결을 전제로, 잘못을 저지른 자에게 내리는 사형, 추방, 개인 재산 몰수와 같은 속세의 형벌을 반대하지는 않았다.(고르기아스 470c) 불의를 저지르는 자와 정의롭지 못한 자는 비참하지만, 불의를 저지르고도 신들과 사람들이 요구하는 대가를 치르지 않고 형벌도 받지 않는 자는 더욱더 비참하다고 보았다.(고르기아스 472e) 그리고 대가를 치르고 벌을 받으면 가장 큰 악에서 벗어나기 때문에 덜 비참해진다고 했다.(고르기아스 477a) 그래서 소크라테스는 형벌을 '도덕의 병을 낫게 하는 치료'라고 했다.(고르기아스 478d)

죄를 지은 자를 처벌해야 한다는 견해는 붓다와 예수의 가르침에도 있다. 다음 장에서 언급할 사랑, 용서, 자비가 이들 가르침의 핵심이긴 하지만, 그렇다고 해서 처벌이라는 정의의 고유한 기능과 결과까지 부정하지는 않았다. 하지만 이러한 처벌이 반드시 인간이 만든 법의 엄격한 적용에만 국한되지는 않는다. 이런 면에서 붓다와 예수의 가르침은 국법을 누구보다 중시한 소크라테스와는 차이를 보인다. 붓다에게 진정한 정의는 업보에서 비롯된 정의다. 따라서 모든 사람은 현생이나 다음 생에서 자신이 저지른 악행에 따른 대가를 치른다. 아무도 이 정의의 심판을 피해 갈 수 없다. 예수는 인간 세계의 정의보다 신의 정의를 더 자주 언급했다. 성경의 내용처럼 오직 하느님만 "깊은 속내를 헤아릴 수 있고", 인간의 시각과 인간의 법으로 보기에는 비난받아 마땅한 행동도 하느님의 관점에서는 그렇지 않을 수 있다. 예수의 발에 향유를 발라 준 부정한 여인의 경우가 여기에 해당한다. 예수를 초청한 집주인의 얼굴에는 싫은 기색이 역력했음에도 예수는 그 여인을 비난하지 않았다.

모두의 평등, 그 한계

정의는 진실뿐 아니라 공정성에도 바탕을 둔다. 각종 불평등에 직면했을 때 사람들은 으레 부당함을 느낀다. 가장 대표적이고 명백한 예가 바로 개인 간, 사회 간의 엄청난 부의 불균형이다. 어린이의 시각을 다시 한번 예로 들자면, 특정 국가에서 굶주리는 다른 어린이나 집이 없어 길거리에서 잠을 자는 사람을 보면 아이들은 충격을 받는다. 사회·경제적 불의를 해소하는 것은 18세기 이래로 변함없는 주요 정치 과제로 자리 잡았지만, 우리가 아는 바와 같이 공산주의 실험은 안타깝게도 참담한 실패로 돌아갔다. 부의 불평등 문제에 관하여 소크라테스, 예수, 붓다는 엄격한 의미의 평등을 주장하지는 않았다. 개개인이 지닌 능력과 재능이 서로 달라 진정한 평등은 있을 수 없다는 점을 알았기 때문이다. 앞에서 보았듯이, 세 사람은 집착을 버리고 자발적으로 빈곤을 택했으며, 부자들에게는 부를 나누라고 당부했다. 정치적 의지만으로는 경제적 평등을 이룰 수 없다는 점을 잘 알았던 듯하다. 그리고 더 공정한 물질적 분배의 실천을 위해 개개인의 양심에 호소했다. 개인이 스스로 생각을 바꾸고 자발적으로 부를 공유하면 사회, 경제적 불의는 더 확실히 줄어들기 때문이다. 그리스도의 제자나 붓다를 따라 출가한 수행자는 재물을 완전히 거부하거나 공유하는 집단 차원의 본보기를 보여 주었다. 오늘날로 따지면 사회의 발전을 위해 자발적으로 조직된 개인의 합인 '시민 사회'의 동참을 호소한 셈이다.

그러나 세 사람은 다른 면에서는 개인 간의 평등을 명백하게 강조한다. 정의에 대한 그들의 견해의 바탕에는 모든 이가 법 앞에 평등하다는 전제가 있다. 그 법의 근원이 인간이든 신이든 업보이든 마찬가지다. 소크라테스는 모든 국민이 법 앞에 평등하다고 보았고, 붓다는 누구나 신분이나 여건을 막론하고 업보의 법칙을 피할 수 없다고 했다. 아울러 그리스도는 모든 인간이 하느님 앞에 평등하며, 하느님은 사회적 지위나 믿음과도 상관없이 오직 행위의 의도와 이웃에 대한 사랑으로만 인간을 심판한다고 했다.

무엇보다도 개인을 대상으로 하며 보편성을 띤다는 점에서 소크라테스, 예수, 붓다의 가르침은 지극히 평등주의적이다. 이들은 모든 인간이 영적 탐구를 할 수 있고, 진리를 추구할 수 있으며, 자유를 얻어 진정한 지혜와 구원에 이를 수 있다고 가르쳤다. 따라서 존재의 불가사의와 죽음 앞에서, 그리고 자기 자신을 알고 탐구해야 하는 필요성과 숱한 난관 앞에서 인간은 모두 평등하다. 비록 특정한 사회적 편견, 그중에서도 여성에 대한 편견이 짙게 깔려 있지만, 정의와 개인의 자유라는 지향점에서 소크라테스, 예수, 붓다의 가르침은 매우 평등주의적이다.

붓다는 카스트 제도를 구시대적 악습으로 보고, 승가 내에서 계급을 과감히 폐지했다. 붓다는 주인과 노예, 부자와 빈민, 귀족과 평민, 그리고 신과 인간과 동물의 구분을 거부하고, 사회 평등을 넘어 모든 생명을 향한 자비를 설파했다. 붓다는 처음부터 남녀를 가리지 않고 설법을 폈지만, 승가에 여성을 받아들이는 문제만큼은 선뜻 결정하지 못했다. 「율장 소품」에 의하면 친모가 세상을 떠난 뒤 붓다를 키워 준 이모 파자파티는 세 번이나 붓다를 찾아가 제자로 받아달라고 간청했다. 하지만 매번 단호히 거절당했다.(율장 소품 10, 1) 네 번째 시도에서 파자파티는 출가자의 옷을 입고, 머리를 자르고, 다른 사카족 여인들과 함께 붓다를 찾아가 눈물을 흘리며 출가를 허락해 달라고 했다. 붓다의 측근인 제자 아난다는 파자파티와 다른 여인들을 대신해서 "법(法)은 모든 살아있는 존재를 위한 것"이라고 했던 붓다의 말을 인용해서 물었다. "여인들이 출가해서 여래께서 설한 가르침을 따른다면 거룩한 경지에 이르는 것이 가능합니까?" 붓다는 "가능하다"라는 말로 여인들의 출가를 마침내 허락했다. 그러나 여성 출가자인 비구니에게 남성 출가자인 비구보다 사실상 낮은 지위를 부여하는 여덟 가지 계율을 조건으로 제시했다. 요컨대, 비구니는 우기에 최소 한 달에 두 번 가르침을 받을 비구가 있는 곳에서 안거해야 하며, 비구 없이는 의식을 주재할 수 없고, 나이가 훨씬 어린 비구더라도 훈계하지 못한다. 하지만 그 반대의 경우는 허용했다. 그리고 붓다는 이렇게 말을 맺었다. "여성들이 출가해 승가에 들어오는 것을 허락하지 않았다면 법은 천 년 동안 지속되었을 테지만, 여성들의 출가를 허락한 이상 앞으로 500년밖에 지속되지 않을 것이다."(율장 소품 10, 1, 6) 붓다는 열반에 들기 직전에 출가자는 여인들을 어떻게 대하는 것이 좋은지 묻는 아난다에게 이렇게 당부했다. "보지 않고, 말을 걸지 않는 것이 좋다."(대반열반경 5, 23) 이런 식의 여성 멸시는 수 세기에 걸쳐 지속되었고, 승가에서 비구니에게는 낮은 지위를 부여했다. 불교 경전에는 깨달음을 얻으려면 남성으로 태어나는 것이 유리하며, 심지어 필수적이라는 내용도 있다. 달라이 라마와 서구 세계의 다른 불교 지도자들은 여성 차별적인 발언은 줄이고, 공개적으로 여권 신장을 옹호하기도 하지만, 여성의 권리에 대한 인식이 불교에 스며드는 데는 서구 사회와의 접촉이 중요하게 작용했다. 플라톤의 『소크라테스의 변론』에서 소크라테스는 이렇게 말한다.

"나는 보수를 받고 대화하지 않습니다. 하지만 보수를 받지 않는다고 해서 대화를 거절하지도 않습니다. 그리고 부자나 가난한 사람을 가리지 않고 똑같이 질문에 응합니다."(소크라테스의 변론 33a~b) 당시 아테네에서 소크라테스는 아고라 광장을 돌아다니며 부자든 가난한 사람이든, 위대한 전사든, 평범한 장인이든 상대를 불문하고 산파술을 펴는 철학자로 유명했다. 소크라테스는 재판장에서 "거듭 강조하지만, 풍요는 덕을 가져오지 않아도 덕은 풍요를 가져옵니다. 공공이나 개인에게 유익한 그 밖의 모든 선도 덕에서 나옵니다"라고 주장했다.(소크라테스의 변론 30b) 이처럼 소크라테스는 지혜의 길로 가고자 하는 모든 사람에게 지식의 문은 열려 있어야 한다며 평등주의를 주장했다. 하지만 소크라테스 자신도 이런 논리를 완벽히 실천에 옮기지는 못했다. 소크라테스는 비시민에 관한 아테네의 규범은 비판 없이 수용했다. 비 시민이란 노예, 여성, 외국인을 지칭하며, 이 세 범주에 속하는 사람은 아테네 민주주의에서 배제되었으며, 드문 예외가 아니면 소크라테스 역시 이들을 대화 상대로 여기지 않았다. 예를 들어 소크라테스는 케베스에게 이렇게 물었다. "자네가 소유한 노예가 명령도 없이 목숨을 끊는다면 화나지 않겠는가? 그리고 벌을 줄 수만 있다면 벌을 주

지 않겠나?"(파이돈 62c)

　소크라테스는 아테네 시민으로서 국가 규범을 매우 존중했지만, 부당함을 자각했을 때는 규범을 이탈하기도 했다. 크리톤에게 파이돈을 사 달라고 부탁해서 그를 철학자로 만든 이도, 다음과 같은 재담을 남긴 이도 소크라테스라는 사실은 간과할 수 없을 것이다. 디오게네스 라에르티오스에 따르면 어느 날 어떤 이가 소크라테스의 제자 안티스테네스를 트라키아에서 온 외국인 여인의 소생이라며 무시하자 소크라테스는 이렇게 대꾸했다. "이렇게 훌륭한 사람이 아테네인 부모 사이에서 나올 수 있다고 생각하는가?" 비록 소크라테스가 여자에게 말을 거는 일은 거의 없었지만, 두 여성을 철학의 스승으로 인정했다. 한 명은 소크라테스가 『향연』에서 사랑을 논하면서 언급한 디오티마고 다른 한 명은 소크라테스가 수사법을 전수받았다고 말한 페리클레스의 연인 아스파시아다. 아스파시아는 여성이자 외국인이었지만, 소크라테스는 그녀가 "수많은 훌륭한 웅변가를 키워 냈다. 그중 가장 뛰어난 자가 페리클레스"라고 했다.(메넥세노스 235e) 아스파시아는 상류층 유녀라는 자유로운 신분이었고, 펠리클레스의 보호를 받았다. 펠리클레스는 아스파시아가 외국인이었기 때문에 정식으로 결혼할 수는 없었다. 대신 지식인 사회에 초대해 토론에 참여시켰다. 따라서 아스파시아는 자녀를 낳고 가정을 지키는 여느 여성들과는 사뭇 다른 대우를 받았다. 하지만 앞서 언급했듯이 소크라테스는 죽음이 임박했을 때 최후의 순간을 '남자들끼리' 맞이하도록 아내와 자녀들은 방에서 내보내 달라고 부탁했다.

예수 또한 모든 사람이 인간으로서 동등하게 존중받을 권리가 있다고 강조했고, 붓다와 마찬가지로 같은 민족이나 국민, 같은 계급이나 계층의 사람들만 '이웃'으로 여기던 당대의 관행을 깼다. 예수는 하느님의 자식인 모든 인간이 서로 형제며, 상호 평등하다고 주장했다. 이런 평등한 관계는 이미 쌓아 올리기 시작한 하느님 나라의 초석이 된다. 예수는 가난한 사람, 소외된 사람, 매춘부와 같이 사회에서 배제된 모든 사람을 염두에 두고 평등을 주장했다. 예수는 정결한 사람과 그렇지 않은 사람을 구분하지 않았고, 한센병 환자와 세리를 자주 만났으며, 자신을 피하는 아이들에게도 말을 걸었다. 그리고 가파르나움의 로마인 백인대장 같은 이교도도 제자로 받아들였고, 백인대장을 언급할 때는 이렇게 감탄하기도 했다. "정말 어떤 이스라엘 사람에게서도 이런 믿음을 본 일이 없다."(마태오 8:10)

'이웃' 사랑의 중요성을 강조한 예수에게 어느 율법 교사가 "그러면 누가 저의 이웃입니까?" 하고 물었다. 그러자 예수는 선한 사마리아 사람의 비유를 들었다. 멸시받는 민족 사마리아 사람이 길을 가다가, 노상강도에게 모든 것을 빼앗기고 반쯤 죽은 채 버려진 사람을 보았다. 앞서 그 길을 지난 사제와 제사장들은 쓰러진 사람을 못 본 척 피해서 지나가 버렸다. 하지만 사마리아 사람은 그 사람을 치료해 주고, 여관으로 데려가 쉬게 하고, 비용까지 다 치르고 떠났다. 이 이야기를 들려주고서 예수가 물었다. "이 세 사람 중에서 강도를 만난 사람의 이웃이 되어 준 사람은 누구였다고 생각하느냐?" 율법 교사가 "그 사람에게 사랑을 베푼 사람입니다." 하고 답하자 예수는 이렇게 당부했다. "너도 가서 그렇게 하여라."(루가 10:29~37)

예수는 세 스승 가운데 여권 신장에 가장 적극적이었던 듯하다. 예수는 여성들에게 기탄없이 말을 건넸다. 그중에는 부정하다고 여겨졌던 매춘부와 외국인도 있었다. 당시 율법에 따르면 이들은 은총의 대상이 아니었다. 이스라엘 민족 가운데서도 정결한 자만이 신의 은총을 받을 수 있었다. 예수는 죄를 지은 여인이 눈물과 향수로 발을 적시고 다시 머리카락으로 발을 닦는 것을 허락했다. 그리고 예수를 초대한 바리사이파 사람 시몬이 이 상황을 불쾌히 여기자 예수는 그를 꾸짖었다. "이 여자는 이토록 극진한 사랑을 보였으니 그만큼 많은 죄를 용서받았다." 그러고는 여인에게 말했다. "네 믿음이 너를 구원하였다. 평안히 가거라."(루가 7:36~50) 하혈에 시달려 부정하다고 괄시받던 여인이 예수의 옷에 손을 대었을 때도 그는 똑같은 말을 했다.(마르코 5:25~34) 여성들이 억압받는 것을 잘 알던 예수는 한없는 온화함으로 여자들을 대했고, 남성들과 동등하게 여겼다. 마르타라는 여인의 집에 초대받았을 때도 마르타의 동생 마리아는 집안일을 하지 않고 남자들처럼 예수 발치에 앉아 가르침에 귀 기울였다.(루가 10:38~42) 한편 예수는 딸의 병을 고쳐 달라고 왔던 가나안 여인이나 다섯 번 이혼하고 남편이 아닌 남자와 사는 사마리아 여인과 같은 이도교 여성의 말에 귀 기울이기도 했다.(요한 4:7~30) 예수는 당시 관습을 어기고 사마리아 여인과 단둘이 있을 때 말을 주고받았다. 제자들은 두 사람이 이야기하는 모습을 보고 놀랐지만 감히 문제로 삼지는 못했다.

그렇지만 예수와 가장 가까운 열두 제자는 모두 남자다. 소수의 집단에 여성을 받아들이지 않는 것은 당시 사고방식과 타협한 결과일까? 아니면 여전히 여성의 성직 안수를 거부하는 신학적 논리를 따른 것일까? 예수의 말만으로는 판단을 내릴 수 없다. 그런데 중요한 사실이 하나 있다. 복음서에 의하면 유월절 일요일에 예수는 막달라 마리아 앞에 처음 모습을 드러냈다. 그런 점에서 예수의 부활이라는 '복음'을 세상에 최초로 전한 막달라 마리아는 제자 중에서도 으뜸가는 제자다.

사랑하는 법을 배워라

붓다와 예수에게는 정의보다도 더 중요한 두 가지 덕목이 있다. 사사로움 없는 사랑과 자비다. 「요한의 복음서」에 나오는 간음한 여인의 이야기는 정의보다 사랑이 우선임을 매우 잘 보여준다. 이 이야기는 앞에서도 언급했지만 구절구절이 좋은 본보기로 곱씹어 볼 만한 가치가 있다.

예수는 이른 아침부터 예루살렘 성전 안뜰에서 사람들을 가르치고 있었다. 그때 율법학자들과 바리사이파 사람들이 나타났다. 율법을 엄격하게 지키는 이 종교 지도자들은 간음하다 붙잡힌 여자 한 명을 데리고 와서 예수 앞에 세웠다. 그리고 모세의 율법에는 그러한 죄를 지은 자는 돌로 쳐서 죽이라고 했는데 어떻게 하면 좋겠느냐고 물었다. 이들은 예수를 시험할 속셈이었다. 예수가 여자를 처형하는 것을 거부하면 독실한 수많은 사람들이 모인 가운데 모세가 정한 율법을 거부한다고 예수를 모함할 수 있으리라 여겼다. 예수는 아무런 대답도 하지 않고 몸을 굽혀 손가락으로 땅바닥에 무엇인가를 썼다. 무엇을 썼는지는 알 수 없지만, 예수가 직접 '기록'했다고 전해지는 유일한 말이다. 예수는 질문하는 이의 적대적인 시선을 피하려고 몸을 숙인 것이 분명하다. 예수는 한동안 침묵하다가 고개를 들어 "너희 중에 누구든지 죄 없는 사람이 먼저 저 여자를 돌로 쳐라"라고 하고는 다시 시선을 피해 몸을 굽히고 땅바닥에 무언가를 써 내려갔다. 그러자 부정한 여인을 고발했던 사람들이 하나둘씩 자리를 떠났다. 복음서에서 "나이 많은 사람부터" 떠났다고 강조한 것은 희화의 의도로 보인다.

안뜰 한가운데 여자만 남게 되자, 예수는 고개를 들었다. 예수는 여자를 비난한 이들을 노려보며 질타하는 대신에 그들이 스스로 양심을 마주하도록 한 발짝 물러섰다. 그것은 아마 새벽부터 애인의 침대에서 끌려 나와 옷도 제대로 못 걸치고 성전 안뜰에 내던져진 이 불행한 여인의 목숨을 구하는 최선의 방법이었을 것이다. 그들을 빙 둘러싼 군중과 예수의 제자들은 묵묵히 그 광경을 지켜봤다. 팽팽한 긴장과 침묵이 흘렀으리라 생각된다. 예수는 그제야 여자에게 "그들은 다 어디 있느냐? 너의 죄를 묻던 사람은 아무도 없느냐?"라고 물었다. "아무도 없습니다, 주님." 그러자 예수는 이렇게 말했다. "나도 네 죄를 묻지 않겠다. 어서 돌아가라. 그리고

이제부터 다시는 죄짓지 마라."(요한 8:1~11)

　예수는 율법이 정한 형벌의 적용을 거부한 것이다. 여인에게 더 이상 죄를 짓지 말라고 한 것을 보면 예수도 여인이 죄를 지었다고 여긴 것이 분명하다. 하지만 예수는 그 벌이 너무 과하다고 보았고, 다른 죄인들에게 그랬듯이 이 여인을 가엾게 여겼다. 이렇듯 예수는 용서가 율법을 능가하며, 무지하고 나약한 영혼을 구원하는 데는 용서가 훨씬 효과적이라는 점을 보여주었다.

　그리고 사랑과 온정이 정의를 넘어선다는 것을 가르쳤다. 규율과 법, 제도는 꼭 필요하다. 예수는 그 필요성을 부인하지는 않았다. 다만 정의를 적용할 때는 개인의 특수한 상황과 맥락, 의도를 고려해 연민으로 판단해야 한다고 보았다. 마음속은 타인이 헤아릴 수 없기에 타인을 판단하고 단죄할 수도 없다는 것이다.

　이 주제는 오늘날에도 여전히 뜨거운 논쟁거리다. 2009년 3월에 브라질에서 일어난 일을 일례로 들 수 있다. 다름 아닌 9살 여자아이가 의붓아버지에게 성폭행당한 뒤 쌍둥이를 임신한 사건이다. 헤시피의 대주교는 아이의 어머니와 아이의 생명을 구하려고 낙태 수술을 한 의료진을 파문했다. 교황청 주교 성 장관이자 베네딕토 16세의 오른팔인 조반니 바티스타레 추기경은 파문을 명령한 대주교를 지지하면서 "낙태를 하는 이는 이유 여하를 불문하고 사실상 파문한다는 교회법을 따랐을 뿐"이라고 했다. 복음서의 장면을 오늘날의 상황에 대입해 보자. 추기경과 교회법 학자들은 여자아이의 어머니와 의사를 예수 앞에 세워 놓고 이렇게 말할 것이다. "교회법에는 이런 죄를 범한 자는 파문하라고 하였는데 선생님 생각은 어떻습니까?" 다음 전개는 쉽게 상상할 수 있다. 그리고 역사는 계속 반복된다는 점을 되새기게 된다. 예수는 사랑이 없는 율법은 의미가 없고, 연민이 없는 정의는 인간성과 본래의 의미를 상실하며, 결국 모든 사람이 특별하다고 가르치기 위해서 세상에 왔다.

하지만 예수의 가르침을 더 자세히 살펴보고, 붓다의 가르침과의 유사점과 차이점을 확인하기 전에 소크라테스의 주장을 다루고 싶다. 왜 소크라테스의 윤리 철학에서는 사랑이 중요하게 언급되지 않았을까? 왜 소크라테스는 사랑이 아닌 정의를 최고의 미덕으로 꼽았을까? 이유는 단순하다. 소크라테스에게 사랑은 미덕이 아니기 때문이다. 소크라테스는 사랑을 붓다처럼 인간의 미덕으로 보지도 않았고, 예수처럼 신의 미덕으로 보지도 않았다. 소크라테스는 사랑이 충동이자 결핍이 만들어 낸 욕망이라고 보았다. 그래서 사랑을 칭송하는 만큼 불신했다. 소크라테스가 제시하는 사랑의 개념은 사뭇 명료하며 여러 면에서 사람들이 쉽게 떠올리는 사랑의 개념과 유사하다. 따라서 예수와 붓다가 생각한 매우 다른 사랑의 개념을 더 잘 이해할 수 있게 해줄 것이다.

소크라테스식 에로스

플라톤의 『향연』을 보면 소크라테스가 사랑을 어떻게 이해했는지 알 수 있다. 필자가 십대 때 처음 접한 소크라테스의 대화가 바로 이 『향연』이다. 이 놀라운 대화 중에서 가장 인상적인 내용은 아리스토파니스의 연설이다. 시인 아리스토파니스는 인간의 몸은 원래 두 개의 신체가 합쳐진 형태였다고 설명한다. 그래서 남성은 남성 둘, 여성은 여성 둘, 양성은 남성과 여성을 하나씩 지녔다. 하지만 아주 오래전에 제우스는 인간을 둘로 나누기로 했다. 그 이후로 인간은 원래의 모습에 따라 남성이든 여성이든 나머지 반쪽을 찾아 헤매게 되었다. 아리스토파네스는 이것이 바로 사랑이라고 했다. 요컨대 사랑은 잃어버린 본래의 모습을 되찾고자 하는 욕망이다. 그렇게 해서 반쪽을 찾아내면 완전한 본성을 회복해 최고의 행복을 얻을 수 있다.

사람들이 이런 아리스토파네스의 주장을 좋아하는 이유는 사랑하는 사람과 온전히 하나가 되는 위대한 사랑의 꿈을 키워 주기 때문이다. 영혼의 짝을 찾아서 영원히 하나가 되게 해주는 사랑은 결국 성배 찾기나 진배없다. 아리스토텔레스는 훗날 서양에서 발달한 낭만적인 연애관의 창시자라고도 할 수 있다. 하지만 이 이야기의 신화적 측면은 차치하더라도, 이런 사랑이 정말로 존재하는가?

안타깝게도 대다수 사람의 경험에 따르면 그런 사랑은 없다. 행여 있더라도 극히 드물다. 절대적이고 변치 않는 사랑, 두 존재의 완벽한 합일은 환상에 더 가깝다. 정신 분석에 이어 정신 과학에서도 다양한 설명을 내놓았다.

소크라테스도 아리스토파네스의 신화적인 주장은 믿지 않았지만, 사랑은 결핍에 대한 욕망이라는 본질적인 내용에는 동의했다. 그리고 이런 이유로 사랑은 신성할 수 없다. 신은 부족함을 모르는 존재기 때문이다. 소크라테스는 이렇게 설명한다. "결핍은 갖고 있지 않은 것, 자기 자신이 아닌 것이고, 바로 이런 것들이 욕망과 사랑의 대상이라네."(향연 200e) 그리고 이러한 관찰을 바탕으로 또 다른 신화 '에로스'를 언급하며 사랑이 무엇인지 설명한다. 매우 드문 일이기에 짚고 넘어갈 점이 있다. 소크라테스는 이러한 것들을 한 여인에게서 배웠다고 말한다. 여인의 이름은 디오티마다. 만티네이아 출신의 이 여인은 사랑은 신이 될 수 없으며 신과 인간을 매개하는 다이몬이라고 설명한다. 에로스는 만족을 모르고 항상 새로운 대상을 찾아 움직이며, 무언가를 갈구하면서 인간들이 부, 건강, 명예, 감각적 쾌락과 같은 다양한 것을 욕망하게 만든다. 하지만 사실 인간이 궁극적으로 원하는 것은 불멸이다. 그래서 인간은 자녀를 낳고, 예술작품과 지적 업적을 남기려고 한다. 이처럼 갖은 노력을 하지만 사실 사람들은 죽음을 피할 수 없고, 자녀나 작품에 대한 사랑으로는 영원한 행복에 이를 수 없다는 사실을 이미 마음속 깊은 곳에서 느끼고 있다.

디오티마는 소크라테스에게 사랑을 통해서 최고의 선에 이르게 하는 영적인 길이 있다고 말한다. 최고의 선에 도달해야만 인간은 결핍을 채울 수 있다. 인간의 영혼은 아름다움에 대한 사랑으로 여러 단계를 거쳐 동일한 실체의 양면인 최고의 아름다움과 선에 도달한다. 영혼은 처음에는 아름다운 몸에 특히 끌리고, 그다음에는 평범한 육체에 깃든 아름다움에 끌린다. 영혼은 점점 더 높이 올라가 영혼의 아름다움에 매료되고, 덕과 법과 학문의 아름다움에 이끌리다가 마침내 긴 초기 여정의 마지막 단계에서 신적인 아름다움이라는 실체를 만난다. 이 경지에 이른 자는 무한한 행복을 얻는다. 디오티마는 소크라테스의 입을 빌어 결론을 내린다. "인생을 살 만한 가치가 있게 만드는 순간이죠. 참된 아름다움을 볼 수 있으니까요. 그대가 언젠가 이 경지에 도달해서 궁극의 아름다움을 보게 되면 지금 당신의 눈길을 끄는 황금이나 장신구, 잘생긴 청년은 보잘것없다고 생각할 거예요. 그대는 사랑하는 사람을 보고 함께 있을 수 있다면 식음도 전폐할 수 있겠죠. 그렇다면 꾸밈없고, 순수하며, 오염되지 않은 신적이고 절대적인 아름다움을 마주하면 대체 어떤 기분이 들까요?"(향연 211d~e)

사랑에 관한 소크라테스식 담론에서 우리는 무엇을 얻을 수 있을까? 인간의 사랑은 영원히 충족되지 않는 욕망이지만, 긴 영적 여정의 끝에서 절대적인 상징을 보면 평온을 얻을 수 있다는 것이다. 이 같은 소크라테스의 주장은 후세의 유대교, 기독교, 이슬람교 신비주의자들의 생각과도 일치한다. 그들에게 사랑이란 어느덧 오직 신을 통해서만 안식을 찾으려는 신적인 욕망이다. 자유분방한 성적 쾌락을 추구하는 이들조차도 무의식적으로 신적인 요소에 해당하는 선과 아름다움을 찾는다. 그저 대상이 다를 뿐이다. 모든 사랑과 모든 욕망은 합당한 대상을 찾아야 한다.

여기서 죄에 관한 예수의 가르침으로 돌아가 보자. 앞에서 보았듯이 죄에 해당하는 히브리어 어원에는 '과녁에서 빗나간다'라는 의미가 있다. 이런 관점에서, 소크라테스의 주장대로 사랑은 충동이며 동력이지만, 미덕은 아니다. 미덕은 완성이자 흔들림 없는 영혼의 상태이기 때문이다. 사랑은 최선으로 이어지기도 하지만, 최악으로 이어지기도 한다. 사랑을 위해 자신을 희생할 수도 있지만, 사랑을 위해 살인을 할 수도 있다. 사랑 때문에 가장 이로운 것뿐 아니라 가장 해로운 것을 추구할 수도 있다. 사랑 그 자체는 이롭지도 해롭지도 않고, 미덕도 악덕도 아니며, 선도 악도 아니다. 사랑은 결핍을 채우도록 끊임없이 부추기는 맹목적이고 보편적인 힘이다. 따라서 교육하고, 통제하고, 질서를 부여해야 한다.

예수도 이런 에로스의 정의를 부정하지는 않았지만 '사랑'이라는 말에 완전히 다른 의미를 부여했다. 따라서 소크라테스와는 달리 사랑을 최상의 덕으로 여겼다.

그리스도의 사랑

예수보다 훨씬 앞서, 플라톤의 수제자 아리스토텔레스는 이미 사랑의 개념을 발전시켰다. 아리스토텔레스에게 사랑은 단순한 욕망이 아니다. 함께 나누고 기뻐할 수 있는 우정에도 사랑이 깃들 수 있다. 아리스토텔레스는 에로스와 구분하기 위해 우정에 깃든 사랑을 '필리아'라고 불렀으며, 신적인 묵상과 함께 인간의 가장 고귀한 활동으로 인간에게 진정한 행복을 준다고 단언했다.(니코마코스 윤리학) 이 개념은 소크라테스의 주장을 부정하기보다는 보완한다. 신적인 것들을 추구하지 않아도 인간의 사랑은 환희와 기쁨 안에서 꽃을 피울 수 있다. 이러한 사랑은 더 이상 충동이나 근본적으로 양면적인 욕망, 절대로 충족되지 않는 결핍이나 욕구가 아니다. 이처럼 아리스토텔레스는 사랑을 즐거운 경험이자 미덕으로 정의했다. 예수는 에로스와 필리아의 개념을 부정하지 않는 또 다른 사랑을 말했다. 그래서 복음사가들은 기독교적 사랑의 개념을 표현하는 이 세 번째 개념에 그리스어 '아가페'라는 이름을 붙였다. 예수의 가르침에서 아가페는 에로스(욕망)와 필리아(우정)를 뛰어넘는 새로운 지평을 연다. 아가페란 온정과 헌신에 의한 사랑이다.

앞서 진리를 다룬 장에서 언급했듯이 예수는 자신이 "하느님은 사랑이다"라는 진리를 밝히러 이 세상에 왔다고 했다. 예수에게 사랑은 신의 대명사다. 소크라테스는 사랑은 결핍이며, 신은 결핍을 모르기 때문에 사랑은 신적일 수 없다고 보았지만, 예수의 사랑은 결핍이 아닌 존재의 충만함이다. 예수는 하느님이 사사로움 없이 조건 없는 사랑으로 모든 인간을 사랑하신다고 했다. 그리고 인간은 하느님의 사랑을 본받아 하느님과 이웃을 사랑해야 한다고 했다.

사랑을 돌려받기를 바라지 않고, 대가 없이 베풀고, 순수한 호의로 모든 존재의 행복을 바라는 이런 신적인 사랑을 예수는 어떻게 제자들에게 가르쳤을까? 예수는 제자들이 가장 잘 아는 성경과 모세의 율법에서 출발했다. 그리고 『구약성경』뿐 아니라 대다수 고대 문화에서 찾아볼 수 있는 '황금률'을 받아들였다. "네가 싫어하는 일은 아무에게도 행하지 마라."(토비트 4:15) 더불어 이 규범에 보편성을 부여해 그 범위를 확장했다. 『구약성경』에도 이웃을 아끼라는 내용이 있다.(레위기 19:18) 탈무드에 등장하는 랍비 아키바 같은 여러 현인은 이웃에 대한 사랑을 '율법의 가장 위대한 교훈'이라고 평가하며 그 중요성을 강조했다.(41) 그러나 성경에서 말하는 '이웃'의 정의는 대부분 같은 민족에 국한되었다. 그러다 1세기 전반이 되어서야 그리스 문화에 심취한 유대인 철학자 필론이 이 개념을 이방인에게까지 넓혀서 이웃을 "친구와 부모, 더 나아가 자기 자신처럼" 사랑하라고 했다.(42) 같은 집단이나 시민으로 범위를 국한한 그리스와 로마인들과 달리 예수는 남녀노소와 이방인을 가리지 않고 모든 인간에게 이 황금률을 적용했다. '이웃'의 정의에는 아무런 제약을 두지 않았다. "너희가 자기를 사랑하는 사람들만 사랑한다면 무슨 상을 받겠느냐? 세리들도 그만큼은 하지 않느냐? 또 너희가 자기 형제들에게만 인사를 한다면 남보다 나을 것이 무엇이냐? 이방인들도 그만큼은 하지 않느냐? 하늘에 계신 아버지께서 완전하신 것같이 너희도 완전한 사람이 되어라."(마태오 5:46~48)

예수는 하느님이 인간 사이에 차이를 두지 않는다고 했다. 하느님은 좋든 나쁘든, 정의롭든 배은망덕하든, 모든 자식을 똑같이 사랑하는 정의롭고 선한 '아버지'다. 그러므로 예수는 한 걸음 더 나아가 원수까지 사랑하라고 가르쳤고, 이런 주장은 당시 사람들에게 깊은 충격을 주었다. "'네 이웃을 사랑하고 원수를 미워하여라'라고 하신 말씀을 너희는 들었다. 그러나 나는 이렇게 말한다. 원수를 사랑하고 너희를 박해하는 사람들을 위하여 기도하여라. 그래야만 너희는 하늘에 계신 아버지의 아들이 될 것이다. 아버지께서는 악한 사람에게나 선한 사람에게나 똑같이 햇빛을 주시고 옳은 사람에게나 옳지 못한 사람에게나 똑같이 비를 내려 주신다." 이렇게 말함으로써 예수는 모든 사회에서 인간관계를 규정하는 상호성의 원칙을 무너뜨렸다. 예수가 말하는 사랑은 구약성경의 이웃에 대한 사랑이나 아리스토텔레스의 필리아보다 더 심오하다. 『구약성경』의 이웃은 적을 포함하지 않으며 아리스토텔레스의 필리아는 친구 간의 호혜를 전제하기 때문이다. 하지만 예수가 말하는 아가페는 하느님의 사랑을 본뜬 순수한 온정에서 비롯된 사랑이다. 예수의 사랑은 본능적인 감정도, 호혜의 감정도 아니다. 하느님이 모든 사람을 사랑하듯이 모든 사람을 사랑하라는 참되고 보편적인 계명이다. 예수는 말과 행동으로 이 조건 없는 사랑을 몸소 실천했다. 그래서 죽기 직전에 제자들에게 이렇게 말할 수 있었다. "내가 너희를 사랑한 것처럼 너희도 서로 사랑하여라."(요한 13:34)

앙드레 콩트 스퐁빌은 저서 『Petit Traité des grandes vertus(위대한 미덕에 관한 소논문)』(PUF)*에서 "사랑은 명령에 따라 이뤄지지 않고 의무가 될 수도 없다"(p. 291)라는 점에 주목했다. 에로스적인 사랑이든 필리아적인 사랑이든, 사람은 타인의 명령으로 사랑하지 않는다. 욕망이나 쾌락, 충동이나 자발적인 선택으로 사랑하

---

* 국내에서는 『미덕이란 무엇인가』라는 제목으로 출간했다.

지 결코 다른 사람이 시킨다고 사랑하지 않기 때문이다. 예수가 강조하고 '새로운 계명'으로 제시한 온정에 따른 사랑이 어려운 이유가 여기 있다.(요한 13:34) 앙드레 콩트 스퐁빌은 칸트를 인용해, 성경뿐 아니라 그리스도가 정의하는 이웃에 대한 사랑은 지향해 성취해야 하는 '이상'이며, 사람들을 인도하고 빛을 비추는 성스러운 이상이라고 말한다. 그리고 이런 사랑은 다른 미덕처럼 획득할 수 있다. 모든 이웃(특히 무관한 사람이나 원수)을 자발적으로 사랑할 수는 없지만, 정의와 절제를 배우듯이 이웃을 사랑하는 법을 배울 수는 있다. 콩트스퐁빌은 예절이 도덕의 표현인 것처럼, 도덕도 사랑의 표현이라고 설명한다. "도덕적으로 행동하는 것은 곧 사랑하듯이 행동하는 것이다." 도덕을 갖춰 예절을 실천하면 예절에서 자유로워지듯이(진정으로 덕이 있는 사람은 덕을 갖춘 양 행세하지 않아도 되므로), 사랑으로 도덕을 실천하면 도덕의 속박에서 벗어날 수 있다. 따라서 사랑하는 사람만이 사랑을 가장하지 않아도 된다. 스피노자는 이것이 바로 복음서의 정신이며(사랑하라, 그리고 마음대로 하라 Dilige, et quod vis fac), 그리스도가 율법을 이행함으로써, 즉 율법을 확고히 하고 영원히 '마음 깊이' 새겨서 율법으로부터 인간을 자유롭게 하는 것이라고 설명한다.(p.295)[43]

사람들의 마음속에 율법을 새기고 그들에게 온정과 사사로움 없는 마음으로 사랑하라고 가르친 예수는 아가페적 사랑의 교사다. 이를 위해 예수는 무엇보다도 먼저 율법을 실천했다. 스피노자가 지적했듯이 율법은 사랑이 없으면 의미가 없다. 사랑은 율법의 원동력이지만, 율법은 사랑으로 이끄는 가르침일 뿐이다. 복음서에는 이를 설명하는 예가 많다. 이웃에 대한 사랑은 종교의 율법보다 더 중요하다. "너희는 자기 아들이나 소가 우물에 빠졌다면 안식일이라고 하여 당장 구해 내지 않고 내버려 두겠느냐?" 예수는 병자를 고치기 위해 안식일 율법을 어긴 이유를 이렇게 설명했다.(루가 14:5) 그리고 이웃에 대한 사랑은 종교의식보다 더 중요하다. "제단에 예물을 드리려 할 때 너에게 원한을 품고 있는 형제가 생각나거든, 그 예물을 제단 앞에 두고 먼저 그를 찾아가 화해하고 나서 돌아와 예물을 드려라.(마태오 5:23~24)

아가페적 사랑을 터득하려면 학습하고 이해하고 단련하는 단계를 거쳐야 한다. 아가페적 사랑은 자연스럽게 생기지 않을 뿐 아니라 인간의 타고난 이기심을 극복해야 하기 때문이다. 그런데 예수는 이 사랑이 하느님으로부터 인간에게 직접 전달되며, 하느님은 인간이 하느님과 같은 방식으로 사랑을 실천하게 해준다고 보았다. 훗날 기독교 신학자들은 하느님이 인간의 마음에 아가페를 "불어넣으셨다"라고 말한다. 아가페는 윤리적 덕목이 아니라 '신에 따르는' 덕목, 즉 하느님에게서 비롯되어 하느님으로 이끄는 덕목이다. 한편 예수는 말과 행동으로 사랑의 훌륭한 교사임을 입증했을 뿐 아니라 중재자 역할도 자청했다. 그리고 하느님의 중재자가 되어 도움을 구하는 모든 이에게 은총을 베풀고 사랑을 가르치겠다고 약속한다. "너희가 내 이름으로 구하는 것이면 무엇이든지 이루어 주겠다. 그러면 아들로 말미암아 아버지께서 영광을 받으실 것이다. 너희가 내 이름으로 구하는 것이면 무엇이든지 다 내가 이루어 주겠다."(요한 14:13, 23)

은총으로 인간이 받아들인 하느님의 사랑이 마음에 뿌리를 내리면 노력하지 않아도 '솟는 샘'처럼 흘러 자유와 행복과 기쁨을 준다고 예수는 말한다. 이 기쁨은 욕망의 충족에서 오는 쾌락이 아니라 나누는 기쁨이다. 아무런 대가를 기대하지 않고, 감사나 감사의 표시조차 기대하지 않고 아낌없이 베푸는 기쁨은 누구나 누릴 수 있다. 신이나 이웃을 위해 자기 삶을 바치는 이들이 매일 누리는 경험이기도 하다. 성 바울로는 그리스도의 구원에 관한 신학을 집대성했지만, 이상하게도 예수의 말은 극히 일부만 인용했다. 그중 하나가 복음서에는 수록되지 않았지만 상징성이 짙은 다음의 구절이다. "나는 (...) '주는 것이 받는 것보다 더 행복하다.' 하신 주 예수의 말씀을 명심하도록 언제나 본을 보여왔습니다."(사도행전 20:35)

사랑이 뿌리내리기 시작해 비로소 노력이 필요 없는 진정한 미덕이 되면, 아가페적 사랑에도 우정에서 싹트는 필리아적 사랑의 특징이 나타난다. 바로 즐거움과 기쁨이다. 이런 행복은 인간과 하느님 혹은 인간과 그리스도가 공유하는 경험이기에 신적인 우정이라고 할 수 있다. 그래서 예수는 제자들에게 이렇게 말했다. "아버지께서 나를 사랑하신 것처럼 나도 너희를 사랑해 왔다. 그러니 너희는 언제나 내 사랑 안에 머물러 있어라. 내가 내 아버지의 계명을 지켜 그 사랑 안에 머물러 있듯이 너희도 내 계명을 지키면 내 사랑 안에 머물러 있게 될 것이다. 내가 이 말을 한 것은 내 기쁨을 같이 나누어 너희 마음에 기쁨이 넘치게 하려는 것이다. 내가 너희를 사랑한 것처럼 너희도 서로 사랑하여라. 이것이 나의 계명이다. 벗을 위하여 제 목숨을 바치는 것보다 더 큰 사랑은 없다. 내가 명령하는 것을 지키면 너희는 나의 벗이 된다. 이제 나는 너희를 종이라고 부르지 않고 벗이라고 부르겠다. 종은 주인이 하는 일을 모른다. 그러나 나는 너희에게 내 아버지에게서 들은 것을 모두 다 알려 주었다."(요한 15:9~15)

예수가 제자들에게 이렇게 말한 것은 다름 아닌 유월절 전날인 목요일 저녁이다. 예수는 그날 밤 체포되어, 다음날 사형을 선고받고 십자가에 못 박힌다. 예수는 앞날을 예견했고, 겸허히 받아들였다. 그리고 예수는 이런 궁극적인 방식으로 아가페적 사랑이 무엇인지 보여주고자 했다. 세상에 만연한 이기주의 탓에 사람들은 상대를 억압해서라도 자신을 더 내세우려 하기 마련이다. 이런 이기주의는 자기주장을 관철하려는 욕구이자 권력에 대한 욕망이며, 모든 폭정과 전쟁을 부르는 근본 원인이다. 예수는 하느님의 아가페는 그와는 정반대라는 것을 알리고자 했다. 아가페는 비권력의 표현이다. 비권력은 힘과 권력을 행사하지 못하는 어리숙함이나 무력함이 아니다. 자발적인 의지로 자신이 보유한 힘을 행사하지 않는 것이다. 아가페적 사랑은 자기희생과 자발적인 헌신으로 완성된다. 예수는 자기 사람에게 배반당하지만 이내 이를 받아들이고, 고발자들에게 넘겨져 모욕과 고문을 당하다 끝내 십자가에 못 박힘으로써 이 사랑을 보여주었다. 예수는 죽음으로 자신을 온전히 내어 주는 사랑의 진리를 증명했다. 필자의 다른 책에서 언급한 것처럼, 예수의 죽음은 예수 자신의 가르침과 완전히 일치한다.(44) 그는 사회적 우선 가치를 뒤집었고("첫째였다가 꼴찌가 되고 꼴찌였다가 첫째가 되는 사람들이 많을 것이다." 마르코 10:31), 낮은 자를 높이고, 가난한 사람들과 소외된 사람들에게 먼저 말을 건네고, 아이들을 칭송하고, 제자들의 발을 씻기고, 이교도와 죄지은 여인들에게 가르침의 본질을 전하고, 범죄자처럼 십자가에 못 박혀 가장 굴욕스러운 방법으로 죽음을 맞았다. 예수가 보여준 메시아의 모습은 적을 무찌르는 영광스러운 구원자가 아닌, 자신을 박해하는 자들에게 힘을 행사하지 않는 '마음이 온유하고 겸손한'(마태오 11:29) 구원자였다. 상징적인 의미와 온정의 표현이라는 차원을 넘어서 예수가 행한 기적을 이해할 수 있게 하는 단서가 바로 여기 있다. 만약 예수가 애초에 표적을 통해 초월적인 힘을 발휘하지 않았다면, 아무도 예수가 이런 힘을 행사하지 않은 채 죽음을 맞았다는 것을 납득하지 못했을 것이고, 사람들은 대부분 예수가 비극적인 죽음을 피할 능력이 없었으리라고 여겼을 것이다. 복음서의 극적이고도 불가사의한 힘은 예수가 표적과 공생애 중에 보여준 권능과 수난 중에 보여준 '비권력' 간의 모순에서 나온다. 이처럼 명백하며 터무니없어 보이는 모순은 십자가형을 지켜보던 사람들의 조롱에서도 잘 드러난다. "이 사람이 남들을 살렸으니 정말 하느님께서 택하신 그리스도라면 어디 자기도 살려보라지!"(루가 23:35)

예수는 전능한 메시아의 모습뿐 아니라 지상에 내려온 메시아의 모습까지 뒤바꿔 놓았고, 참된 하느님의 왕국은 현세에서는 찾을 수 없으며 '이 세상 밖'에 있다고 소리높여 선언했던 것이다. 부활의 의미도 현세를 떠나 지상의 왕국에서 천상의 왕국으로 이동한다는 논리로 이해할 수 있다.(물론, 부활이 사실이라는 가정을 전제로 하지만, 비신자가 기독교 신화의 일관성을 이해하는 데 부활의 진실 여부가 걸림돌이 되지는 않는다.) 복음서에서 주장하는 바는 예수가 이 땅에 온 것은 지상에 하느님 나라를 세우기 위해서가 아니라, 세상 사람들에게 하늘나라에 이르는 길을 제시하기 위해서라는 것이다. 예수는 부활과 승천으로 하늘나라의 존재를 보여주었다. 하늘나라는 물리적인 공간이 아닌 저세상의 상징이다. 호전적인 메시아라면 무력으로 적을 물리치고 그 땅을 하느님의 법으로 다스렸을 것이다. 그러나 예수는 십자가에 못 박힌 메시아다. 바울로에 따르면 십자가에 달렸다는 것은 "유대인들에게는 비위에 거슬리고 이방인들에게는 어리석게 보이는 일"로 여겨졌지만(고린도전서 1:23), 예수는 자신을 희생해 신적인 사랑 아가페를 실현했다.

이런 사랑에 비추어 보면 예수 가르침의 특징을 알 수 있다. 예수는 인간이 하느님에게 닿으려고 일부러 드러내 숭배할 필요가 없다고 지적한다. 인간의 혼은 '불고 싶은 대로 부는' 성령에 의해 움직이기 때문이다.(요한 3장) 참되게 사랑으로 행동하는 사람은 모든 선의 근원인 하느님과 연결되어 있다는 것이다. 1945년에 히틀러 암살 모의에 가담한 죄로 나치에 의해 플로센뷔르크 수용소에서 처형된 개신교 신학자 디트리히 본회퍼는 그리스도를 '비신자의 주님'이라고 했다.(45) 여러 종교 신자를 보면 경전에 관한 지식과 신에 대한 믿음, 기도 등의 의식과 종교 규범이 신앙에 도움을 주지만, 이런 것들이 반드시 모범적인 행동이나 삶으로 이어지지 않는다는 것을 잘 알 수 있다. 반면 종교가 없어도 진실하고 정의롭고 선한 삶을 살 수 있다. 그리스도의 가르침은 신학적 근거로 이러한 인식을 뒷받침해 준다. 이웃을 사랑하는 것은 궁극적인 의미에서 신을 숭배하는 것이며, 양심에 따라 진실하게 행동하는 모든 선한 사람이 신의 구원을 받을 수 있다는 것이다. 그래서 예수는 사마리아 여인에게 인위적인 개입이나, 의례, 규율이 없어도 하느님을 만나고 영생에 이르는 은총을 얻을 수 있다고 했다.(요한 4장) 예수가 의인들에게 들려준 최후의 심판에 관한 유명한 이야기에서는 이 점이 명백히 드러난다. "너희는 내 아버지의 복을 받은 사람들이니 와서 세상 창조 때부터 너희를 위하여 준비한 이 나라를 차지하여라. 너희는 내가 굶주렸을 때 먹을 것을 주었고 목말랐을 때 마실 것을 주었으며 나그네 되었을 때 따뜻하게 맞이하였다. 또 헐벗었을 때 입을 것을 주었으며 병들었을 때 돌보아 주었고 감옥에 갇혔을 때 찾아주었다." 예수를 모르는 의인들이 이 말을 듣고 의아해하자 예수는 이렇게 말했다. "분명히 말한다. 너희가 여기 있는 형제 중에 가장 보잘것없는 사람 하나에게 해준 것이 바로 나에게 해준 것이다."(마태오 25:34~40)

붓다의 자비

예수는 이웃에게 베푸는 하느님의 사랑을 전하고자 했지만, 그렇다고 해서 소크라테스가 주장한 에로스를 부정하지는 않았다. 에로스는 결핍된 것에 애착을 느끼며 좀체 만족을 모르는 욕망이지만, 인간을 아름다움과 선, 지고의 진리로 이끌기도 한다. 하지만 붓다는 에로스적 사랑을 인정하지 않았다. 그리고 단호하게 욕망에서 비롯된 사랑을 멀리하라고 했다. 앞서 진리를 다룬 장에서 보았듯이 붓다는 욕망을 근절하라고 가르쳤다. 그렇게 해서 괴로움을 완전히 소멸시키고, 괴로움의 근원인 갈애에서 철저히 탈피해야 한다고 했다. 불교에서 금욕과 명상의 목표는 욕망과 갈애, 결핍과 집착에서 벗어나는 것이다. 붓다는 에로스적 사랑을 완벽히 이해했지만, 이를 괴로움의 원인으로 보고 철저히 금기시했다. 소크라테스나 예수와 달리, 희망으로 인간을 이끌기도 하고 가장 커다란 행복을 주는, 절대적으로 선한 신의 존재를 믿지 않았던 것이다. 붓다는 영원한 결핍을 가져오며 욕망을 수반하는 사랑에서 괴로움으로 이어지는 집착만 보았다. 그뿐만 아니라 호혜적 우정에서 비롯되는 필리아적 사랑도 권하지 않았다. 고통과 불행을 초래할 수 있기 때문이다. 우정은 지속되지 않을 수 있고, 친구가 세상을 떠날 수도 있다. 이렇듯 (집착에서 생겨난) 마음의 상처로 더 심한 고통에 빠질지도 모른다. 따라서 붓다는 집착에서 오는 사랑을 모두 멀리하라고 했다. 이런 조건대로라면 불교에도 과연 사랑이라는 것이 존재할 수 있을까? 아니면 고통에서 벗어나는 방법으로 타인에게 무관심해야 할까? 괴로움을 모르는 상태를 과연 지고의 미덕이라고 할 수 있을까?

이런 고민은 붓다 사후 수 세기 동안 불교 사상에 깊이를 더했다. 이 중요한 문제는 숱한 논쟁을 일으켰고, 승가에는 큰 분열이 일어났다. 상좌부 불교에 따르면 붓다는 모든 생명을 존중하라고 가르쳤고, 마음을 가진 유정(有情)의 존재에 대한 살생을 금했다. 불교 가르침의 기본 원칙인 모든 생명에 대한 존중은 근본적으로 비폭력주의를 표방한다. 폭력은 욕망이나 집착에서 비롯되기 때문이다. 붓다의 가르침을 담은 초기 경전에서는 산스크리트어로 '마이트리maitrie'라고 하는 공감의 사랑을 제시한다. 나쁜 과보를 모두 떨치고 윤회에서 벗어나려면 부정적인 생각이나 악의적인 행동을 철저히 경계해야 한다. 또한 모든 생명체의 행복을 기원하고 그에 따라 행동해야 한다. 하지만 혹자는 이것이 이기주의에서 비롯된 행동이라고 말할지도 모른다. 남에게 해를 끼치지 않는 것은 윤회에서 해방되기 위한 것이며, 다른 사람에게 베푸는 선행도 자기 이익을 위한 행동이라고 볼지도 모른다. 대중부에서는 붓다의 가르침을 달리 이해하는 상좌부를 이렇게 비판할 수 있다. 인간에게 깃든 이기주의의 타파가 목적인 대중부에서는 모든 생명체에 대한 존중은 훨씬 더 능동적이고 넓은 의미에서 이해해야 한다고 보았다. 바로 자발적이고 보편적인 자비다.

자비를 뜻하는 산스크리트어 '카루나karunā'는 무한한 친절이자 다른 사람의 고통에 공감하고 손을 뻗어 윤회의 순환에서 벗어날 수 있게 돕는 능력으로 정의된다. '장로의 길'이란 뜻의 상좌부 불교에서는 깨달음을 얻어 윤회에서 벗어나려면 개개인의 부단한 수행이 필요하다고 주장하지만, '큰 수레'를 뜻하는 대승 불교에서는 자비를 불교의 핵심 덕목으로 꼽는다. 그 이후로 대승 불교뿐 아니라 수 세기에 걸쳐 자비의 교리에 깊은 영향을 받은 상좌부 불교는 붓다의 모든 삶과 가르침을 자비라는 최고의 덕목에 기초해 재해석했다. 여기서 소소하지만 놀라운 역사적 사실에 주목하자. 예수가 베푸는 사랑을 설파한 1세기 초엽에, 멀리 떨어진 아시아에서는 대승 불교가 주도권을 공고히 하고 자비가 불법의 핵심이 되었다.

불교의 교리도 받은 그대로 되갚는 탈리오식 논리를 배격하고 원수도 사랑하라고 가르친다. "어떤 사람이 손이나 몽둥이로 때리고 칼로 치더라도 그대의 마음은 흔들리지 않아야 한다. 악의를 품어서는 안 되며, 분노하지 말고 연민과 자비로 상대를 대해라."(맛지마 니카야 21, 6) 붓다가 제자 팍구나에게 전한 이 가르침은 예수가 한 말과도 일치한다. "누가 뺨을 치거든 다른 뺨마저 돌려 대주어라."(루가 6:29) 하지만 붓다의 자비는 예수의 온정보다 훨씬 더 보편적이라고 할 수 있다. 구원에 관한 붓다의 가르침은 모든 생명체로 향하기 때문이다. 이런 점에서 붓다는 인간 중심의 틀 안에 머물렀던 예수와 소크라테스를 능가한다. 동물과 자연 전체에 대한 깊은 존중은 붓다의 사상에서 비롯된 주요한 결실이다. 그러나 불교 전통에 깃든 자연을 향한 경외심은 그리스 철학, 유대교, 기독교 문화에 뿌리를 둔 서양에까지 영향을 미치지는 않았다. 서양 전통에서는 동물의 고통을 향한 연민과 자비를 찾아보기 어렵기 때문이다.

대승 불교 교리의 영향을 받은 붓다의 전기에 따르면, 고타마는 보드가야의 보리수 아래에서 명상을 하다가 어린 시절의 기억을 떠올렸다. 그는 아버지 정원의 나무 그늘에서, 인도의 타오르는 햇볕을 받고 고되게 밭일하는 농부들을 지켜보았다. 비록 어린 나이였지만 고타마는 힘들게 일하는 농부들과 쟁기에 짓눌려 죽어가는 벌레들을 보며 크나큰 연민을 느꼈다. 이런 연민의 감정은 삶에 억눌리고 고통받는 존재에 대한 깊은 공감으로 묘사된다. 그리고 바로 이런 기억이 붓다를 깨달음과 사성제의 발견으로 이끄는 출발점이 되었다고 한다. 붓다는 이후로도 일평생 세상의 모든 생명의 고통에 공감하고, 작은 풀잎 하나에도 온정과 연민을 느꼈다고 한다. 붓다는 수행자들에게 서로를 보살피고 자기 자신을 돌보는 마음으로 서로를 배려하라고 했다. 그러던 어느 날 붓다는 승가 한 곳에 갔다가 늙고 병든 수행자 프티가타와 마주쳤다. 프티가타는 자기 배설물을 온몸에 뒤집어쓰고 있었지만, 다른 수행자들은 수행과 명상에 너무 몰두한 나머지 아무도 그를 돌볼 생각을 하지 않았다. 불결한 상태를 변명하듯이 프티가타는 이렇게 말했다. "제가 다른 수행자들을 위해 아무것도 하지 않아서 저들이 저를 돌보지 않는 것입니다." 붓다는 충실한 제자 아난다의 도움을 받아 프티가타의 몸을 씻기고, 옷을 빨아 주고, 보살펴 주었다. 그리고 승가의 수행자를 불러 놓고 연민과 자비를 모르는 행동을 나무랐다. "그대들은 돌봐 줄 어머니도 아버지도 없다. 서로서로 돌보지 않는다면 누가 그대들을 돌봐 주겠는가? 내 몸을 돌보듯이 아픈 사람을 돌봐야 한다."(율장 대품 8, 26)

자식을 잃은 여인이 아이를 되살려달라고 간청했을 때 붓다는 한 가지 조건을 말했다. 조건이란 그런 불행을 겪지 않은 가족을 단 하나라도 찾아내는 것이었다. 여인은 집집이 문을 두드리며 온 동네를 다녀 봤지만 허사였다. 얼마 후 평정을 얻은 여인은 붓다를 다시 찾아갔다. 그동안 만난 사람들은 여인에게 연민과 자비의 마음을 보여주었고, 그 덕분에 여인은 불행을 딛고 일어설 수 있었던 것이다.

불교 기록에 따르면 전지전능한 붓다는 매일 동이 트기 전에 지구와 온 우주를 둘러보며 해가 뜨면 누구를 도와야 할지를 생각한다고 한다.

대승 불교에서는 자비가 붓다의 가르침 중 최고 미덕이며, 자비심을 기르는 것이 정신 수행의 진정한 목표가 되어야 한다고 한다. 따라서 수행 초심자도 고통받는 모든 생물에 대한 자비의 마음에서 모든 명상을 시작해야 하며, 정신 수행의 동기 역시 자비심에서 비롯되어야 한다. 이러한 이유로 수행자는 모두 자비로운 이상을 마음에 새겨 자기 자신의 해탈뿐 아니라 모든 생명의 궁극적인 해탈을 이끌도록 깨달음을 구하겠다고 맹세한다. '깨달음을 얻고자 하는 마음'인 보리심(菩提心)bodhicitta을 구하는 발원문은 이렇게 시작된다. "윤회에서 벗어나지 못한 중생들의 해탈을 위해 최선을 다하겠습니다." 이처럼 대승 불교에서는 붓다뿐 아니라 보살도 이상적인 인간상으로 꼽는다. 보살이란 이미 윤회의 고리를 끊었지만, 윤회의 세계에 머물러 고통에서 벗어나지 못한 중생을 교화하여 구제하겠다고 결심한 존재다. 무지에 갇힌 사람들을 해방하기 위해 동굴로 돌아간 철학자나 하느님의 뜻으로 이 땅에 와서 하느님의 사랑을 몸소 증명한 그리스도도 그런 길을 걸었다.

이미 여러 기독교 신학자들이 연구 저서에서 '불교의 자비와 기독교의 아가페가 같은가?'라는 주제를 논했다. 그리고 대부분 '그렇지 않다'라는 결론을 내렸다. 개인적인 속성을 지닌 아가페와 달리 앞에서 살펴본 불교의 '무아(無我)'는 개인은 일시적인 총체의 일부며 영구적인 실체가 없다고 보기 때문이다. 그리고 사랑의 주체인 '나'라는 관념이 없다면 '사랑이 어떻게 생겨나는가?'라는 의문을 제기한다. 이에 관하여 불교에 정통한 신학자 앙리 드뤼바크는 단도직입적으로 설명한다. "기독교의 사랑과 불교의 자비의 본질적인 차이는 기독교에서는 이웃을 자기 안에서 사랑하지만, 무아에 이른 불교의 자비는 사심(私心) 없이 이웃을 사랑한다는 것이다." 불교에서 '나'는 본질이 없는 존재(무아無我) 혹은 소멸의 대상이기 때문에 '자아'를 사랑할 수 없다. 그렇다면 타인의 '자아'를 어떻게 사랑할 수 있을까? 자아가 무의미하다면 타인의 자아 역시 진정한 사랑의 대상이 될 수 없다. (...) 그런데 불교에서 자비의 대상은 존재 자체가 아니라 육신이나 마음에서 비롯되는 고통이다.(46)

자비의 대상에 관하여, 현대 철학자들은 자비심으로 타인을 사랑한다는 것은 상대가 괴로워하기 때문에 사랑하는 것과 다름없으며, 사랑의 대상을 고통으로 축소하는 것이라고 본다. 니체는 불교의 자비와 마찬가지로 기독교의 미덕인 '연민'도 경멸했다. 하지만 필자는 기독교의 아가페와 불교의 자비에 대한 니체의 해석이 잘못되었다고 생각한다. 니체가 비판한 '기독교의 연민'은 진정한 의미의 베푸는 사랑이 아니라 19세기 부르주아 계층의 전형적인 오만한 태도일 뿐, 예수가 설파한 사랑과는 아무런 관련이 없다. 이렇듯 자비와 연민을 혐오한 니체는 모골이 서늘해지는 말을 남겼다. "인류의 보편적인 사랑을 주장한다는 것은 결국 병들고, 몸이 성치 않고, 심신이 미약한 이들에게 우선권을 주는 것이다. 인류를 위해 부적합하고, 허약하고, 심신이 미약한 자들은 사라져야 한다."(47) 더없이 반기독교적이고 반불교적인 발상이다. 하지만 이런 비판은 오히려 약자를 보호하고, 생명을 존중하며, 고통받는 이들에 대한 사랑을 강조하는 두 종교의 공통점을 더 부각한다. 그리고 바로 이 지점에서 신학자들의 한계가 드러난다. 불교에서 비록 이론적으로는 자아를 존재하지 않는 허상으로 이해하지만, 실제로는 출가자나 재가 수행자에게 타인을 있는 그대로 사랑하라고 가르친다. (설령 허상일지라도) 괴로워하는 대상은 결국 자아를 의식하는 개인이기 때문이다. 그리고 불교 국가에서 영적 스승에 대한 승려들의 애착과 스승이 세상을 떠났을 때 하염없이 흘리는 눈물만 보아도, 교리의 차이는 있을지언정 불교에서도 기독교와 다름없이 사랑이 사람을 향한다는 것을 알 수 있다.(48)

대승 불교의 중심은 '자비의 붓다' 관세음보살이며, 서양에서는 티베트명 첸리시로 더 잘 알려져 있다. 달라이 라마는 관세음보살의 화신이다.

필자는 현재의 14대 달라이 라마 텐진 갸초를 약 십여 차례 직접 만났다. 그리고 그 누구에게도 없는 대단한 자비의 힘을 느꼈다. 필자는 특히 깊은 감동을 받은 경험을 다른 저서에 자세히 언급한 바 있다.(49) 지난 2001년, 인도에 있는 달라이 라마의 거주지에서 필자는 달라이 라마와 어느 영국인의 만남을 목격했다. 어린 아들과 함께 그곳을 찾은 영국인은 얼마 전에 비통하고 참담한 일로 아내를 잃었다고 했다. 그 이야기를 들은 달라이 라마는 자리에서 일어나 아버지와 아들을 보듬어 안고 오랫동안 함께 눈물을 흘렸다. 영국인은 기독교에 실망해 불교도가 되었다고 했다. 그러자 달라이 라마는 소장품 중에서 그리스도와 성모 마리아가 그려진 아름다운 정교회 이콘을 가져오게 했고, 그 이콘을 영국인에게 건네면서 이렇게 말했다. "붓다는 저의 길이고 예수는 그대의 길입니다." 이 말에 몹시 감동한 남자는 훗날 기독교 신앙을 되찾았다고 한다. 당시 그 자리에는 사진사도 카메라도 없었다. 원래 예정된 접견 시간은 몇 분에 불과했고, 달라이 라마로서는 특별히 얻을 것이 없는 만남이었지만, 그는 생전 처음 보는 이들 부자와 장장 두 시간을 보냈다. 그는 아무런 가식이 없었고 꾸밈없이 진술했다. 60년간 매일같이 정신 수행을 거듭하며 붓다가 가르친 보편적인 자비의 미덕을 높은 경지까지 끌어올린 성실하고 선한 인간이었다. "모든 중생이 행복하고 평안하기를! 약하든 강하든, 높든 중간이든 낮든, 크든 작든, 눈에 보이든 안 보이든, 가깝든 멀든, 태어났든 태어날 것이든, 모든 중생이 온전히 행복하기를!"(숫타니파타 118)

이상의 경험담으로 이 책을 마무리하려고 한다. 소소한 개인적인 체험에 불과하긴 하지만 필자의 소신과 행보를 잘 함축하는 일화라고 생각한다. 서두에서 밝혔듯이 소크라테스, 예수, 붓다는 인생에 큰 가르침을 준 큰 스승이다. 세 스승은 대립하는 법 없이 필자의 마음과 인생에서 끊임없이 서로를 비추어 밝힌다. 그리고 각자의 방식으로 마음의 눈을 뜨게 해주었고, 문화와 종교가 다른 다양한 사람들과의 교류를 만끽하며 충만한 삶을 사는 힘을 주었다. 아울러 부족함과 한계를 받아들이는 법을 가르쳐 주었고, 더 나은 사람이 되는 길을 제시해 주었다. 인생은 짧지만 지혜의 길은 길다!

세 스승이 제시하는 지혜의 길 안에서 진리와 선은 서로 통한다. 진리에 대한 깨달음은 선한 행동으로 이어져야만 의미가 있다. 그러므로 궁극적으로 붓다, 소크라테스, 예수의 가르침은 윤리의 가르침이다. 성공한 삶은 진리를 실천하는 삶이다. 세 사람은 진리를 실천했다. 긴 세월 동안 여러 세대의 사람들에게 영향을 주었을 뿐 아니라 현대에 와서도 그 가르침이 설득력을 잃지 않는 까닭은 가르침을 직접 행동으로 옮겼기 때문이다. 이렇듯 실천을 통해 가르침이 타당함을 몸소 증명했다. 이들이 가장 중시한 것은 가르침에 귀 기울이는 사람들의 변화다. 삶으로 증명된 말로써 사람들의 생각과 마음에 변화의 등불을 밝혀 가깝든 멀든, 가르침을 따르는 사람들을 더 나은 삶, 새로운 삶으로 인도하고자 했다. 예수의 표현을 빌리자면 '열매'를 맺고자 했던 것이다. 이들을 '인생의 스승'으로 여기는 이유가 바로 여기 있다. 세 사람은 우리에게 깨달음을 주고 인생의 버팀목이 되어 주며, 손쉽게 얻는 행복 대신 진정한 자기 탐구의 결실로 행복에 이르게 해준다. 그리고 쾌락이 아닌 기쁨을 이야기한다. 이들은 엄격한 지도자이자 자애로운 산파며 영원한 선각자다.

마음을 다독이는 삶의 지혜

부제가 말해주듯이 이 책은 인류 역사상 가장 광범위하고 지속적으로 영향을 준 '세 스승', 소크라테스, 예수, 붓다가 남긴 가르침을 되짚습니다. 저자는 세계사 속에 뚜렷한 궤적을 남긴 세 인물의 흥미진진한 발자취를 따라가는 여정에서 인도 히말라야 산기슭으로, 그리스 아테네로, 유대 지방 베들레헴으로 독자들을 이끌고, 수천 년의 시간을 거침없이 넘나듭니다. 이런 종류의 책은 자칫 전문성을 고집하다 대중성을 놓치거나 흥미만 좇다가 신뢰를 잃기 십상이지만, 저자는 고고학적 유적과 실증 자료를 바탕으로 생생하고 설득력 있는 설명을 제공합니다. 그리하여 인간적인 신의 아들 예수와 초인적인 인간 붓다, 이성과 영혼의 세계를 탐구한 철학자 소크라테스의 모습을 복원해냅니다. 그런 점에서 이 책은 인류의 주요한 과거 속으로 우리를 데려가는 시간여행의 길잡이라고도 할 수 있습니다.

이 책의 독창성은 무엇보다도 동시대 혹은 후대의 제자들이 전하는 세 인물의 기록을 분석하고 그들의 삶과 가르침을 전달하는 명료하고 체계적인 방식에 있습니다. 세 스승의 삶과 사상을 개별적으로 묘사하는 대신, 삶의 각 단계를 병렬적으로 제시함으로써 독자가 서로 다른 세 갈래길을 비교할 수 있을 뿐 아니라 그 길이 모두 같은 목적지로 이어진다는 점을 깨닫게 해주기 때문입니다.

저자가 서문에서부터 밝히고 있듯이 소크라테스, 예수, 붓다는 활동한 장소, 시대, 문화가 비록 서로 다르지만 차이점보다도 공통점이 많습니다. 세 인물 모두 인류에 대한 연민과 관심을 아끼지 않았으며, 인간 내면의 탐구, 인간적인 관계와 사랑, 그리고 영적인 이해를 강조했습니다. 인간의 궁극적인 가능성을 실현하도록 설파하면서 인간의 가능성 안에서 진리를 추구하고 해답을 구했습니다. 세 사람은 또한 인간으로서의 고유한 성격과 한계를 지니기도 했습니다. 이처럼 저자는 종교의 우상, 철학의 아버지라는 더께를 벗겨내 인간으로서의 모습을 만나볼 수 있게 해줍니다. 그리고 '인간의 척도를 제시한 세 사람'을 이른바 '영적 인본주의'의 창시자들이라고 평가하기도 합니다.

이 책은 지식이 아니라 지혜를 전하고 있습니다. 번역을 하는 동안 성찰과 반성을 하기도 했고, 얕은 지식 탓에 '무지의 자각'을 반복하며 연신 "인생은 고통이다"를 되뇌기도 했습니다. 하지만 새로운 내용과 지혜를 접할 때마다 무거운 마음을 다독여 주는 응원 편지를 받은 것처럼 설렘과 즐거움에 내심 힘을 얻기도 했습니다. 이렇듯 세 현인의 가르침 속에 고스란히 묻어나는 인간적이고 온정적인 시선을 느껴보는 것 또한 이 책에서 놓쳐서는 안 될 즐거움일 것입니다.

책이란 무릇 흥미롭고 유익해야 합니다. 그런데 프레데리크 르누아르의 글은 흥미롭고 유익할 뿐 아니라 감동까지 선사합니다. 20여 개 언어로 번역되어 전 세계적으로 약 1,000만 부가 판매된 50권이 넘는 수필, 소설, 백과사전을 집필한 그는 하나로 정의할 수 없는 진정한 르네상스인이기도 합니다. 그는 우선 철학자이자 사회학자이며, 불교와 서양의 만남을 주제로 박사학위를 받은 종교학자입니다. 그러나 그는 상아탑에 머물지 않고 다양한 현장을 오가며 활약했습니다. 1996년부터 〈렉스프레스L'Express〉, 그리고 〈프시콜로지Psychologies〉를 거쳐, 2004년 〈르몽드 데 를리지옹Le Monde des religions〉의 편집장을 역임했습니다. 연극 각본가, 다큐멘터리 방송 편성 책임자, 만화 스토리 작가로 활동하기도 했습니다. 아울러 SEVE 재단(존재와 공존의 인식 재단, Fondation Savoir Etre et Vivre Ensemble)을 공동 설립했으며, 동물을 위한 동행 협회

Association Ensemble pour les Animaux를 조직하기도 했습니다. 이렇게 체험에서 우러나온 진솔한 언어는 그의 글이 널리 읽히고 독자들의 사랑을 받는 이유일 것이며, 그런 의미에서 저자는 뛰어난 이야기꾼이라고 해도 좋을 듯합니다.

_ 이푸로라

참고문헌

소크라테스

소크라테스의 대화편은 그리스어와 프랑스어로 된 플라톤의 다양한 저서를 바탕으로 필자가 직접 번역한 문장을 실었다. 프랑스 독자들에게는 플라마리웅 출판사에서 최근 출간된 번역본을 추천한다.

* Platon, œuvres complètes, sous la direction de Luc Brisson(2009). On lira aussi avec profit :
* Anthony Gottlieb : Socrate, Seuil, 2000.
* Duhot Jean-Noël : Socrate ou L'Éveil de la conscience, Bayard, 2000.
* Festugière André-Jean : Socrate, La Table ronde, 2001.
* Grimaldi Nicolas : Socrate, le sorcier, PUF, 2004.
* Hadot Pierre : Éloge de Socrate, Allia, 1998.
* Lindon Denis : Socrate et les Athéniens, Flammarion, 1998. Mazel Jacques, Socrate, Fayard, 1987.
* Romeyer Dherbey Gilbert(dir.) et Gourinat Jean-Baptiste(éd.) : Socrate et les socratiques, Vrin, 2000.
* Thibaudet Albert : Socrate, CNRS éditions, 2008.
* Vernant Jean-Pierre : Les Origines de la pensée grecque, PUF, 1962.
* Vlastos Gregory : Socrate, ironie et philosophie morale, Aubier, 1991.
* Wolff Francis : Socrate, PUF, 2000.

예수

달리 명시되지 않는 한, 복음서의 인용문은 모두 『예루살렘 성경La Bible de Jérusalem』(Cerf, 2000)의 충실한 프랑스어 번역본을 따랐다. 예수에 관한 내용은 다음의 자료를 참고했다.

- Goguel Maurice : Jésus, Paris, 1950.
- Klausner Joseph : Jésus de Nazareth, Payot, 1933.
- Lenoir Frédéric : Le Christ philosophe, Plon, 2007, Seuil, « Points », 2009.
- Léon-Dufour Xavier : Les Miracles de Jésus selon le Nouveau Testament, Seuil, 1977.
- Meier John P. : Un certain juif, Jésus(4 volumes), Cerf, 2004 et 2005.
- Schlosser Jacques : Jésus de Nazareth, Noesis, 1999. Stanton Graham : Parole
- d'Évangile? Cerf-Novalis, 1997

붓다

붓다의 가르침은 영문판 불경 총서의 내용을 참조해 인용했다. 다음은 독자 여러분에게 추천하는 프랑스어로 번역된 외국 도서나 프랑스 작가의 저서다.

- Armstrong Karen : Le Bouddha, Fides, 2003.
- Bareau André : Bouddha, Seghers, 1962.
- Droit Roger-Pol : Les Philosophes et le Bouddha, Seuil, 2004.
- Foucher Albert : Vie de Bouddha d'après les textes et les monuments de l'Inde, Librairie d'Amérique et d'Orient Jean Maisonneuve, 1993.
- Rachet Guy : Vie du Bouddha, extraits du Lalitâvistara, Librio, 2004.
- Rahula Walpola : L'Enseignement du Bouddha d'après les textes les plus anciens, Seuil, 2004.
- Rinpoché Kalou et Teundroup Denis : La Voie du Bouddha selon la tradition tibétaine, Seuil, 2000.
- Sami Dhamma : La Vie de Bouddha et de ses principaux disciples, Dhammadana, 2005.
- Wijayaratna Môhan : Les Entretiens du Bouddha, Seuil, 2001.
- Wijayaratna Môhan : Sermons du Bouddha(traduction intégrale de 20 textes du canon bouddhique), Seuil, 2006.

비교 연구

- Bréhier Émile : Histoire de la philosophie, Félix Alcan, 1928.
- Comte-Sponville André : Petit Traité des grandes vertus, PUF, 1995, Seuil, « Points », 2006.
- Eliade Mircea : Histoire des croyances et des idées religieuses(3 volumes), Payot, 1990.
- Ferry Luc : Apprendre à vivre, Plon, 2007.
- Gira Dennis et Midal Fabrice : Jésus Bouddha, quelle rencontre possible?, Bayard, 2006.
- Jaspers Karl : Les Grands Philosophes, Socrate, Bouddha, Confucius, Jésus, Pocket, 1989.
- Lenoir Frédéric : Petit Traité d'histoire des religions, Plon, 2008.
- Lenoir Frédéric et Tardan-Masquelier Ysé(dir.) : Encyclopédie des religions, Bayard, 1997.
- Thich Nhat Hanh : Bouddha et Jésus sont des frères, Pocket, 2002.
- Vallet Odon : Jésus et Bouddha, destins croisés du christianisme et du bouddhisme, Albin Michel, 1999.

주

머리말

(01) Karl Jaspers, 『Les Grands Philosophes^{위대한 철학자들}』. 제1권(1956), Pocket, 1989, p. 47.

1장. 알려진 이야기

(02) 아소카 황제의 칙령 10호.

(03) 아소카 황제의 칙령 5호.

(04) Gregory Vlastos, 『Socrate, ironie et philosophie morale^{소크라테스, 아이러니와 도덕철학}』, Aubier, 1991, p. 76.

(05) John Meier, 『Un certain juif, Jésus^{예수라는 유대인}』, Cerf, 2006.

(06) Flavius Josèphe, 『Antiquités juives^{고대 유대사}』, 18, 63~64

(07) Flavius Josèphe, 『Antiquités juives^{고대 유대사}』, 20, 200.

(08) Tacite, 『Annales^{연대기}』, 15, 44. 약 112년.

(09) 소(小) 플리니우스, 서한 96.

(10) 『Contre les hérésies^{이단에 반하여}』, 3, 1, 1.

(11) Eusèbe de Césarée, 『Histoire ecclésiastique^{교회사}』, 3, 39,

2장. 사회 배경과 어린 시절

(12) 기원전 1800~800년에 찬송가와 기도문을 중심으로 성문화된 경전이다.

(13) Cratyle, 11a.

3장. 성과 가족

(14) 『Socrate et les socratiques^{소크라테스와 제자들}』, Gilbert Romeyer-Dherbey 편저, Vrin, 2001, pp. 30- 31.

(15) Dan Brown, 『Da Vinci Code^{다빈치코드}』, Lattès, 2003, p. 308. M. F. Etchegoin 공저, 『Code Da Vinci』, l'enquête, Laffont, 2004, Points Seuil, 2006. 이 저서에 언급한 주장을 재인용했다.

4장. 사명의 시작

(16) 『Vinaya Mahavagga^{비나야 마하박가}』, 1, 5.
(17) 『Antiquités juives^{고대 유대사}』, 18, 116~119.
(18) 『Petit Traité d'histoire des religion^{종교사 개론}』, Plon, 2008.
(19) 『Apologie^{소크라테스의 변론}』, 21a.

5장. 특징

(20) Émile Bréhier, 『Histoire de la philosophie^{철학사}』, première édition, Félix Alcan, 1928, p. 70.

7장. 가르침을 전하는 방식

(21) Gregory Vlastos, 『Socrate, ironie et philosophie morale^{소크라테스, 아이러니와 도덕 철학}』, op. cit., p. 47.
(22) Pierre Hadot: 『Éloge de Socrate^{소크라테스 예찬}』, Allia, 1998, p. 14.
(23) 예수가 행한 기적에 관해 더 상세한 내용을 확인하려면 다음의 서적을 참조하자. Xavier Léon-Dufour, 『Les Miracles de Jésus selon le Nouveau Testament^{신약에 나오는 예수의 기적}』, Seuil, 1977.

8장. 죽음을 맞는 자세

(24) 본티오 빌라도 총독이 통치하던 기간에 니산월 보름 유월절은 서기 30년과 33년, 두 번 있었다.
(25) 『Le Christ philosophe^{철학자 그리스도}』, Plon, 2007; Points, 2009.

9장. 자기 평가

(26) 1세기 말까지 '랍비rabbi'는 지식을 가진 사람들을 공경하는 뜻으로 높여 부르는 칭호였다. 70년에 성전이 파괴된 후, 잠니아로 추방된 랍비 요하난 벤 자카이가 율법을 제정한 다음에야 현재와 같은 의미로 통하게 되었다.

(27) 그리스어 사용자를 비롯한 모든 그리스도인은 매우 초기부터 아람어에서 온 단어 '아바abba'를 기도 중에 사용했다. 학자들은 한결같이 이 뜻밖의 단어를 쓰게 된 이유는 예수가 확립한 전통을 보존하려고 했기 때문이라고 본다.

(28) 신학자 루이 스공Louis Segond이 옮긴 프랑스어 성경에서 원문의 「시편」, 「에제키엘서」, 「다니엘서」 발췌문을 인용했다.

10장. 후대로 전해진 가르침

(29) 『Pédagogue파이다고고스(Παιδαγωγός)』, 1, 5; 1, 8.

(30) 『Contre Praxéas ou sur la Trinité, 1.프락세아스에 반대하여 1』', Léon Duchesne 번역본, 『Histoire ancienne de l'Église고대 교회사』, 1911, p. 505.

(31) Léon Duchesne 번역본, 『Histoire ancienne de l'Église고대 교회사』, 1911, p. 505.

(32) 『L'Histoire ecclésiastique de Philostorge필로스토르기우스 교회사』, 2, 2. 아리우스파 논쟁이 시작된 이후부터 425년에 이르는 기간 동안 필로스토르기우스가 저술한 12권 중에서 지금까지 전해지는 것은 9세기경에 만들어진 콘스탄티노폴리스 총대주교 포티오스의 편집본뿐이다.

11장. 그대는 영원 불멸의 존재다

(33) 이 일화는 붓다의 일생을 운문 형식의 산스크리트어로 기록한 『방광대장엄경(方廣大莊嚴經, 랄리타비스타라Lalitavistara)』에 수록되어 있으며, 서력기원 초기에 쓰인 것으로 추정된다.

12장. 진리를 추구하라

(34) 르몽드 종교 격월간 〈르몽드 데 를리지옹Le Monde des religions〉 칼럼, 2009년

1월~ 2월호.

(35) 『국가』, 제7권

(36) André-Jean Festugière, 『Socrate^{소크라테스}』, La Table Ronde, 2001, p. 92.

(37) 주제별 격언 모음집.

13장. 자아를 찾고 자유를 얻어라

(38) André-Jean Festugière, 『Socrate^{소크라테스}』, op. cit. p. 127.

(39) 그리스어 '엔토스^{entos}'는 '가운데'와 '안에'라는 두 가지 뜻이 있어서 통상적으로는 "하느님 나라는 바로 너희 가운데 있다"라고 해석한다.

(40) 『Le Christ philosophe^{철학자 그리스도}』, Plon, 2007, épilogue.

15장. 사랑하는 법을 배워라

(41) 『Midrash Sifra^{미드라시 시프라}(레위기 주석)』, Lv 19, 18.

(42) 『De virtutibus^{미덕에 관하여}』, 103.

(43) 스피노자의 『Traité théologico-politique^{신학정치론}』 제4장에서 관련 주장을 인용했다. 스피노자는 1656년에 유대교 회당에서 축출당했다. 비록 기독교로 개종하지는 않았지만 예수를 가장 위대한 영적 스승으로 여겼다.

(44) 『Le Christ philosophe^{철학자 그리스도}』, op. cit., épilogue.

(45) 본회퍼의 신학 사상은 1951년에 『저항과 복종^{Labor et Fides}』이라는 제목으로 출판된 옥중서간을 통해 일반에 알려졌다.

(46) Henri de Lubac, 『Aspects du bouddhisme^{불교의 양상}』, I, Seuil, 1951, pp. 36, 50.

(47) Nietzsche, 『La Volonté de puissance^{힘에의 의지}』, 151, Le Livre de poche, p. 166.

(48) 이 주제를 더 자세히 살펴보고자 하는 독자에게는 다음의 대화록을 추천한다. Dennis Gira, Fabrice Midal, 『Jésus Bouddha, quelle rencontre possible?^{그리스도와 붓다가 만난다면?}』 Bayard, 2006.

(49) 『Tibet, le moment de vérité^{티베트, 진실의 순간}』, Plon, 2008.

찾아보기

로마자

A~Z

한국어

ㄱ

왜 사는가 - 소크라테스 예수 붓다

Socrate, Jésus, Bouddha, Trois maîtres de vie

지은이 | 프레데리크 르누아르 Frédéric Lenoir
옮긴이 | 이푸로라

펴낸곳 | 마인드큐브
펴낸이 | 이상용
책임편집 | 홍원규
디자인 | SNAcommunications

출판등록 | 제2018-000063호
이메일 | viewpoint300@naver.com
전화 | 031-945-8046
팩스 | 031-945-8047

초판 1쇄 발행 | 2023년 7월 10일

ISBN | 979-11-88434-70-1 03100